Madame BELLAUD-DESSALLES

LA GRANGE DES PRÉS

ET

LES GOUVERNEURS DE LANGUEDOC

MONTPELLIER
LIBRAIRIE LOUIS VALAT
9, Place Chabaneau (Ancienne Place de la Préfecture)

1917

LA GRANGE DES PRÉS

ET

LES GOUVERNEURS DE LANGUEDOC

Madame BELLAUD-DESSALLES

LA GRANGE DES PRÉS

ET

LES GOUVERNEURS DE LANGUEDOC

MONTPELLIER

ROUMÉGOUS ET DÉHAN, IMPRIMEURS

Rue Vieille-Intendance, 5

1917

Introduction

Nous avons essayé de réunir dans ce travail tout ce qui a été jusqu'ici l'objet d'études partielles sur la Grange des Prés et ses rapports avec les gouverneurs de Languedoc. En outre, de patientes recherches nous ont permis d'y joindre un grand nombre de renseignements inédits sur ce domaine si intimement lié pendant trois siècles à l'histoire de notre Province. Plus le temps et les hommes y ont entassé de ruines, plus il nous a paru intéressant et opportun de faire revivre le décor disparu, et d'y replacer dans leur cadre les grands hommes qui y vécurent et auxquels il doit sa célébrité.

Son histoire se dégage comme une légende de l'obscurité des guerres albigeoises et des temps troublés qui suivent la conquête de Simon de Montfort. Devenue l'apanage du Chapitre cathédral de Saint-Fulcran de Lodève, la Grange des Prés s'agrandit pendant les deux siècles suivants d'acquisitions répétées, et tire grande notoriété du sanctuaire de Notre-Dame des Neiges, situé dans ses murs, et où, le cinq du mois d'août, la fête patronale attire chaque année, en pèlerinage, les paroisses des environs.

A la fin du seizième siècle, Henri I de Montmorency, connétable de France et gouverneur de la Province, l'acquiert du Chapitre de Lodève et transforme la métairie de Notre-Dame des Prés en un domaine princier, et désormais historique. Le vainqueur de Dreux en fait le centre de ses opérations pendant les guerres religieuses ; par ses ordres s'élève une magnifique demeure, qu'entourent des parterres célèbres, les noces de ses deux filles, les duchesses de Ventadour et d'Angoulème y sont célébrées, et, au bruit lointain du cliquetis des armes, une cour élégante y déploie un luxe presque royal.

Au Connétable, mort le 2 avril 1614, succède son fils Henri II. Ce prince, qui semble réunir tous les dons, passe à la Grange des Prés la plus grande partie de sa courte et aventureuse existence. Il y conduit sa jeune femme, Marie-Félice, de la Maison des Orsini, y entretient une cour fastueuse, une académie, et y fait honneur à sa situation aussi bien qu'à sa fortune. Comme son père, il s'y repose de ses luttes contre les protestants, et, après sa victoire de l'île de Ré, il y reçoit les félicitations des députés du Parlement de Toulouse et des Cours souveraines de la Province.

Les heures sombres suivent de près ces triomphantes acclamations : le 28 juillet 1629, Richelieu arrive à la Grange des Prés, « suivi d'une cour plus brillante que celle du roi ». Ses intrigues pour mettre Montmorency dans ses intérêts au détriment de ceux du Languedoc semblent d'abord réussir, mais le gouverneur ne tarde pas à se ranger, dans cette lutte entre la Province et le pouvoir central, du côté de la résistance ; c'est à la Grange des Prés que, durant un conseil secret, Montmorency s'engage sans retour dans le parti de Gaston d'Orléans, et c'est de là qu'il part, le soir de la révolte célèbre des Etats provinciaux réunis à Pézenas, pour la folle épopée qui trouvera son épilogue dans la plaine de Castelnaudary, et sur l'échafaud du Capitole de Toulouse.

C'est aussi à la Grange que la duchesse, prisonnière d'Etat, reçoit l'ordre royal qui la condamne à un exil, qu'elle va illustrer par sa douleur et ses vertus.

Héritiers des Montmorency, les Condé leur succèdent à la Grange. Voici Henri II de Bourbon, grand bâtisseur, comme tous ceux de sa race ; il restaure la chapelle, agrandit les bâtiments, et, avec le sens pratique qui le caractérise, apporte dans l'administration du domaine l'ordre et l'économie, tandis que de ce coin du Languedoc il adresse à son fils aîné, débutant aux armées, les conseils et les remontrances qui rattachent le nom du vainqueur de Rocroy au manoir des vieux connétables.

Puis, aux derniers coups de canon de la Fronde expirante, arrive Armand de Conti. Sorti de Bordeaux, qu'il a remis, en dépit des vains espoirs de Condé, à l'autorité royale, il vient attendre dans ce domaine familial, assez lointain pour constituer une retraite sûre, l'heure de l'amnistie. Ce séjour vaut au domaine une gloire nouvelle : Errant sous le ciel de Languedoc, Molière arrive à la Grange. Vainqueur de mesquines intrigues, protégé par Conti,— capricieux et débauché, mais, malgré tout, esprit délicat et fin psychologue, — il s'arrête dans ce riant paysage, et cette étape au cœur du Midi, en perpétuel contact avec nos populations si vibrantes, ne sera pas étrangère peut-être à l'orientation de son génie.

Voici l'heure la plus brillante de la Grange : Conti,

rentré en grâce, a épousé Anne Martinozzi, une des « nièces », *instruments innocents et dociles de l'ambition de Mazarin. Une élite se presse dans le château agrandi et remeublé, les séjours de la famille du cardinal-ministre sont marqués par des séries de fêtes, les dépenses sont fastueuses; un coup de la grâce, ce* «Tolle, lege » *qu'entendirent tant de grandes âmes du grand siècle, vient tout changer en un instant: la tenue des Etats provinciaux a amené à Pézenas l'évêque d'Alet, Nicolas Pavillon ; pendant une entrevue avec l'austère prélat, Conti croit entendre une voix secrète l'invitant à la pénitence et au soin unique de son salut. Désormais, la Grange est transformée en une sorte de monastère, l'observation rigoureuse des devoirs du chrétien y succède aux distractions mondaines. Au bout de onze années consacrées aux mortifications, aux restitutions, au gouvernement équitable de sa Province, à la défense du peuple qui lui est confié, le prince meurt, le 26 février 1666, dans cette Grange des Prés, témoin de ses désordres et de sa pénitence.*

Jusqu'en 1738, la Grange reste l'apanage des fils et des petits-fils d'Armand de Conti; mais, s'ils la visitent parfois, ils ne l'habitent jamais. Transformée successivement, au dix-huitième siècle en manufacture de draps pour le Levant, en casernes d'étapes pour les troupes d'infanterie, et, pendant la Révolution, en hôpital militaire, le domaine est peu à peu dépouillé des monuments qui faisaient sa gloire, il est livré à l'abandon et à la ruine, et bientôt l'on ne peut y retrouver la trace des pièces historiques où, à certaines heures, avait palpité l'âme du Languedoc.

Pour faire revivre ces souvenirs, les documents ne nous ont pas fait défaut. Les Montmorency, les Condé, les Conti ont eu d'éminents historiens, ils ont occupé l'histoire générale de la France, et les mémoires particuliers de leur époque sont remplis de leurs noms.

Nous donnerons dans le cours de ce travail le détail de cette volumineuse bibliographie, nous bornant à citer ici les sources manuscrites où nous avons puisé. Aux Archives nationales, nous avons consulté les pièces diverses relatives aux Assemblées des Etats de Languedoc : procès-verbaux, correspondance (*H 748-15 à 21-141-82*)*; les* cartons des rois Henri II et Louis XIII, pièces relatives aux Etats de Languedoc, au Parlement de Toulouse, *1514-1788,* à la Chambre des Comptes de Montpellier, *1495-1791* (*K. 91-93-539-691*)*; les* pièces relatives à l'évêché de Béziers (*L. 728*), *et les* documents relatifs à l'histoire de Provence et de Languedoc (*A D 5 b 11*). *A la Bibliothèque nationale, nous avons étendu nos recherches aux manuscrits français,* Histoire de la guerre civile en Languedoc, *1560-1598* (*11781*)*; au* Journal de Faurin sur les troubles de Languedoc (*14503*)*; au* recueil des Assemblées générales du clergé (*15650*)*; aux* pièces sur le Languedoc (*Gaignières, 26406*)*; au volume 107 des* Mélanges Colbert (*Etats de Languedoc*), *et au manuscrit 19347, composé de pièces relatives au prince Armand de Conti.*

Les Archives de l'Hérault, grâce à la bienveillance de M. Berthelé, leur distingué conservateur, nous ont livré les procès-verbaux des Etats de Languedoc, *celles de la Haute-Garonne le très intéressant manuscrit récemment acquis par M. Massip, bibliothécaire de la ville de Toulouse, comprenant les* Mémoires *et un certain nombre de lettres de Jeanne de Juliard, dame de Mondonville, fondatrice du fameux Institut de l'Enfance, le Port-Royal toulousain ; lettres et mémoires qui jettent une vive lumière sur la conversion du prince et de la princesse Armand de Conti. Dans les Archives de Pézenas, nous avons relevé plus de soixante-dix chartes relatives à la Grange des Prés, du treizième au dix-huitième siècle, et que complètent les nombreux documents conservés au château de Léran (Ariège), dans les Archives de la famille ducale des Lévis-Mirepoix, dont une branche entra en possession, au quinzième siècle, des seigneuries d'Aumes et de Conas, limitrophes de la Grange des Prés. Enfin, nous devons à MM. les fabriciens de la cathédrale de Lodève la communication d'un très intéressant* Inventaire, *fait en 1780, des titres et papiers de l'ancien Chapitre, duquel dépendit, pendant plusieurs siècles, le prieuré de la Bienheureuse Vierge Marie des Prés.*

Les conservateurs des Archives de Chantilly ont bien voulu nous autoriser à faire copier les lettres du prince Henri II de Condé datées de la Grange, et toute la correspondance du prince Armand de Conti conservée dans ce fonds; elles ont été un des meilleurs appoints de ce travail. Une contribution précieuse nous a été apportée par la communication qui nous a été faite par M. A.-P. Alliès de l'histoire manuscrite de la ville de Pézenas, par Pierre Poncet, auteur local de la fin du dix-septième siècle. Cette curieuse monographie, où ont puisé les divers historiens de Pézenas, bien que d'une érudition un peu superficielle pour l'histoire générale, est importante au point de vue des renseignements locaux, et relate sur les contemporains un grand nombre de détails, dont on ne peut mettre en doute l'exactitude.

Enfin, nous avons pu puiser à deux sources manuscrites d'une importance inégale, mais qui intéressent directement la vie du prince Armand de Conti : la première est un manuscrit in-4°, de 19 folios, provenant de la bibliothèque du baron Jérôme Pichon, vendu avec celle-ci en 1898, et passé, à cette date, dans les archives de la Grange des Prés. Ce recueil, dont l'origine remonte soit à l'hôtel de Conti, soit à Port-Royal, et intitulé : Escrits de Madame la princesse de Conti, *renferme un abrégé de la vie d'Anne Martinozzi, des examens de conscience, des notes de retraite, un règlement de vie, des fragments de lettres, dont le destinataire semble avoir été Mgr Pavillon, et des lettres adressées par la princesse à son confesseur, l'abbé de La Vergne, et à l'abbé de Ciron. Ces dernières complètent et servent de contrôle à la correspondance publiée par M. E. de Barthélemy dans son ouvrage :* Une nièce de Mazarin : la princesse de Conti.

La seconde, et la plus importante, dont nous devons la communication à la bienveillance de M. Gazier, l'éminent professeur de littérature française à la Sorbonne, est la Vie manuscrite de M. d'Alet *en deux volumes, dont l'origine a été expliquée par M. E. Déjean, dans l'Introduction d'*Un prélat indépendant au XVIIe siècle. *Cette* Vie manuscrite *fut, dit-il, composée des Mémoires écrits par M. d'Angiers, vicaire général de Mgr Pavillon, en 1643, par M. Ragot, archidiacre d'Alet, par M. Bourdin, bénéficier de l'église de Noyon, puis grand-vicaire d'Alet, et par M. du Vaucel, théologal d'Alet ; elle fut augmentée d'une volumineuse correspondance et confiée à un compilateur, que l'on croit être M. Paris, prêtre, vicaire de Saint-Etienne-du-Mont, à Paris, mort le 17 octobre 1618, et qu'il ne faut pas confondre avec le diacre Pâris. L'œuvre terminée fut examinée par M. du Vaucel ; elle a été la source de tout ce qui a été* *publié depuis sur Mgr Pavillon, et renferme tout ce qui put être réuni à cette époque sur le prince Armand de Conti, en vue d'une « Vie » que devait écrire Mgr Gilbert de Choiseul, évêque de Comminges, projet qui ne fut pas réalisé.*

Enfin, nous sommes redevables à plusieurs représentants des plus anciennes familles de Pézenas et de Lodève, qui nous ont prêté leur concours soit en nous donnant des renseignements de vive voix, soit en nous communiquant des pièces de leurs archives particulières, et à ceux qui ont bien voulu nous servir de guides à Port-Royal, à Alet, à Villeneuve-lès-Avignon, noms si étroitement liés à celui du prince de Conti. A tous, nous exprimons ici notre profonde reconnaissance.

LA GRANGE DES PRÉS

ET

LES GOUVERNEURS DE LANGUEDOC

CHAPITRE PREMIER

Avant les Montmorency

Sur une charte de l'année 1260 apparait, pour la première fois, le nom de la Grange des Prés, ou Maison des Prés (1); celle-ci faisait partie d'un lot de terres d'une contenance de « 159 séterées et demie » situé dans le diocèse de Béziers (2), au terroir de Pézenas, sur

(1) Ce document, dont on trouvera plus loin l'analyse, est un acte de notification adressé par les consuls de Pézenas au Chapitre de la Cathédrale de Lodève au sujet du paiement des tailles de la Maison des Prés. — Arch. mun. de Pézenas. Layète 2, liasse 1, charte 1.

(2) La Grange des Prés était située dans la partie de la commune de Pézenas qui dépendait du diocèse de Béziers. — Dans un « *compte et répartition des décimes perçus sur le clergé du diocèse de Béziers en 1322 et 1323* », on trouve l'« Ecclesia de Pratis »

la paroisse de Saint-Christol ou Saint-Christophe (1).

A travers le style obscur des chartes, l'on démêle qu'à cette époque la Grange comprend des murs de clôture, car il lui est souvent donné la dénomination de « claux ». Dans ces murs s'élevaient une chapelle et une métairie, entourées d'un jardin et d'un champ ; leur situation est nettement déterminée dans une transaction du 18 janvier 1311. Comme de nos jours, le domaine est borné « par le chemin de Pézenas à Lézignan, par celui de Saint-Christol au moulin des Prés ; d'autre part, par un troisième chemin allant de Pézenas à Lézignan, et par la raze ou bord de la vigne de Bernard Jussel », qui réunit ces deux derniers (2).

La chapelle avait été érigée en prieuré à une date inconnue, mais relativement lointaine, si l'on s'en rapporte à la bulle du 22 novembre 1290, par laquelle Nicolas IV enjoignait à l'évêque de Béziers, Pons de Saint-Just, « de suivre l'exemple de ses prédécesseurs, en dispensant du droit de procuration l'église de Notre-Dame des Prés, qui n'a pas cure d'âmes (3) ».

Pendant la première moitié du treizième siècle, le

imposée pour XVIIII *livres*. — M. CAROU, l'annotateur de ce document, n'a pas identifié cette désignation et l'attribue « à une église étrangère au diocèse probablement taxée pour les biens qu'elle possédait dans l'archidiaconé de Cabrières ». Mais toutes les chartes de la Maison des Prés au XIIIe et au XIVe siècle la désignent sous le nom de « Parrochia de Pratis » ou « Elemosina de Pratis ». — Cf. *Bulletin de la Soc. arch. de Béziers*. Deuxième série, t. IV, 2e livraison, p. 130.

(1) Les vestiges de la petite église de Saint-Christol sont encore visibles, dans une vigne située au nord-est des bâtiments de la Grange des Prés.

(2) Arch. mun. de Pézenas. Layète 2, liasse 2, charte 1.

(3) Arch. de Lodève. Vidimus du 6 octobre 1347 de douze contrats pour l'Aumône du Chapitre.

domaine subit les vicissitudes communes, à cette époque, à tous les domaines féodaux du Languedoc.

L'on sait comment Simon de Montfort, et après lui le roi Louis VIII, confisquèrent, en vertu du droit de conquête, les biens de ceux qu'ils avaient expulsés comme fauteurs d'hérésie ou comme partisans dévoués des anciens seigneurs, et comment leurs expéditions firent tomber la plus grande partie des terres nobles de Carcassonne, de Narbonne et de Béziers entre les mains des rois de France.

Pour apaiser le pays, le repeupler et empêcher de nouvelles invasions, saint Louis ouvrit l'ère des restitutions, et, en 1259, par une *Ordonnance* célèbre (1), décréta que les anciens ennemis de Montfort, qui s'étaient soumis en 1226 à son père, ne seraient pas poursuivis, et que les partisans des vicomtes de Béziers, qui n'avaient pas été trop gravement impliqués dans la révolte, pourraient recouvrer la totalité de leurs terres (2). Cette *Ordonnance* fut suivie d'une grande enquête, dirigée par des commissaires royaux chargés de statuer sur toutes les questions relatives aux biens saisis aux hérétiques, et leurs sentences, adressées sous forme de mandements au sénéchal de Carcassonne, furent les réponses aux « plaintes » des anciens possesseurs (3).

Les fiefs composant le domaine de la Grange des Prés furent l'objet d'une de ces « plaintes », à laquelle les

(1) Dans cette *Ordonnance*, datée du mois d'avril 1359, saint Louis réglementait la restitution au Domaine public des biens saisis sous prétexte d'hérésie.

(2) *Hist. génér. de Languedoc*. Ed. Privat. T. VII, p. 546. Notes.

(3) Ces *sentences*, datées des premiers mois de l'année 1262, étaient d'autant plus difficiles à rendre, que beaucoup de possessions avaient été aliénées par les officiers royaux, que les églises et les abbayes en avaient souvent agrandi leur domaine, ou que ces terres avaient été vendues avant la restitution.

enquêteurs royaux répondirent par une sentence datée de mai 1662 (1).

L'étude de ce document nous apprend qu'après la conquête du Languedoc par les Croisés, les possesseurs de la Maison des Prés, Hermessendis et Pierre de Mèze, soupçonnés d'albigéisme, en avaient été dépouillés par les officiers du roi ; par vente ou don royal, le domaine était alors échu au Chapitre de la cathédrale de Lodève (2), mais le sénéchal de Béziers en avait à son tour spolié le Chapitre, et l'avait indûment détenu pendant deux ans, jusqu'à l'extorsion aux chanoines d'une transaction par laquelle ceux-ci s'engageaient à lui payer la somme de cent livres melgoriens et une contribution annuelle de douze sous de la même monnaie (3). Cette spoliation avait

(1) Sentences des Enquêteurs royaux de la Sénéchaussée de Carcassonne. Assises de 1259 à 1262. Ms Baluze 5954 A. Bibl. nat. Publiées au T. VII de l'*Hist. génér. de Languedoc,* p. 198 et suiv.

(2) La *Gallia,* qui relate tous les achats faits par les évêques de Lodève au treizième siècle, est muette sur la Grange des Prés. Au sujet des spoliations dont cet évêché fut l'objet, nous lisons seulement qu'en 1245 Innocent IV, par *Lettres* datées de Lyon, donne ordre à l'évêque d'Agde, Pierre-Raymond de Fabre, de faire restituer à la mense épiscopale de Lodève, tout ce qui, à sa connaissance, en a été distrait injustement, et qu'en mai 1259 Guillaume de Cazouls, évêque de Lodève, se plaint au roi saint Louis des usurpations de ses officiers, qui s'étaient emparés de plusieurs biens d'église. — *Gallia Christiana.* Parisiis. M.DCCXXXIX. T. Sextus. Ecclesia Leutevensis.

(3) La monnaie de Melgueil était au Moyen âge une monnaie seigneuriale qui fut inféodée aux évêques de Maguelône par les papes. — Cf. Louis Noguier. *Monnaies anciennes du Midi et spécialement de Béziers.* Bulletin de la Soc. arch. de Béziers. Deuxième série. T. XIII. 1re livraison, p. 497. — La valeur du sou melgorien était de 0,99 centimes de notre monnaie. — (Germain. *Etudes sur les monnaies seigneuriales de Melgueil,* p. 207).

provoqué de la part des syndics du Chapitre de Lodève (1), la « plainte » dans laquelle ils réclamaient contre la licence, prise par les magistrats municipaux, de couper des arbres dans les vergers de la Grange, contre la construction de digues élevées sur l'Hérault à ses dépens, et demandaient la restitution de certains fiefs du domaine à ses anciens possesseurs (2). La sentence des enquêteurs accéda aux premières de ces réclamations, mais elle maintint les impôts consentis et déclara que « pour les fiefs réclamés par Hermessendis et Pierre de Mèze, l'on ne pouvait rien décider, à cause de l'hérésie ou de l'apostasie de ces derniers, et que la question serait soumise au roi ».

Resté en possession de la Grange des Prés, le Chapitre l'agrandit pendant les années suivantes par des acquisitions successives, et, en 1308, plusieurs fiefs en avaient notablement augmenté l'étendue (3).

Pendant deux siècles, c'est-à-dire jusqu'au jour où la Grange des Prés passera aux mains des Montmorency,

(1) Raymond Peyronet et Raymond de Roquesels. Ce dernier fut sacré évêque de Lodève, le 12 janvier 1263, et mourut en 1280.

(2) En Languedoc l'on distinguait, à la fin du neuvième siècle, deux espèces de propriétés: l'alleu et le bénéfice. Le premier est la propriété libre, le second est au contraire un domaine dont l'usufruit seul a été concédé au détenteur. A la fin du dixième siècle, ce dernier est remplacé par le fief *fevum* ou *feodum*, mais la forme allodiale résista à l'action du régime féodal et, longtemps encore, il y eut en Languedoc des terres libres exemptes de toutes redevances. — Cf. *Hist. génér. de Languedoc*. T. VII, p. 133. Note 46. *Etude sur l'administration féodale dans le Languedoc.*

(3) En 1262, le Chapitre acquit de Raymonde, veuve de Frédol de Elzéria, des fiefs sujets à douze sous melgoriens de cens annuel, *ad usum pauperum;* en 1294 il s'adjoignit le fief de Jean Alazart; enfin, en 1308, il acquit celui de Pons de Mourèze, qui rapportait 80 sétiers d'orge et était dans la mouvance du roi. — Arch. mun. de Pézenas.

la gérance du domaine, si difficile à cette époque de législation mal définie, donnera lieu à d'incessantes contestations.

Les premières s'élèvent au sujet du paiement de ses redevances et de la reconnaissance de sa notabilité (1). Les seigneurs qui avaient possédé la Maison des Prés, et après eux le Chapitre de Lodève, avaient tenté de la faire reconnaître comme bien noble par les consuls de Pézenas, mais ceux-ci avaient persisté à la tenir en roture, sans doute dans le but d'en augmenter la matière taillable (2).

Dès 1260, nous trouvons un « acte de notification » adressé par ces derniers au sénéchal de Carcassonne, « pour les terres acquises au terroir de Pézenas par le Chapitre de Lodève, et pour lesquelles celui-ci refuse de payer les tailles (3) ». A ce premier conflit allaient succé-

(1) Dans le Languedoc, le paiement du cens établissait la différence entre la censive ou terre roturière et le fief ou terre noble; la taille consistait en un impôt direct, conséquence d'un droit seigneurial nommé « quête », et très malaisé à établir dans sa répartition, l'absence des compois réguliers livrant celle-ci à des appréciations plus ou moins arbitraires. — Cf. *Hist. génér. de Languedoc*. T. VII. *Etude sur l'administration féodale dans le Languedoc*. Op. cit.

(2) Le débat pour la notabilité de la Grange durera plusieurs siècles: Au cours de ce travail nous verrons revenir successivement sur cette question le prince de Condé en 1633, le prince Armand de Conti en 1662, la princesse de Conti, sa veuve, en 1667, le prince Louis-François de Bourbon-Conti en 1690, enfin en 1730, le prince Louis-François de Conti et sa mère Elisabeth de Bourbon. L'arrêt obtenu de la cour des Aydes de Montpellier le 27 octobre 1667 par la princesse de Conti Anne Martinozzi, avait reconnu « nobles par provision l'église et l'ancienne maison claustrale de la paroisse de N.-D. des Prés, le moulin d'Aumes et ses dépendances, et cent séterées faisant partie des terres de chasse des ducs de Montmorency situées dans l'ancien fief de Loubatières. » — Arch. mun. de Pézenas. Layète 2, liasse 2, charte 20.

(3) Arch. mun. de Pézenas. Layète 2, liasse 1, charte 1.

der une série de contestations, qui se poursuivront pendant toute la première moitié du quatorzième siècle (1). C'est en vain qu'en 1311, une transaction, obtenue par la médiation de noble Guillaume de Roquefeuil, seigneur de Verzols, détermine les parties du domaine exemptes ou chargées de tailles (2), et que des *Lettres* de Philippe de Valois, adressées au sénéchal de Carcassonne, le 4 septembre 1334, interviennent pour obliger le Chapitre à payer ses justes redevances aux consuls (3).

(1) Le 12 janvier 1264, Bertrand Guiraud, aumônier du Chapitre de la Maison des Prés, promet s'en tenir à la décision de la Cour sur la demande à lui faite par les consuls de Pézenas de payer le droit de collecte à raison de ses possessions situées au terroir de Pézenas, et donne pour caution Bérenger Guilhem, seigneur de Clermont, et Raymond de Montpeiroux. — Arch. mun. de Pézenas. Layète 2, liasse 1, charte 2.

(2) Transaction du 18 janvier 1311, portant que « l'enclos dans lequel se trouve l'église de Notre-Dame des Prés, et la maison claustrale, le jardin de la maison et un champ attenant, le rivage des moulins sur l'Hérault et leurs dépendances seront déclarés exempts de tailles ». — Acte reçu par Pierre Andras, notaire de Béziers. Arch. mun. de Pézenas. Layète 2, liasse 2, charte 1. — La ratification de cette transaction fut reçue par Pierre Isarin, notaire de Lodève, le 13 avril 1311. — Arch. mun. de Pézenas. Layète 2, liasse 2, charte 2.

(3) Ces Lettres sont signées Relieus. Arch. mun. de Pézenas. Layète 2, liasse 2, charte 6.— A cette époque le Chapitre de Lodève dut augmenter son domaine de Notre-Dame des Prés par des achats successifs. Cette hypothèse est appuyée par l'augmentation de l'offrande à Saint-Blaise qui ne s'élevait en 1320 qu'à « 13 sétiers mixture » et qui, en 1355, est portée à « 52 sétiers mixture ». — Concession faite par le Chapitre de Lodève au Sr Guilhaume de Vailhauquès, chanoine et confrère de la confrérie de Saint-Blaise, portant que l'aumône que le Chapitre a la coutume de faire tous les ans en l'honneur de saint Blaize se fera le jour et fête du Saint, pour laquelle le Chapitre doit donner 13 sétiers mixture. — Inventaire général de tous les titres et papiers qui sont dans les archives du vénérable Chapitre de Saint-

Cette situation allait être modifiée par les graves événements, conséquences des luttes que le Languedoc allait avoir à soutenir contre l'invasion anglaise.

Au commencement de mai 1355, le Prince Noir, en une chevauchée aussi rapide que fructueuse, s'empara de la Guyenne, envahit le Lauraguais, le Carcassonnais et s'avança vers le Bas-Languedoc (1). Les mesures de défense s'imposaient en hâte ; à l'exemple de toutes les autres villes de la Province, Pézenas s'efforça d'y pourvoir. Par l'ordre des consuls, des plans de fortifications furent dressés, et la cité renforça ses murailles crénelées, dont nous voyons encore les vestiges (2). La Grange des Prés offrit alors spontanément son revenu de trois ans pour contribuer aux frais de ces dépenses, à la condition qu'il lui serait permis d'acquérir dans la ville une maison pour y retirer ses bestiaux et ses denrées (3).

Fulcrand de Lodève. Fait en M.DCC.LXXX. Liasse O 2, case 25. — Concession faite par le Chapitre en 1355 aux recteurs de la Confrérie de Saint-Blaise de 52 sétiers mixture des biens de la Maison des Preds, payables quinze jours avant la fête Saint Blaize auxquels ladite Maison des Preds est obligée envers la dite confrérie. (Inv. génér.). *Op. cit.* — La chapelle de Saint-Blaise dans la cathédrale de Lodève a disparu ; elle était placée derrière la chapelle actuelle de Notre-Dame et s'ouvrait sur le cloître.

(1) E. Carou. *Documents relatifs aux guerres anglaises du XIVe siècle dans le diocèse de Béziers.— Bulletin de la Soc. Arch. de Béziers.* — Deuxième série. T. VII. Ire livraison.

(2) A.-P. Alliès. *Une Ville d'Etats. Pézenas au XVIIe et au XVIIIe siècle.* Paris, Flammarion, 1908. — Nous renvoyons à cet ouvrage, si richement documenté, pour tout ce qui concerne l'histoire et les descriptions de Pézenas.

(3) Transaction du 22 février 1355, entre la communauté de Pézenas et le Chapitre de Lodève, au sujet de la contribution aux fortifications et réparations des tours et murailles de la ville, par laquelle le Chapitre cède à la communauté le revenu de la Grange des Prés pendant trois années, et, au moyen de ce, la dite com-

Cette transaction ne tarde pas à susciter de nouveaux conflits : en vertu de cet acte et de plusieurs autres le confirmant (1), le Chapitre se prévalait du droit d'introduire le vin de la Grange des Prés dans Pézenas, sans en payer le « vet » ou impôt, malgré les *Lettres patentes* de Charles VI, qui avaient autorisé les consuls à prohiber l'entrée dans la ville, de « toutes vendanges et vins

munauté tient quitte ledit Chapitre de toute contribution aux dites fortifications et réparations pour le présent seulement, car si les dites tours, fortifications ou murailles venaient à être détruites à l'avenir, soit par vétusté, soit par invasion des ennemis, le dit Chapitre serait tenu d'y contribuer de nouveau. Il est permis aussi au dit Chapitre d'acheter une maison dans la ville pour y retirer ses bestiaux et ses denrées, à la charge de payer le quard d'un marc d'argent pour la taille de la dite maison si le prix se monte à vingt marcs d'argent. (Acte reçu par Bertrand d'Alvernie, notaire de Lodève.— Arch. mun. de Pézenas. Layète 9, liasse 1, charte 7). — Comme conséquence de l'acte précédent nous trouvons aux 9, 13, 14 15 et 17 mars 1356, « huit baux à ferme des biens et domaines de la Grange des Prés pour trois années, faits par les consuls de Pézenas à plusieurs particuliers, le Chapitre ayant cédé aux dits consuls le dit revenu pendant trois ans en représentation de leur quotité de la contribution à la construction et à la réparation des fortifications et murailles de la dite ville ».

(1) Sentence arbitrale du 21 octobre 1365, rendue par le Sr Rigaud Bel entre la communauté de Pézenas et le Chapitre de Lodève, confirmant pour celui-ci l'exemption de contribuer aux tailles, à moins que ce ne soit pour la réparation des ponts et murailles, mais décrète que la Grange des Prés paiera la taille du « vet », du vin, chaque fois qu'elle voudra vendre son vin dans la ville de Pézenas. (Acte reçu par Auger d'Affanian, notaire de Béziers. — Arch. mun. de Pézenas. Layète 2, liasse 2, charte 9). — En avril 1366 une déclaration du même Rigaud Bel rappelle au Chapitre qu'il doit contribuer à la réfection des ponts, chemins et fortifications de la ville, si les habitants de la Grange des Prés veulent y être reçus avec leurs denrées et leurs meubles en temps de guerre, et qu'ils doivent payer la taille pour l'entrée du vin. (Acte reçu par Pierre des Angles, notaire de Rodez. Arch. mun. de Pézenas. Layète 2, liasse 2, charte 10).

étrangers (1) ». Au cours d'une de ces opérations frauduleuses, le vin de la Grange fut saisi (2) et un procès, dont les habitants furent contraints de payer leur quote-part (3), s'ensuivit. Ce ne fut que deux ans plus tard, que des arrêts du Parlement de Paris vinrent donner gain de cause au Chapitre : le vin fut restitué, et les consuls condamnés à payer mille livres pour les dépens (4).

(1) Des Lettres patentes de Charles VI, datées de Paris le 16 avril 1381, avaient maintenu les consuls de Pézenas dans le privilège de prohiber l'entrée des vins et vendanges provenant d'un autre terroir et de les confisquer au profit du roi. — Arch. mun. de Pézenas. Layète 2, liasse 6, charte 6.

(2) Protestation du 6 avril 1401, faite par le lieutenant du châtelain et les consuls de Pézenas contre Me Bertrand Quintin, commissaire, nommé pour informer contre les dits consuls qui avaient saisi du vin du Chapitre de Lodève; de ce qu'il ne voulait recevoir leurs dires et réquisitions, ni joindre à son verbal la procédure de la saisie du dit vin. — Acte reçu et expédié par Pierre Brosseau, notaire de Pézenas. Arch. mun. de Pézenas. Layète 2, liasse 6, charte 7.

(3) 1402 : Arrêts du conseil de Pézenas pour contraindre les habitants à payer leur quote-part des frais du procès que la ville avait contre le Chapitre de Lodève pour l'entrée du vin : signé, Dominique. — Arch. mun. de Pézenas. Layète 2, liasse 6, charte 8.

(4) Copie d'Arrêt du 14 août 1404, obtenu par le Chapitre de Lodève contre les consuls de Pézenas, qui accorde au Chapitre la recréance de certain vin saisi par les consuls et maintient le dit Chapitre dans le droit de faire entrer son vin de la Grange des Prés dans la ville, attendu que ledit Chapitre contribue aux charges de la ville. (Arch. mun. de Pézenas. Layète 2, liasse 2, charte 14). Transaction du 13 décembre 1404 entre les consuls de Pézenas et le Chapitre de Lodève par laquelle les parties renoncent au procès, et se tiennent réciproquement quittes de tous arrérages pour la contribution du dit Chapitre aux réparations des murailles, ponts, chaussées, chemins, sauf que le dit Chapitre y contribuera à l'avenir. Et pour les dépenses et dommages du vin saisi au Chapitre, les dits consuls lui paieront la somme de mille livres. (Acte reçu par Raimond Sabatié, notaire de Pézenas. — Arch. mun. de Pézenas. Layète 2, liasse 6, charte 9).

La Grange des Prés eut aussi à soutenir, à cette époque, de nombreux procès pour le droit de ban, c'est-à-dire le droit de pacage et de surveillance de récoltes qu'exerçaient des agents nommés *bandiers*, « gardiens des blés, des vignes, des fruits et des terres », après avoir prêté serment entre les mains des consuls (1). Au quatorzième siècle, l'élevage des bestiaux était déjà une industrie importante que pratiquaient à l'envi les seigneurs et les moines des abbayes (2). Les chanoines de Lodève semblent avoir été très jaloux de ce privilège, qui s'exerçait sous la surveillance d'un « Baile », c'est-à-dire de l'administrateur direct du domaine et de ses revenus (3). De son côté, la communauté de Pézenas protégeait les droits des habitants, en défendant « à tous propriétaires et gardiens de troupeaux de les mener paître dans les vignes et olivettes des particuliers, à peine d'un aignel d'or (4) ou six sols d'amende, et de la prise d'un mouton, dont un quartier revenait au châtelain » (5).

Les infractions à ces sages ordonnances n'en remplissent pas moins d'innombrables parchemins. Dès l'année 1298, les saisies de juments et de bêtes à laine

(1) Dans une charte de la commune de Thézan datée du 15 juin 1363, écrite en langue romane, on lit à propos de la nomination des bandiers : « An acostumat los ditz Cozols de metre bandiès per gardar lo terminal ». — *Bulletin de la Soc. arch. de Béziers.* T. IV, p. 108.

(2) *Hist. génér. de Languedoc.* T. VII, p. 181. Note 46 : Droits domaniaux.

(3) *Hist. génér. de Languedoc.* T. VII, p. 197.

(4) L'Aignel d'or était une monnaie frappée dans les ateliers royaux de Montpellier au XIVe siècle. « Du 15 mai au .... juin 1354, Pierre Lacoste a frappé 13000 aignels d'or fin, de 52 au marc ». — *Hist. génér. de Languedoc.* T. VII, p. 431. Note 56.

(5) Arch. mun. de Pézenas. Ordonnance du 5 mars 1307. Layète 9, liasse 3, charte 7.

appartenant aux troupeaux de la Grange des Prés se succèdent (1), tandis que les consuls, dans une requête au roi, exposent que le Chapitre trouble le droit de ban qu'il leur est permis d'exercer sur certaines terres des paroisses de Notre-Dame des Prés et de Saint-Christol (2). Une enquête poursuivie par quarante-sept témoins fut ordonnée dans le but d'établir définitivement les droits des deux parties (3); elle fut terminée par une sentence qui étendait le droit de ban des consuls sur tout le terroir de la Grange des Prés (4) ; le Chapitre protesta, et une sentence arbitrale rétablit les privilèges des chanoines (5),

(1) Le 19 avril 1298, une sentence du viguier de Béziers contre l'aumônier de la Maison des Prés, déclare bonne et valable la prise de quelques juments saisies par les bandiers de Pézenas sur le terroir de la commune où elles faisaient du dommage et condamne l'aumônier aux dépens. — Acte reçu par Raymond de Tonens, notaire de Béziers. Arch. mun. de Pézenas. Layète 2, liasse A, charte 5.

(2) En 1300 environ, une requête des consuls au roi expose que le Chapitre trouble les dits consuls dans leur droit de bannerage, qu'ils avaient le droit d'exercer sur toutes les terres de la Grange des Prés. — Arch. mun. de Pézenas. Layète 2, liasse 1, charte 6.

(3) Le 29 juillet 1300, Hugues Salade, prêtre et baile de la Maison des Prés, présente au baile de Pézenas des Lettres du procureur du roi en la sénéchaussée de Carcassonne, pour enquérir sur le droit de ban que le Chapitre de Lodève prétend exercer sur le terroir de Notre-Dame des Prés. — Acte reçu par Raymond de Rodez, notaire de Pézenas. Arch. mun. de Pézenas. Layète 2, liasse 1, charte 7.

(4) Par cette enquête il est prouvé que les consuls avaient le droit de bannerage sur toutes les terres de la Grange des Prés appartenant au Chapitre de Lodève. — Arch. mun. de Pézenas. Layète 2, liasse 1, charte 8.

(5) Sentence arbitrale rendue par Guilhaume Beivini et Estienne Navarre, arbitres nommés par le doyen et précempteur du Chapitre de Lodève, et l'économe de la Maison des Prés, d'une part, et les consuls de Pézenas, d'autre,........ portant. — Arch. mun. de Pézenas. Layète 2, liasse 1, charte 13.

restreignant ceux de la partie adverse aux pâturages situés sur les collines qui se dressent au nord du domaine, et sur les chaussées qui bordent le cours de l'Hérault.

Les difficultés ne tardèrent pas à renaître. Le 6 juillet 1308, des Lettres de Philippe le Bel enjoignaient au sénéchal de Carcassonne de faire juger promptement un nouveau procès entre la communauté de Pézenas et les chanoines de Lodève (1). Les consuls relevaient peu après, en appel, la sentence du juge-mage de Carcassonne, qui faisait « siser » le bannerage de la Grange des Prés à leur détriment (2), et acceptaient enfin une transaction, qui réglait les limites des territoires soumis à ces droits si discutés (3). L'effet de cet acte se relâcha dans la suite ; les sentences, enquêtes, requêtes se poursuivirent pendant de longues années ; en 1380, un procès était encore pendant pour le même sujet, entre le procureur du roi et le baile de la Grange des Prés (4).

(1) Arch. mun. de Pézenas. Layète 2, liasse 1, charte 10 et Layète 2, liasse 1, charte 14: Acte reçu par Raymond Dupuy, notaire de Pézenas. — On lit dans l'Histoire manuscrite de Pézenas par Poncet, que la Grange des Prés releva des fiefs du roi de France, à partir du règne de Philippe le Bel.

(2) Acte reçu par Guilhaume de Luc, notaire de Pézenas. — Arch. de Pézenas. Layète 2, liasse 1, charte 15.

(3) Transaction du 18 janvier 1311, reçue par Pierre Andras, notaire de Béziers. A la suite est inséré l'acte par lequel Guillaume de Roquefeuil, en vertu des pouvoirs à lui donnés, a fixé les limites du chemin et du rivage mis en devois en y plantant des bodules. A la fin on lit la sentence du sénéchal de Carcassonne, qui, le 12 février 1311, homologue la dite transaction. — Arch. mun. de Pézenas. Layète 2, liasse 2, charte 1.

(4) Arch. mun. de Pézenas. Layète 9, liasse 5, charte 14. — On trouve en outre aux archives de Pézenas des documents d'un intérêt secondaire pour la Grange des Prés à la Layète A, 2, liasse 1, charte 17, et à la Layète 2, liasse 1, charte 18. — Par Lettres patentes de novembre 1376, le comté de Pézenas avait été réuni

Enfin la Grange des Prés soutint, au treizième et au quatorzième siècle, de nombreux procès au sujet de ses moulins et de ceux du domaine royal situés sur les deux rives de l'Hérault. Ceux-ci, dont la propriété remontait au dernier vicomte de Béziers, Trencavel, et dont les murailles vermeilles, entourées de verdure, composent encore de nos jours un gracieux tableau, furent, dès 1662, un objet de litige (1). On a vu que dans la sentence des enquêteurs royaux, rendue à cette date, une digue, élevée au détriment des moulins de la Grange, devait être rétablie dans son état primitif (2) ; mais, en 1290, on lisait, dans un bail des moulins d'Aumes consenti par les commissaires du roi au Chapitre de Lodève, que lorsque les inquisiteurs de France pour le parti albigeois avaient rempli leur mandat, ils avaient constaté, à leur tour, que les moulins du Chapitre portaient, par la réfection des digues, préjudice aux moulins du roi (3), et noble homme

à la couronne par le duc Louis d'Anjou, comte du Maine, frère de Charles V.

(1) Un Mémoire de Messire de Thésan pour servir dans un procès soutenu en 1780 contre le prince de Conti fait remonter l'origine de la propriété des moulins à Trencavel, vicomte de Béziers, en 1221. — Les moulins d'Aumes passèrent avec la seigneurie d'Aumes dans la Maison de Thésan par le mariage de Tristan de Montlaur, seigneur d'Aumes et de Murles, avec Guilhelme de Thésan, seigneuresse du Poujol, en 1482.— La Maison de Thésan était établie dès le Xe siècle dans le bourg de Thésan (canton de Murviel, arrondissement de Béziers). En 935, Bermond de Thésan, assisté de Rame, sa femme, vend à Roaldus, évêque de Béziers, une vigne sise au terroir de Lignan. — *Le Fonds Thésan aux Archives de château de Léran (Ariège)*. Pub. par F. Pasquier et S. Olive. Montpellier, Lauriol, 1913.

(2) Sentences des Enquêteurs royaux de la Sénéchaussée de Carcassonne, assises de 1259 à 1262. *Op. cit.*

(3) P. Poncet. *Histoire de Pézenas*. Pierre Poncet, né à Pézenas le 31 juillet 1683, et baptisé dans la collégiale de cette ville, le

Brisetête, sénéchal de Carcassonne, avait condamné les chanoines à payer en compensation « 90 sétiers d'aaron », c'est-à-dire un mélange de blé et d'orge (1). Ce différend fut terminé le premier septembre de la même année : Philippe le Bel, par *Lettres patentes,* céda à titre d'échange ses moulins d'Aumes situés sur la rive gauche de l'Hérault à l'Aumônerie de Notre-Dame des Prés, et les chanoines consentirent volontiers à cette transaction, qui leur permettait, en établissant à leur gré leur digue, d'amener les eaux vers le moulin situé sur la rive droite du fleuve (2).

La réfection des digues fit renaître les conflits : une sentence arbitrale, que nous avons déjà citée, avait, en 1304, déterminé leur hauteur légale (3). Ne tenant pas

3 août suivant. Officier du roi, épousa, le 9 février 1717, Louise Bonys, dont il eut une fille. Il mourut à Pézenas le 15 novembre 1736. (Registre de la Collégiale de Saint-Jean). — PONCET mentionne une concession faite en 1231 par le vicomte de Béziers du moulin d'Aumes à Pierre Nessès, sous l'albergue de neuf chevaliers. — L'on comptait à cette époque quatre moulins sur l'Hérault, proche la Grange des Prés : celui des Prés et celui de Conas sur la rive droite, celui de Murles ou d'Aumes et celui de Castelnau sur la rive gauche. — Le moulin des Prés, demeuré presque intact à travers les siècles et que le soleil du Midi a revêtu d'une merveilleuse couleur vermeille, forme, dans la verdure, un ravissant décor sur le rivage qui limite les terres de la Grange.

(1) Arch. mun. de Pézenas. Charte non numérotée.

(2) Arch. du Château de Léran. Liasse 82, N° 1.

(3) La sentence arbitrale du 12 août 1304 porte que le Chapitre pourra élever la chaussée des moulins en prenant sa hauteur sur le niveau du pied d'une croix marquée jadis sur la muraille par Pons Fabre, commissaire et arbitre, pour niveler et régler ladite chaussée, dans un accord fait entre le Chapitre et la communauté de Montagnac, et que le saut du moulin pourra être construit et élevé de deux pans et demi. — Acte reçu par Guilhaume Guy, notaire de Pézenas. Arch. mun. de Pézenas. Layète 2, liasse 1, charte 13.

compte de cette sentence, le châtelain et les consuls de Pézenas firent, le 4 juillet 1334, défense au baile de la Maison des Prés de suspendre les travaux, sous prétexte qu'ils étaient préjudiciables aux droits du roi et de quelques particuliers. Les chanoines purent heureusement prouver qu'ils n'avaient point controuvé aux décisions des précédents arbitrages (1).

Un autre procès plus long, et dont les causes sont mal définies, eut enfin lieu, en 1554, entre le prieur du Chapitre de Lodève et Raymond de Thésan, au sujet des moulins de Conas (2), situés également sur l'Hérault. Le 17 juillet 1556, un arrêt du Parlement de Toulouse ordonna la mise sous séquestre de ces moulins et une enquête pour entendre les témoins (3). Le procès prit fin en 1591 (4), mais alors la Grange des Prés, vendue par le Chapitre de Lodève, appartenait depuis cinq ans au duc de Montmorency.

Le cartulaire de la Grange des Prés avant les Montmorency se complète de diverses « reconnaissances »

(1) Défense du 4 juillet 1334 faite de la part du châtelain et des consuls de Pézenas au baile de la Maison des Prés de rehausser la chaussée des moulins et de discontinuer les travaux à la dite chaussée, qui sont préjudiciables aux droits du roi et autres terres des particuliers, lequel répond qu'il ne relevait point ladite chaussée au-dessus d'une croix qui était la marque de la hauteur, et qu'il est prêt de cesser et abattre tout ouvrage s'il était prouvé qu'il fût au-dessus de la dite borne. — Acte reçu par Guilhaume Guy, notaire de Pézenas. Arch. mun. de Pézenas. Layète 2, liasse 1, charte 14.

(2) Arch. du château de Léran. Liasse 143, N° 8. — La seigneurie de Conas ainsi que celles de Pézenas et d'Espondeilhan furent apportées en 1606 à Raymond de Thésan, par sa femme, Antoinette d'Avançon.

(3) Arch. du château de Léran. Liasse 144. N° 6.

(4) *Id.*, N° 5.

conservées aux archives du château de Léran. Elles font foi de l'importance que le domaine avait atteint, pendant le quatorzième et le quinzième siècle (1).

(1) *13 janvier 1328.* Ermengarde, veuve de Pons Messonier, agissant tant en son nom qu'au nom de ses filles Peyrone et Saurine, reconnait tenir en emphytéose de Béatrix, veuve de Guillaume de Macherio, damoiseau, la moitié des droits seigneuriaux appartenant au couvent de Notre-Dame des Prés ou au chevecier des chanoines de Lodève, moyennant une redevance ou pension emphytéotique d'une éminée d'orge, sur un jardin situé dans le territoire de Montagnac, près les murs de la ville, au lieu appelé au Petit Pont. Elle s'engage en outre, en son nom et au nom de ses filles, à payer à Béatrix ou aux siens l'éminée d'orge à la fête de Saint-Nazaire. (Arch. du château de Léran. Liasse A, carton A, N° 24). — *Juillet 1328.* Reconnaissance, par Jean Imbert, agissant en son nom et au nom de son frère, pour une terre située dans les dépendances de la dixme de Notre-Dame des Prés. Cette reconnaissance est faite à Sentouille, veuve de Béranger Carbonnel, seigneur d'Aumes. (Arch. du château de Léran, Liasse A, carton A, N° 48). — *22 janvier 1392.* Cécile, veuve de Pierre Annier, habitant du lieu de Pézenas, reconnaît tenir en emphytéose perpétuelle de dame Guillelme Carbonnel, coseigneuresse d'Aumes, veuve de Pierre de Montlaur, seigneur du château de Murles, diocèse de Maguelone, une pièce de terre située dans le dîmaire de Notre-Dame des Prés, moyennant une redevance annuelle de trois oboles tournois petits payables à la fête de Saint-André, et une autre redevance annuelle d'une éminée d'orge, payable à la fête de Saint-Nazaire. (Arch. du château de Léran. 1392. Liasse A, carton A, N° 2). — Diverses reconnaissances consenties à noble Guillelme Carbonnel, coseigneuresse d'Aumes, pour les biens possédés par indivis, avec le commandeur de l'Ordre de Saint-Jean, à Pézenas, et situés dans le dîmaire de Notre-Dame des Prés. (Arch. du château de Léran. Liasse 151, N° 13). — *1392.* Trois reconnaissances féodales, faites par les habitants de Pézenas en faveur de Guillelme Carbonnel, coseigneuresse d'Aumes, pour diverses terres et maisons situées dans la juridiction de Pézenas et dans le dîmaire de N.-D. des Prés, et chargées de redevances annuelles en « deniers petits » et orge, payables à la fête de Saint-André. (Arch. du château de Léran. Carton B, N° 20). — *11 mai 1496.* Reconnaissance faite au roi par le Chapitre de Lodève,

Avec le seizième siècle, s'ouvre, pour Pézenas et ses alentours, une ère de prospérité et de paix, qui durera jusqu'au début des guerres de religion (1). La Grange des Prés, agrandie par les achats successifs du Chapitre de Lodève, offre l'aspect d'une riche métairie, dont les nombreux troupeaux de chevaux et de bêtes à laine peuplent les prairies qui s'étendent jusqu'aux rivages de l'Hérault ; d'autre part, elle constitue, avec son prieuré et son antique chapelle, dédiée à Notre-Dame des Neiges, un lieu fréquenté de pèlerinage ; la fête patronale a lieu le 5 août, et les populations des environs s'y rendent ce jour-là en foule : jusqu'au milieu du dix-huitième siècle, ce pieux usage se perpétuera (2).

Le sindict du Chapitre reconnaît devoir payer chaque année, à la fête de Saint-Nazaire, 29 setiers d'orge et 10 setiers de froment à la mesure de Pézenas. — Acte reçu par Jean Courtand, notaire de Pézenas. Arch. de Pézenas. Charte non numérotée.

(1) Nous ne trouvons aux Archives de Pézenas aucune trace de procès soutenu par le Chapitre de Lodève au sujet de la Grange des Prés pendant le XVIe siècle. On relève quelques quittances faites par le syndict du Chapitre aux consuls de Pézenas (Layète 2, liasse 2, charte 18), et une prorogation de compromis pour certaines pensions entre la Communauté et le Chapitre (Layète 2, liasse 2, charte 17).

(2) On lit dans l'*Histoire manuscrite de Pézenas*, par Poncet, qu'à la Grange des Prés « une chapelle Notre-Dame des Neiges existait avant la construction du château ; la fête solennelle avait lieu le 5 août : ce jour-là le Saint Sacrement y était exposé ». — Le vocable de Notre-Dame des Neiges, emprunté à la basilique de Sainte-Marie Majeure à Rome, a pour origine, d'après le Bréviaire romain, un miracle arrivé au IVe siècle, sous le pontificat du pape Libère. On y lit : qu'un patricien de Rome et son épouse, se voyant âgés et sans enfants, offrirent leur héritage à la Sainte Vierge, la priant de désigner elle-même le meilleur moyen d'en disposer. La Bienheureuse Vierge agréa leurs vœux, et, dans la nuit du 5 août, époque où les chaleurs sont excessives à Rome, elle les avertit en songe de construire une église en son honneur sur la partie du

Quant à la petite ville de Pézenas, sans posséder encore l'importance qu'elle acquerra sous les derniers Montmorency de la branche ducale, elle s'enrichit par les fréquentes réunions des États provinciaux (1), et jouit de la notoriété due à son antique origine et aux privilèges royaux que lui ont mérité son loyalisme (2).

L'on sait que Pline le Naturaliste (3) la met au nombre des villes latines de la Gaule narbonnaise ; le génie militaire romain avait été séduit par cette position stratégique qui offrait à la fois un fort retranchement et un

mont Esquilin qu'ils trouveraient au matin couverte de neige. A leur réveil, ils allèrent communiquer cette révélation au Pape, qui avait eu le même songe. Libère se rendit sur l'Esquilin, suivi d'un nombreux cortège, et le fait merveilleux y fut constaté. Une église magnifique y fut bâtie : c'est la basilique de Sainte-Marie Majeure. Sa dédicace fut célébrée le 5 août ; cette date devint celle de la fête votive des sanctuaires élevés depuis sous ce même vocable. — Bréviaire romain. Off. du 5 août.

(1) Les Etats de Languedoc furent tenus pour la première fois à Pézenas en 1456. Ils s'y réunirent depuis, plus de cinquante fois. La dernière session eut lieu en 1692.

(2) Charles VI l'exempte de sa quotité de 8.000 livres pour sa fidélité pendant les troubles de son règne. Charles VII l'autorise à porter dans ses armoiries un dauphin dans un quartier d'or. Louis XI dispense les habitants de payer le ban et l'arrière-ban pendant qu'ils veillent à la garde de la place. D'autres privilèges consistaient en trois foires pendant lesquelles est assurée l'immunité de trente jours pour les marchands et marchandises, qui ne peuvent être arrêtés ni saisis pour dettes et deniers royaux, à moins que les condamnations n'émanent du châtelain. Par Lettres patentes, Charles VIII institue un marché qui jouit des mêmes privilèges que les foires ; il existe encore de nos jours. Enfin, l'ordonnance la plus importante fut celle par laquelle Charles VII, par Lettres données à Chinon le 24 janvier 1445, décrétait que les Assiettes du diocèse d'Agde se tiendraient à l'avenir à Pézenas. (*Inventaire des Archives de Pézenas*, publié par J. Berthelé. — Montpellier. Lauriol, 1907).

(3) Pline. *Hist. nat.* Liv. 7, ch. 48.

point d'observation sur une immense plaine. Successivement prise par les Visigoths, les Sarrasins et les Francs, Pézenas passa enfin sous la domination des comtes de Toulouse. Dès lors, nous possédons la suite chronologique de ses différents seigneurs, qui, des comtes de Toulouse et des vicomtes de Béziers, ses premiers souverains, jusqu'aux princes de Conti, ses derniers engagistes, compose une chaîne à laquelle il ne manque pas un anneau (1).

Une gravure de la fin du seizième siècle (2) nous permet de reconstituer l'aspect de Pézenas à cette époque. Bien qu'entourée de murailles crénelées, que dominent les sept grosses tours de sa forteresse, le beffroi de sa collégiale et les clochers de ses nombreuses chapelles et

(1) Des comtes de Toulouse, Pézenas passe aux vicomtes de Béziers, qui le gardent plus de deux cents ans. L'un d'entre eux, Roger II, en fait cession à Agnès, sa femme, qui, par acte du 24 novembre 1209, la remet à Simon de Montfort, sous une pension viagère de 3.000 sols melgoriens. Ce dernier en fait don à un marchand de Montpellier, Raimond de Cahors, qui lui fournit des subsides pour ses guerres. Louis IX le rachète des enfants de ce Raimond. En 1362, le roi Jean érige la châtellenie de Pézenas en titre de comté en faveur de Charles d'Artois. Charles VII donne ce comté à sa femme, Marie d'Anjou; Louis XI le cède par contrat de mariage à Nicolas, marquis de Pont et à Anne de France, mais le mariage n'a pas lieu et le comté est réuni à la couronne. Louis XI en donne alors les revenus à Charles d'Amboise; Charles VIII les assigne à Charlotte de Savoie, sa mère. A la mort de celle-ci, le roi donne le comté à Jacques Trivulce, son chambellan, pour services reçus pendant la conquête du royaume de Sicile. Louis XII en donne l'usufruit à Anne de Bretagne, François Ier à Marie d'Angleterre, Henri III au duc d'Uzès. Enfin, Louis XIII le donne en engagement au prince de Condé, auquel succèdent en cette partie le prince de Conti, son fils, et son petit-fils. (*Inventaire des Archives de Pézenas.* — Op. cit.

(2) Gravure de Tassin, publiée par Albert Fabre dans l'*Hérault historique,* année MDCCCXXVIII, et par A.-P. Alliès : *Une Ville d'Etats.*

couvents, la petite ville n'a cependant rien d'austère. La rivière de Peyne la traverse d'un ruban argenté, les mûriers centenaires du « pré Saint-Jean », propriété des Chevaliers de Malte, des jardins, des vignes et des bois lui composent un admirable cadre de verdure. Le château élève au nord sa fière silhouette ; autour de lui s'étagent ces maisons gothiques ornées de ces portes fleuronnées, de ces tourelles dentelées, de ces légers escaliers à vis, qui sont encore de nos jours l'objet de la surprise et de l'admiration du curieux qui s'y attarde (1).

La féodale demeure était munie de deux portes, dont l'une à pont-levis : celui-ci donnait accès dans une vaste cour autour de laquelle s'élevaient les bâtiments de service ; dans une des tours, nommée tour de Faugères, était placée une chapelle dédiée à la Sainte Vierge : elle avait, disait une tradition locale, servi d'oratoire à saint Louis, en 1248.

De cette riante petite ville et de son château-fort, Anne de Montmorency, premier baron de France, pair, maréchal, grand-maître des Ordres du roi, premier gentilhomme de la Chambre, comte de Dammartin, de Beaumont et de maints autres lieux, fit choix, lorsque sa nomination au gouvernement de Languedoc, le 23 mars 1526, l'appela à administrer notre riche province et à y faire de fréquents séjours.

(1) Le Moyen âge, la fin de la Renaissance et le début du dix-huitième siècle (dates qui correspondent aux périodes de la plus grande prospérité de Pézenas) nous ont transmis des spécimens d'architecture du plus haut intérêt. — Ils ont été décrits par M. A.-P. Alliès, au chapitre : « L'Architecture à Pézenas : la Maison d'habitation », dans « *Une Ville d'Etats* ». Op. cit.

CHAPITRE DEUXIÈME

Les deux Connétables

« Noble d'ayeux et bisayeux qui ont
Toujours porté les lauriers sur le front » (1),

a écrit Ronsard dans l'épitaphe du connétable Anne. Il n'est pas, en effet, de plus antique origine et de lignée plus chargée de gloire que celles des Montmorency. Les uns les faisaient remonter à Lisoie, général de Clovis, baptisé à Reims avec son maître ; d'autres leur donnaient pour auteur Lisbius, le plus puissant des Gaulois, qui, converti à la foi chrétienne, souffrit le martyre auprès de saint Denis (2).

A la fin du seizième siècle, ils avaient donné au pays six connétables, onze maréchaux, quatre amiraux, deux grands-maîtres, sans compter les grands-sénéchaux, chambellans, pannetiers, en passant par les nombreux chevaliers de Saint-Michel, de la Toison d'Or et de la Jarretière ; les vieilles chartes leur donnaient les mêmes titres qu'aux rois, et, lorsque Hugues Capet et ses successeurs eurent réuni les grands fiefs à la couronne, aucun des grands vassaux ne s'avisa de leur disputer le titre de « premier baron ».

L'implacable politique de Richelieu devait interrompre

(1) Epitaphe d'Anne, duc de Montmorency, pair et connestable de France. RONSARD. *Œuvres*. A Paris, 1584.

(2) DU CHESNE. *Hist. génér. de la Maison de Montmorency et de Laval.* Paris. Séb. Cramoisy. MDCXXIIII.

cette lignée glorieuse sur l'échafaud de Toulouse (1), mais les Montmorency croyaient à bon droit leur descendance assurée, lorsque, au milieu du seizième siècle, le Connétable choisit une résidence en Languedoc (2).

Anne de Montmorency était né à Chantilly le 15 mars 1492 (3). Anne de Bretagne l'avait tenu sur les fonts baptismaux. Sa vie, familière à tous par les récits des historiens, connut le faîte des honneurs dispensés par trois rois, aussi bien que les amertumes de la disgrâce, et fut une des plus mouvementées de cette turbulente époque, où cependant les Grands ne chômaient point.

C'est en 1526, que le représentant de la branche ducale des Montmorency appartint au Languedoc par sa nomination de gouverneur général de la Province, faveur due à ses habiles négociations pour la mise en liberté de François Ier après sa captivité à Pignerol. D'autres services dans la diplomatie et sur les champs de bataille lui méritèrent, en 1538, l'épée de connétable. Une intrigue de palais dirigée par la duchesse d'Étampes traversa cette prospérité : accusé d'avoir opiné en faveur du passage en France de Charles-Quint allant punir les Gantois

(1) L'aînesse de la Maison de Montmorency appartenait à la branche Boutteville. Dans la personne de Henri II de Montmorency décapité à Toulouse, le 30 octobre 1632, s'éteignit la branche ducale, mais celle-ci avait atteint une telle illustration, que les historiens ont souvent appelé le jeune duc : le dernier des Montmorency.

(2) Anne de Montmorency avait eu de sa femme, Madeleine de Savoie-Tende, cinq filles et sept fils.

(3) Le Connétable était fils de Guillaume, seigneur de Montmorency et de Damville, gouverneur et bailly d'Orléans, et d'Anne Pot, dame de Châteauneuf. Il avait épousé, en 1526, Madeleine de Savoie-Tende, fille de René, légitimé de Savoie, surnommé le Grand, comte de Tende et de Villars, grand-maître de France et gouverneur de Provence.

révoltés, Montmorency fut exilé dans ses terres, et la lieutenance générale de Languedoc donnée à un soldat de fortune, Montpezat (1).

L'avènement de Henri II le rétablit dans ses charges, mais le coup de lance de Montgomery le réduisit à l'inaction (2), les Guise, dont le célèbre antagonisme avec la Maison de Montmorency devait engendrer tant de maux, étant devenus, sous François II, les arbitres des destinées de la France.

A l'arrivée au trône de Charles IX, Catherine de Médicis, qui le traitait en vieil ami et l'appelait son *compère* (3), le nomma aux conseils royaux et le maintint dans son gouvernement. C'est de là qu'il prit part à la guerre religieuse, qui, devenue querelle politique, ensanglanta pendant plus de cinquante ans le Languedoc.

La plupart des Mémoires du temps (4) renferment des détails sur cette période si agitée de la vie du Connétable. Ils nous ont transmis le souvenir des célèbres « patenôtres » fréquemment interrompues par l'ordre de « pendre un tel » ou d' « attacher tel autre à un arbre », ou bien encore de « boutter le feu partout à un quard à

(1) Antoine, seigneur de Montpezat, né à Puissalicon, au diocèse de Béziers, était frère de Jean de Lettes, évêque de Béziers. Il mourut dans sa terre de Gabian, le 25 juin 1544.

(2) Dans ce court laps de temps il n'avait pas négligé les intérêts du Languedoc, ainsi que le prouve sa lettre aux députés des Etats, le 28 octobre 1548. Il y déclare avoir obtenu du roi le soulagement des garnisons et autres charges extraordinaires. — Procès-verbaux des Etats de Languedoc. Archives de la Haute-Garonne. Registre C. 2279, f° 74 et suiv.

(3) Voir les Lettres adressées par Catherine de Médicis au Connétable Anne, au Tome I des *Lettres de Catherine de Médicis*, publiées par le Cte H. de La Ferrière. Paris, Impr. nat. MDCCCLXXX.

(4) Cf. en particulier Brantôme et Gaspard de Saulx, seigneur de Tavannes.

la ronde ». Les « vertus civilisées », que Sainte-Beuve regrette de ne point trouver en Monluc, étaient également inconnues à celui que les huguenots appelaient « le capitaine brûle-bancs ». Mais, à côté de ces rudes façons, quelle audace et quelle bravoure : torturé par la gravelle, il chargea à Dreux comme un lion, répondant à Guise, qui s'informait de ses maux : « Voilà la vraie médecine qui m'a guéri, c'est la bataille qui se présente et prépare pour l'honneur de Dieu et de notre roi ». A Ravennes, à Marignan, à la Bicoque, à Pavie, à Saint-Quentin (car il avait été dans sa destinée d'assister à toutes les grandes batailles de son siècle), il s'était signalé par des actions non moins héroïques.

Cette vie glorieuse eut une fin digne d'elle. Blessé à mort en chargeant à la tête de l'armée catholique, pendant le combat de Saint-Denis, le 10 septembre 1567, par un gentilhomme écossais (1), Montmorency, dit Brantôme, se retourna vers son adversaire, et, malgré son grand âge, lui donna des gardes et du pommeau de son épée un si terrible coup sur la bouche, « que de longtemps la bouillie lui servit de manger ». Tombé de cheval percé de quatre blessures : « Je n'eusse sceu mourir ni enterrer en un plus beau cimetière », dit-il à son ami Sansay. Il se mit ensuite en prières et consentit à être emporté du champ de bataille, « non, dit-il, par espoir de guérison, mais pour voir le roi et la reine et leur porter, par mes plaies et ma mort, l'assurance de ma fidélité » (2). Il mourut le lendemain avec le même courage.

(1) Ce soldat s'appelait Stuart, sans doute du clan de ce nom, sans appartenir à la royale famille. Il fut pris à la bataille de Jarnac, et réclamé par le marquis de Villars, qui le tua pour venger le Connétable.

(2) Tous ces détails sont empruntés à BRANTÔME. *Hommes illustres et grands capitaines français.*

« Crois-tu, avait-il répondu à quelqu'un qui l'exhortait, qu'un homme qui a vécu quatre-vingts ans avec honneur, n'ait pas appris à mourir un quard d'heure? » (1)

La mort du Connétable ne laissait pas vacante la charge du gouvernement de Languedoc. En 1563, son second fils, Henri de Montmorency-Damville, en avait été investi (2). C'est le prince qui devait, quelques années plus tard, acquérir le domaine de la Grange des Prés et en être le premier châtelain ; à ce titre, il nous intéresse tout particulièrement.

La physionomie du duc Henri I est plus connue encore que celle de son père (3). Par ses traits, que nous a conservés la gravure de Fessard, par sa vie toute pleine du bruit des batailles et du murmure des intrigues, il résume son époque, et nous apparaît comme le type le plus achevé de son temps. Brantôme nous le dépeint « libéral et magnifique », Tallemant vante ses incomparables talents de cavalier (4) ; l'on sait qu'il était l'homme le plus riche

(1) Moreri. *Dict.* T. II, p. 559, col. 1.

(2) En 1563, Anne de Montmorency, froissé de ce que après la mort du duc de Guise, le roi ne lui avait pas rendu la charge de grand-maître de sa maison, qu'il avait possédée autrefois, résigna le gouvernement de Languedoc. Désirant ménager le Connétable, Charles IX disposa de cette charge en faveur de son second fils, Henri II du nom, le 12 mai, et le dépêcha en Languedoc pour recevoir la soumission des villes rebelles et en prendre possession en son nom.

(3) Sa mère, de l'illustre famille de Savoie-Tende, était, dit Brantôme, « l'une des sages et vertueuses dames qu'on eu seu voir jamais. Quelque temps qu'il a couru ni nouvelles fasons de s'habiller à la cour, elle n'a changé la sienne de la vieille française, qui estait avec sa robe à longues manches qui montrait sa grâce fort magistrale ».

(4) Tallemant rapporte qu'« il travaillait un cheval », avec une petite pièce de monnaie placée sous son étrier, qui n'avait que la largeur du doigt ».

de France. Filleul de Henri II, qui le combla de faveurs, colonel à vingt ans, maréchal de France à trente-deux, connétable à cinquante-neuf, il commit les fautes communes à presque tous les Grands de son époque, mais il sut conserver dans ses errements sa foi catholique et sa fidélité à la monarchie.

Avant son arrivée en Languedoc, Damville avait une carrière déjà fort remplie; il avait accompagné Henri II en Allemagne, assisté au siège de Metz en 1552 (1) et s'était distingué sous Brissac en Italie. A la bataille de Saint-Quentin (1557), il avait été fait prisonnier aux côtés de son père (2), à celle de Dreux, il avait été vainqueur de Condé, qui lui avait rendu son épée (1562). Après son installation, le nouveau gouverneur se montra plein de zèle contre les religionnaires, mais il parut bientôt modifier sa politique. En 1569 se manifestèrent entre lui et les chefs catholiques, les premiers indices de méfiance : on est allé jusqu'à dire qu'il était condamné à la Saint-Barthélemy, et que son absence seule le sauva (3). Dès lors, ses rapports avec la Cour se refroidirent; après la révolte du duc d'Alençon, dans laquelle il fut soupçonné sans preuves d'avoir trempé (4), sa perte fut résolue. Son gouvernement lui fut enlevé et donné au dauphin d'Auvergne.

Damville se jeta alors dans le camp huguenot.

A partir de cet instant, sa vie n'est qu'une suite d'alternatives d'alliances entre les deux partis en présence. Il

(1) Cf. *Le Siège de Metz*, par BERTRAND DE SALIGNAC. Coll. Michaud et Poujolat.

(2) *Mémoires de* BOYVIN DE VILLARS.

(3) BRANTÔME. *Hommes illustres et grands capitaines français.*

(4) Le duc d'Alençon, frère de Charles IX, mécontent de la Cour, s'était, d'après les conseils de François de Montmorency, frère aîné de Damville, allié aux huguenots.

remplit la Province du bruit de ses armes, et les chroniques sont pleines de ses actions. C'est l'époque où un historien local (1) nous le montre semblable au dieu de la guerre, partant contre Joyeuse « avec armes et chevaux », portant sur « son corselet une casaque de velours noir chamarrée de passements d'or avec la croix blanche devant et arrière, à l'entour parsemée de fleurs de lys d'or », et armé de l'épée de son père, dont la lame portait la devise : « *Sans fraude et très fidèle* » (2).

En prenant possession de son gouvernement, Damville s'était installé au vieux château de Pézenas et en avait fait le centre de ses opérations dans la Province. Nous savons, par Charbonneau, qu'il y séjournait pendant les trêves de ses campagnes contre Joyeuse, et venait s'y reposer au milieu des siens (3). Une véritable cour vivait à l'ombre des antiques murailles; la duchesse, cette charmante Antoinette de La Mark, aussi brave que « belle et honneste » (4), y vivait avec ses trois enfants, Hercule, comte d'Offemont, et Marguerite et Charlotte, les futures duchesses d'Angoulème et de Ventadour (5). Une petite armée de serviteurs animait la résidence ducale, on y voyait même, comme auprès des rois, un petit « fou » nommé Thomy, dont les chroniques

(1) *Journal* de CHARBONNEAU *sur les guerres de Béziers pendant la Ligue. 1583-1586.* Publié par la Soc. arch. de Béziers. (Deuxième série, t. VII, première livraison).

(2) BRANTÔME. *Op. cit.*

(3) *Journal de* CHARBONNEAU. *Op. cit.*

(4) BRANTÔME.— Antoinette de La Mark, fille de Robert de Bouillon, seigneur de Sédan, maréchal de France, et de Françoise de Brezé, avait épousé Henri I de Montmorency à Ecouen, le 26 janvier 1558.

(5) D'après PONCET, les trois enfants de Henri I seraient nés au vieux château de Pézenas. Les historiens du Languedoc font naître Hercule d'Offemont à Montpellier en 1572.

ont recueilli les joyeuses saillies et les bons mots (1).

A cette époque, le « vieux château » reçut quelques embellissements : un donjon, qui servit de logement au gouverneur, s'éleva au-dessus des sept tours féodales, des abris furent construits pour recevoir trois cents hommes de garnison, les appartements reçurent un mobilier nouveau (2). D'illustres visiteurs s'y arrêtèrent : en 1582, de Thou, de retour d'un voyage en Guyenne, y était venu sur l'invitation de Montmorency, pour y saluer la duchesse, « qui le reçut honnêtement » (3) ; en 1584, François de Rieux y avait porté au duc l'ordonnance du roi « contre les Brigands » (4), mais la visite la plus importante fut celle de Catherine de Médicis, au cours de l'un de ces voyages politiques qui étaient dans ses goûts, et qui lui permettaient parfois de résoudre sur place les difficultés grossies par la distance.

« J'arriveray lundy à Pézenas, où je demeureray comme je croy mardy, pour ce que le maréchal de Montmorency le désire », mandait-elle de Narbonne au roi le 15 mai 1579 (5). La cour fit son entrée à Pézenas le 19 mai (6) ; pendant son séjour, la reine-mère écrivit trois lettres, deux à Henri III, l'autre au duc de Nevers, toutes remplies du résultat de ses négociations avec les protestants. Elle repartit très satisfaite : « J'ai vuidé une infinité de requestes, différends et protestations, écrivait-elle le 24 mai, pendant qu'ay esté à Pézenas entre les ungs et les aultres de l'une et de l'aultre religion » (7).

(1) Brantôme. *Op. cit.*

(2) Poncet. *Op. cit.*

(3) *Mémoires de* de Thou.

(4) *Journal de* Charbonneau. *Op. cit.*

(5) *Lettres de* Catherine de Médicis. *Op. cit.*

(6) La date est attestée par les lettres de la reine-mère.

(7) Lettres du 18 mai 1579, du 20 mai et du 24 mai 1579.

Ces réceptions, les fêtes qui en étaient la conséquence, devaient faire paraître plus étroites les dimensions du « vieux château », plus propre à loger une garnison qu'une petite cour. Aussi, vers 1586, au plus fort de ses démêlés avec les Guise, Montmorency, devenu chef de la branche ducale par la mort de son frère (1), manifesta l'intention de se fixer dans la Province d'une manière durable, en y acquérant une demeure plus vaste et plus riante (2). Plusieurs raisons purent l'y inciter. Poncet donne celle du délicieux climat de Pézenas, ce climat tempéré, entre la mer et la montagne, où César, dit le même chroniqueur, envoyait ses soldats blessés pour y guérir. L'on peut supposer aussi que le propriétaire de Chantilly et de tant d'autres résidences quasi-royales ait voulu se créer une demeure plus digne des splendeurs qu'il abandonnait pour le Languedoc. Enfin, la peste, qui exerçait périodiquement, à cette époque, ses ravages

(1) François de Montmorency, fils aîné de Anne de Montmorency, était mort empoisonné, disait-on, le 6 mai 1579. Il avait succédé à son père pour le titre de duc et pour la seigneurie de Chantilly. Fiancé à Jeanne de Piennes, sœur du premier duc d'Halluin, il avait dû renoncer à ce mariage, le roi et le connétable ayant refusé leur consentement, et avait épousé Diane légitimée de France, fille du roi Henri II, et veuve à dix-huit ans d'Horace Farnèse.

(2) Les Montmorency, ainsi que le remarque M. Pierre Gachon, « *Les Etats de Languedoc et l'Edit de Béziers* », avaient, à la faveur des guerres civiles, fait de leur charge quasi-matrimoniale une sorte de souveraineté ; mais leur puissance dans la province ne reposait pas sur les biens fonciers du chef de la famille. Anne de Montmorency n'avait légué à ses enfants aucune terre sise en Languedoc. Henri I n'y posséda, outre la Grange des Prés, que le comté d'Alais dans le diocèse de Nîmes, Florac en Gévaudan, et Bagnols au diocèse d'Uzès. Il est à remarquer que ni la Grange des Prés ni Bagnols ne sont mentionnés dans les « Lettres de don des biens de feu Mr le duc de Montmorency ». — Impr. Paris, P. Rocolet, 1623.

dans l'intérieur des villes (1), put faire rechercher l'air plus pur d'une habitation hors des remparts. Pour tous ces motifs peut-être, la famille ducale fit choix de la Maison des Prés ou Notre-Dame des Prés, laquelle, avec ses moulins, ses prairies et ses dépendances, relevait, comme nous l'avons vu, du fief des rois de France depuis Philippe le Bel. Elle s'y fixa, dit dom Vaissette, et abandonna le vieux château de Pézenas (2).

La nouvelle de l'acquisition de la Maison des Prés par le Connétable fut bien accueillie dans le pays : au cours d'une des séances des États tenus en janvier 1586 à Pézenas, les députés votèrent 6.000 livres « à Monseigneur le duc de Montmorency, en considération des grands dépens et frais qu'il lui convient faire, pour faire sa demeure et résidence au dit pays » (3).

Toutes les recherches pour retrouver l'original de l'acte de vente de la Grange des Prés par le Chapitre de Lodève aux Montmorency (4) ont été, jusqu'ici, infructueuses (5) ;

(1) A. SOUCAILLE. *Recherches sur les anciennes pestes à Béziers.* — *Bulletin de la Soc. arch. de Béziers.* Deuxième série, T. XII, Ire livraison.

(2) *Hist. génér. de Languedoc.* T. XIII, p. 394.

(3) Archives de la Haute-Garonne. Procès-verbaux des Etats de Languedoc. Série C, 2286 *bis.* Complément. — Du 14 janvier au 27 janvier 1586, Etats tenus à Pézenas par ordre du duc de Montmorency, pour le parti royaliste, et comprenant les représentants des diocèses du Haut-Languedoc.

(4) L'évêque de Lodève était à ce moment Christophe de Lestang. 1580-1602.

(5) Cet acte avait été probablement passé à Pézenas ; nous n'avons pu cependant le découvrir dans les minutes des notaires de cette ville, celles-ci n'ayant été conservées qu'à partir de l'année 1596.— Nous savons que cet acte fut remis au Sr de Joubert, syndict des Etats de Languedoc, « avec les autres titres et papiers concernant la propriété » lorsque, le 27 juin 1738, Louis-François de Bourbon, prince de Conti, et Mademoiselle de Bourbon, sa

d'autres documents d'une autorité indiscutable nous permettent de placer cette transaction en 1587, avant le mois d'octobre (1). On lit au Cartulaire de la ville de Lodève que « le vénérable Chapitre vendit en 1587 la Grange des Prés au maréchal de Montmorency » (2); Poncet rapporte que, en 1588, noble Pierre de Montagut de Pézenas fit ratifier cette vente (3); enfin, dans l'inventaire des archives du Chapitre de Lodève, on trouve un acte de l'année 1588, par lequel « dame Antoinette de La Mark, épouse de M. le duc de Montmorency, s'oblige de faire une aumône telle que le Chapitre de Lodève avait accoutumé de faire lorsqu'il était possesseur de la Grange des Prés » (4).

Les Montmorency acquirent, à la même époque, les moulins que le Chapitre possédait sur les bords de l'Hérault (5).

Quelques difficultés s'élevèrent peu après au sujet de ces ventes. En effet, le 14 octobre 1587, Montmorency écrivait à Jacques de Fozières, gouverneur de Lodève :

sœur, vendirent à la Province la majeure partie des bâtiments et du parc de la Grange pour y établir une caserne d'étapes. — Acte de vente passé devant Antoine Bellonet, notaire. A Montpellier, en l'hôtel de Monseigneur l'évêque d'Alais, le 27 juin 1738. — Minutes de M. Paul Poutingon, notaire de Montpellier, et Archives de la Grange des Prés.

(1) La preuve en est fournie par la Lettre de Montmorency à Jacques de Fozières, que nous citons plus bas.

(2) Cité dans l'*Histoire de la Ville de Lodève* par M. Ernest Martin.

(3) Poncet. *Hist. ms. de Pézenas.*

(4) Cette aumône était destinée à la Confrérie de Saint-Blaise.— Inventaire général des Archives du Chapitre de Lodève. Aumône de Saint-Blaise. Liasse O 2, case 25.

(5) Archives du château de Léran. Liasse 144, N° 5.

« Monsieur de Fozières,

« J'ai découvert une déception de faulceté qu'ung marchand de Pézenas veult fere au chappitre de l'Esglise de Lodesve, a quoy aulcungs ecclesiastiques sont adherанns et consentent, a cause de la vente de la méterye des Preds, et ce a esté lorsque je y ai vouleue entendre. Voilà pourquoi je vous ai vouleu fere ceste ici et commander que incontinent receue que l'ayes, vous saisissiez de la personne de Belmont notaire et de ses actes, et ayant entendu ce qu'aurez faict de ce mien commandement, je vous puisse mander homme pour veriffier le tout, affin de leur faire cognoistre la faulte qu'ils ont faicte, aultrement je m'en prendray a vous. Et m'asseurant de vostre service, finiray la présante priant Dieu de vous tenir en sa garde.

« De Pézenas, ce XIIIIe jour du mois d'octobre.

« Vostre bien bon et meilleur amy,

« MONTMORENCY » (1).

Enfin, un acte du 13 septembre, 1590, nous apprend qu'à cette date, le Chapitre de Lodève « donne pouvoir à son archidiacre Etienne Vernet de donner quittance au duc et à la duchesse de Montmorency de 3.004 livres par eux payées à la décharge du Chapitre, pour sa quotité « des ventes et aliénations du temporel, et de 300 écus également avancés sur la somme de 8.380 livres tournois, qu'ils restaient devoir sur le prix de la vente de la métairie de Notre Dame des Près lez Pézenas » (2).

(1) Archives de M. Georges Teisserenc, de Lodève.

(2) Minutes de Delavillette. Etude Granier, à Lodève, p. 317. — A la page 407 du même registre, on lit un acte du 28 novembre 1590, par lequel le Chapitre de Lodève ratifie le règlement fait, en vertu de cette procuration, par Etienne Vernet avec la duchesse

Nous ignorons le nom des architectes auxquels Montmorency confia la construction de sa nouvelle demeure. Si Pézenas a conservé des spécimens exquis de l'art architectural de la Renaissance, et nous a légué le nom de quelques-uns de leurs auteurs (1), la Grange des Prés, bouleversée au milieu du dix-huitième siècle, ne nous a transmis rien de pareil. D'autre part, aucune estampe du temps ne nous aide à reconstituer l'image du château du Connétable, agrandi dans la suite par les princes de Condé et de Conti. Il existe cependant un document, qui permet de juger de son importance et de se rendre compte de sa topographie. C'est le plan, exécuté en 1737, par François de la Blottière, maréchal de camp, directeur des fortifications et ouvrages publics du Languedoc, au moment où la Province acquit, ainsi que nous l'avons dit, du prince Louis-François de Conti et de la princesse de Bourbon sa sœur, une partie du domaine (2). En outre, plusieurs descriptions des chroniqueurs locaux, et les vestiges que le temps y a respectés, permettent de reconstituer quelques-unes des parties de la résidence princière, que l'on nommait au dix-septième siècle « la plus agréable maison du Languedoc » (3).

de Montmorency, le 24 novembre 1590, devant Henry Mosvallier ou Monscalier, notaire royal à Pézenas. — Il est probable que dans ce dernier acte devait être rappelée la date de la vente de la Grange des Prés.

(1) A.-P. Alliès. *Une ville d'Etats.* Op. cit.

(2) Enfants de Louis-Armand de Bourbon, prince de Conti, et de Mademoiselle de Blois, fille légitimée de Louis XIV.

(3) « La Grange des Prés, qui est une des plus belles maisons de la Province ». (Dativy: *Description générale de l'Europe,* 1660). — « La Grange des Prés, la plus belle maison du Languedoc ». (Espilly. *Dictionnaire des Gaules,* 1768). — « Le Connétable... y fit bâtir la Grange des Prés, la plus belle maison du Languedoc ». (Bruzen de la Martinière. *Grand Dict. géogr. hist. critique,* 1768).

Les murs d'enceinte, bâtis en pierre volcanique, enserraient douze hectares environ formant un carré à côtés presque égaux ; ces murs étaient flanqués de quatre grosses tours percées de portes basses et d'étroites fenêtres à ébrasements profonds. A l'ouest, face à la route royale, qui formait une avenue de Pézenas à la Grange, s'ouvrait une porte monumentale formée de deux tours reliées par un chemin de ronde (1) ; elle s'ouvrait directement sur le parc et desservait le château. Une deuxième porte, également à l'ouest, donnait accès dans une vaste cour autour de laquelle s'élevaient les bâtiments de service, et ces écuries immenses, dans lesquelles le Connétable logeait plus de cinquante chevaux pour son usage personnel (2).

Au delà, dans une avant-cour, le château, écussonné des armes des Montmorency, déployait sa large façade ;

(1) L'une des deux tours a disparu vers le milieu du siècle dernier.

(2) Les communs de la Grange existent encore, et, bien qu'ils aient été plusieurs fois remaniés, on peut se rendre compte de ce qu'ils étaient du temps des gouverneurs. Quelques chiffres, empruntés au Rapport de M. de la Blottière, peuvent donner une idée de leur importance. Lorsque, en 1738, la Province de Languedoc dut faire approprier ces bâtiments pour y établir les casernes, elle dut faire réparer 1533 toises carrées « de murs extérieurs des chambres, 837 toises carrées aux couverts, fournir 359 toises de pavés, de cailloux pour les écuries, 766 toises carrées de pavés pour les chambres et 976 toises 4 pieds de planchers; remplacer 72 portes et 240 volets de fenêtres, placer 74 pierres de feu pour les cheminées et 557 pieds de vitres à losanges avec leurs aletes de plomb, et faire à neuf 1260 toises carrées de crépissage à tous les murs extérieurs des bâtiments ».— *Rapport et vérification de François de la Blottière, maréchal de camp, directeur des ouvrages publics de Languedoc, sur l'état des bâtiments de la Grange des Prés*, le 24 mai 1738. — Etude de M. Poutingon, notaire à Montpellier et Archives de la Grange des Prés.

il comprenait une seconde cour, celle-ci intérieure, qu'ornaient une fontaine et un cadran solaire ; là s'élevait la chapelle, qu'il faut se garder de confondre avec l'antique sanctuaire de Notre-Dame des Neiges, situé sous les ombrages du parc (1) ; cette chapelle était décorée avec luxe, un tableau représentant la Vierge Marie surmontait l'autel, au-dessus on lisait l'invocation des litanies : *Causa nostre lœtitiœ*. La façade du château, qui s'étendait à l'ouest sur les jardins, était la plus importante ; elle était percée d'une large porte, que surmontait le blason ducal (2). Le plan que nous avons sous les yeux nous permet aussi de constater la vaste dimension des pièces de réception et de celle des quatre escaliers qui desservaient les étages supérieurs. Mais aucune indication ne permet de préciser davantage ; dans ces murs où séjournèrent tant d'hôtes illustres, le fil conducteur se brise, et les lignes géométriques du seigneur de la Blottière ne sont plus que d'irritantes énigmes.

Les contemporains ont été plus explicites sur les jardins de la Grange. D'après plusieurs d'entre eux, ils auraient pu rivaliser avec ces « jardins de plaisir », ces « jardins délectables », que du Cerceau, Bernard Palissy, André et Claude Molet dessinaient à cette époque où la Renaissance imprimait si puissamment un mouvement artistique sur l'art des jardins, et inaugurait l'architecture végétale. En lisant, en effet, la description des jardins de la résidence ducale, l'on pourrait croire qu'il s'agit des parterres de Gaillon, de Rueil, ou même de ce « jardin des buis » établi dans les fossés de Fontainebleau, où l'on voyait

(1) Dans une charte de l'année 1300 environ, nous lisons que l'« église était dans la condamine de ladite Grange ». — Arch. mun. de Pézenas. Layète 2, liasse 1, charte 8.

(2) Tous ces détails sont empruntés à l'historien Poncet.

« des ifs taillés, des statues, des édicules, des tonnelles, des charmilles taillées à pic et des ouvrages hydrauliques d'un effet parfois si imprévu » (1). « La Grange, dit Poncet, était le plus agréable endroit de la Province par la beauté des jardins, parterres, bois, orangeries et grottes où l'on faisait jouer toutes sortes d'artifices d'eaux ». L'auteur anonyme de la vie de Henri II de Montmorency dit, à son tour : que « la beauté des parterres et des grottes, joints à la magnificence des palissades de grenadiers, de lauriers et de cyprès, font estimer de tous ceux qui les voient les jardins de la Grange » (2). Enfin, un manuscrit, conservé à la bibliothèque de Toulouse, rapporte que « dans la Grange des Prés, il y a un beau jardin, embelli par des fontaines, réservoirs, grottes, grandes allées, des orangers, parterres parsemés de très belles fleurs et de toutes sortes de figures travaillées qui méritent la curiosité de ceux qui n'ont pas vu de pareils ouvrages, ces embellissements étant faits des branches d'arbres qui, quoique travaillés, ne restaient pas d'être vivants » (3).

Nous avons vu que les orangers de la Grange excitaient l'admiration des contemporains. Ces arbustes avaient une histoire, c'est presque celle du meunier Sans-Souci : En 1581, alors que Henri I habitait encore le vieux château, s'élevait dans la banlieue, au nord de Pézenas, une villa, dont le propriétaire, un gentilhomme

(1) A. ALPHAND. *L'Art des jardins*. Paris, Rothchild. « L'on voyait dans les jardins de Rueil, dit un voyageur anglais, Evelyn, qui les visita au début du dix-septième siècle, une rangée de mousquetaires qui, par un habile artifice, faisaient feu, ou plutôt faisaient eau sur les visiteurs ».

(2) Vie de Henri II de Montmorency. — ANONYME. *Op. cit.*

(3) *Description de la Province de Languedoc sous Mr de Biscarras.* — Ms. sans nom d'auteur. Bibl. de Toulouse.

nommé Delbosquet, cultivait des orangers magnifiques. Des croisées de la forteresse, le Connétable avait admiré ces beaux arbres; il fit dire à Delbosquet « qu'il les trouvait à son goût ». Celui-ci, par son silence, fit comprendre qu'il n'entendait pas s'en défaire; ceci n'était pas pour embarrasser Montmorency. Nuitamment, quelques gens d'arme envahirent l'orangerie et transportèrent le butin à la résidence ducale. A l'aurore, Delbosquet s'aperçut du larcin, et se vengea selon ses moyens : sur la porte du jardin dévasté, il fit sculpter un chien couché, rongeant l'os serré dans ses pattes, avec ce quatrain, d'une facture plus énergique que lapidaire :

> Je suis le chien qui ronge l'os,
> En le rompant je prends repos;
> Un temps viendra, qui n'est venu,
> Où je mordrai qui m'a mordu (1).

Nous voulons croire que pour l'embellissement de ses jardins, Montmorency n'eut pas souvent recours à des moyens de ce genre.

Les constructions et les parterres étaient terminés en 1593 (2); mais les travaux hydrauliques, tels que canaux,

(1) Delbosquet se vengea, dit-on, d'une manière plus effective, en refusant un jour de porter secours au carrosse du Connétable, embourbé dans un chemin envahi par les eaux de l'Hérault débordé.

(2) On lit au Compois de Pézenas, à l'année 1596: « Un château dans lequel une chapele et une maison clostrale à la Grange des Preds, consistant le dit château en maisons, pavillons, trois basses cours, remises, écuries, quartier pour les fermiers, maison pour le jardinier et enclos de terre dans lequel il y a un autre couvert dit la crotte, entiennement cascade, galerie à l'entour et un autre couvert au canton de l'enclos du costé du vent aiguial, un vivier et une fontaine, jardin, parterre, vergé, preds, bois, allées et terre labourée.... un moulin à bled aux quatre meules moulans ».

aqueducs, machines élévatoires et autres appareils destinés à capter les sources environnantes et à en conduire les eaux dans le parc, se prolongèrent jusqu'aux premières années du dix-septième siècle. A cette époque, nous verrons Ventadour soumettre au Connétable le plan d'une série d'arcades qui « porteraient d'une manière durable et assurée » les eaux de l'Hérault dans le domaine (1). Nous ne croyons pas que ce projet ait été réalisé, mais les vestiges de canalisations que renferme encore le sous-sol de la Grange attestent l'importance du travail accompli (2). Les eaux amenées par ces appareils étaient recueillies dans le large canal que l'on admire encore, véritable miroir d'eau qui étincelait dans son cadre de pierre (3), par des fontaines, dont la plus célèbre était le « barralet de marbre », par des viviers et une « robine », où était capté le poisson lors des inondations de l'Hérault.

De ces réservoirs, elles se répandaient en cascades, en gerbes, en « jeux de toutes sortes » : comme à Chantilly, à la Grange des Prés, « les eaux » du Connétable « ne se taisaient ni jour ni nuit ».

Enfin, Montmorency compléta son nouveau domaine par une terre de chasse, la Grange, située dans une plaine uniquement couverte de prairies, ne se prêtant pas à ce

(1) Ventadour au duc de Montmorency. Pézenas. Ce dernier de may. 1597. — Bibl. nat. Ms français 6641, f° 62.

(2) Le réservoir où se rassemblait l'eau de toutes les sources captées dans les collines d'Arnet, au nord de la Grange, était construit à flanc de coteau ; on en voit encore les vestiges.

(3) Le temps a respecté ce canal, sauf le monument dit « barralet de marbre », par lequel s'y déversaient les eaux ; il offre de nos jours le même aspect qu'au dix-septième siècle.

divertissement. C'est vers 1590 (1) qu'il acquit du seigneur de Loubatières, au territoire de Caux (2), une forêt qu'il fit entourer de murailles et peupler de cerfs et d'oiseaux de haut vol (3); un petit château fut élevé au milieu des taillis. Le rendez-vous de chasse de nos gouverneurs a conservé le charme romantique de ses allées ombreuses et de ses mystérieuses futaies. Enserrée dans ses murailles crénelées, que flanquent onze tours et que percent des portes en arceaux munies d'échauguettes (4), la forêt vient toujours battre de ses flots de verdure les murs du petit manoir, où, en 1622 et en 1659, Louis XIII et Louis XIV se reposèrent après avoir chassé le cerf; les voies qui la sillonnent sont celles qui s'ouvrirent à l'ordre du Connétable.

Mais toute la poésie de ce lieu agreste et charmant semble s'être condensée dans le coin de la forêt où s'élève la tour dite *du Maréchal,* en souvenir de Henri II de Montmorency, à qui on la doit sans doute, car tous les autres travaux du parc lui sont antérieurs. Sur une hardie plateforme, qui domine la contrée, l'imposant donjon s'élance fièrement d'un bouquet de chênes, et compose dans la silencieuse clairière le plus majestueux des décors. Au nord, le regard ne rencontre que les voûtes étagées des futaies centenaires; au midi, la plaine déploie un tapis de verdure jusqu'à la Méditerranée: c'est un de

(1) A la date du 3 décembre 1590, nous trouvons une copie « des achapts faits par Mr le Connétable de Montmorency des terres du sieur de Loubatières, pour former le parc.— Arch. mun. de Pézenas. Layète 2, liasse 3, charte 8.

(2) Caux, village de l'arrondissement de Béziers et du canton de Pézenas.

(3) PONCET. *Hist. ms. de Pézenas.* Op. cit.

(4) Ces portes fortifiées ont été en partie détruites par les inondations qui, en 1907, ravagèrent tout le Bas-Languedoc.

ces lieux privilégiés et rares, dont la beauté pathétique invite l'âme à se recueillir (1).

Pendant que se poursuivaient ces différents travaux, la cour du gouverneur vint s'installer dans le cadre riant de la Grange, cour presque royale, présidée par la belle duchesse, tandis que Montmorency, aux prises avec les armées de la Ligue, faisait face à la fois à Joyeuse et aux Espagnols.

Des événements d'ordre divers devaient ramener à différentes reprises le duc dans son nouveau domaine. Ce fut d'abord le mariage de sa fille aînée Charlotte avec le fils naturel de Charles IX, Charles de Valois, comte d'Auvergne (2), que Henri III, à la mort de son royal frère, avait en quelque sorte adopté. Sans descendance, presque sans amis, ce roi avait placé sur cet enfant, bien fait et spirituel, de grandes espérances, et l'avait nommé à seize ans colonel général de l'infanterie française. Puis, voulant, après l'assassinat du duc de Guise, se rapprocher des « Politiques », il avait conçu le projet de le marier

(1) Le parc resta la propriété des princes de Conti jusqu'au 2 septembre 1777. A cette date, Louis-François de Bourbon, « demeurant à Paris, dans l'enclos de Sainte-Marie du Temple », en consentit la vente au marquis Théodore de Barral d'Arènes, chevalier, lieutenant du roi en Languedoc, écuyer de Mme Sophie de France, domicilié à Paris, 16, rue de Vaugirard, chez le marquis de Castellane. Le château et les bois taillis étaient cédés au prix de cinquante-huit mille cinq cents livres; le marquis était tenu en outre, comme vassal de Son Altesse Sérénissime, comte de Pézenas, de la « redevance noble d'un bouquet de roses ». (Arch. du marquis Louis de Barral d'Arènes). — De la famille de Barral, le parc passa, au commencement du dix-neuvième siècle, dans celle de l'Epine, qui le possède encore de nos jours.

(2) Charles de Valois, comte d'Auvergne et de Lauraguais, né le 28 avril 1573 au château de Fayet, en Dauphiné, fils naturel de Charles IX et de Marie Touchet, fille d'un lieutenant particulier au baillage d'Orléans.

avec la fille aînée de Montmorency, tandis qu'il destinait la plus jeune à Anne-Scipion de Joyeuse, quatrième fils du maréchal (1). Seul le premier de ces mariages devait s'accomplir, et seulement deux ans après la mort de Henri III. Ce fut Henri IV, dans lequel l'unique rejeton de Charles IX avait trouvé un protecteur bienveillant, qui le négocia en personne. Charles de Valois, plus tard duc d'Angoulême, nous a laissé dans ses Mémoires le récit de l'entrevue de Merlou (2), où la duchesse de Montmorency avait reçu les ouvertures du roi et les hommages de son futur gendre, « avec cette agréable douceur qui était en elle » (3).

Le mariage, conclu sous ces royaux auspices, fut célébré à la Grange des Prés le 6 mai 1591 (4); le Connétable donna par contrat à sa fille cent cinquante mille écus d'or. Toute la noblesse du pays prit part aux fêtes de la Grange, où se trouvèrent aussi Bernard du Puy, évêque d'Agde, et Pierre VI de Fleyres, évêque de Saint-Pons (5). Cette union ne fut pas heureuse. Bien qu'il fût un des esprits distingués de son temps, Charles de Valois se lança dans une vie de conspiration et d'intrigues. Des fautes, des vices même, — on a prononcé le nom de fausse-monnaie (6) —, ont terni sa mémoire. Onze ans

(1) Voir l'*Instruction au sieur de Belloy s'en allant en Languedoc,* décembre 1588.— *Hist. gén. de Lang.*, T. XII, p. 1439, col. 2. Preuves, 411.— L'opposition de la famille de Joyeuse empêcha ce second mariage.

(2) Merlou ou Mello, château des Montmorency, situé près de Creil. Appartient de nos jours au baron Seillères.

(3) *Mémoires du* DUC D'ANGOULÊME. Coll. Michaud et Poujolat.

(4) Les historiens ne sont pas d'accord au sujet de cette date. Nous donnons celle de DU CHESNE, dans son *Histoire généalogique de la Maison de Montmorency.*

(5) *Hist. gén. de Languedoc.* T. XI, p. 812.

(6) TALLEMANT. *Historiettes* : M. d'Angoulême.

de Bastille finirent par l'assagir ; il se soumit à Richelieu, et jouit auprès du cardinal d'une grande faveur. Il mourut en 1650, après s'être remarié à soixante-douze ans (1).

La Grange des Prés retentissait encore de l'éclat de ces fêtes, lorsqu'un grand deuil vint l'attrister : l'année 1591 n'était pas terminée, qu'Antoinette de La Mark y rendait le dernier soupir (2). La duchesse de Montmorency n'était pas seulement célèbre, de son temps, par sa haute vertu ; son dévouement à son mari et son courage lui donnaient du crédit même auprès des rois. En 1584, au moment où le duc d'Alençon se réconciliait avec la Cour, c'est elle qui s'était rendue auprès de Henri III, « pour lui représenter et offrir tous devoirs, toute servitude et obéissance », ce que le roi, dit Brantôme, accepta en très bonne part et « despecha la dite dame fort contente » (3). Chaque fois que Montmorency avait abandonné les rangs du parti catholique, ses conseils l'y avaient fait rentrer, et, par son action personnelle, elle avait aidé au succès de plus d'une entreprise militaire : en 1584, on l'avait vue aux côtés du maréchal au siège de Cessenon (4) ; quatre ans plus tard, pendant la huitième guerre religieuse, ayant appris, en l'absence de son mari, que le village de Belarga (5) avait été pris par les gens de Joyeuse, elle avait expédié de tous côtés des messagers, et, par son

(1) Le duc d'Angoulême avait épousé en 1644, Françoise de Nargonne. Celle-ci mourut en 1719, c'est-à-dire 79 ans après son royal beau-père.

(2) Le jour et le mois de la mort d'Antoinette de La Mark nous sont inconnus. L'année seule a été retenue par les historiens.

(3) BRANTÔME. *Op. cit.*

(4) *Journal de* CHARBONNEAU. *Op. cit.*

(5) Village de l'Hérault, arrondissement de Lodève, canton de Gignac.

appel aux armes, réuni, sous la conduite de Lecques et de Chatillon, les hommes et les canons nécessaires pour réduire la place en quelques jours (1).

Après son veuvage, Montmorency se rejeta dans sa lutte contre la Ligue ; il avait eu la joie de voir les espoirs de celle-ci ruinés à Villemur (2), et il pouvait considérer son rôle actif comme terminé, lorsqu'un deuil plus profond que le précédent vint s'étendre sur la Grange des Prés : le 15 février 1593, son fils, Hercule d'Offemont, y mourait sans alliance, âgé d'environ vingt et un ans (3). Ce prince plein d'avenir, l'espérance de sa race, avait été nommé par Henri III capitaine d'une compagnie de chevau-légers, et avait reçu de Henri IV la survivance du gouvernement de Languedoc (4). Le duc, au désespoir, fit faire à son fils des funérailles magnifiques ; l'évêque et le chapitre d'Agde, les évêques de Montpellier, de Béziers, de Nîmes et de Saint-Pons officièrent. Dans le cortège, l'on remarquait les seigneurs et les gentilshommes du pays, les officiers de la Cour des Aides de Montpellier, ceux des sièges présidiaux de Béziers, de Montpellier et de Nîmes ; il était suivi par la compagnie de gens d'arme du défunt et « par un peuple infini » (5).

D'après Poncet, Hercule d'Offemont aurait eu la pre-

(1) *Journal de* FAURIN. — Manuscrit français 14503. Bibl. nat.

(2) A la bataille de Villemur, 19 octobre 1592, Joyeuse fut défait à la tête de ses troupes par l'armée royaliste, et se noya dans le Tarn au cours du combat.

(3) Certains auteurs, tels que MORERI et le PÈRE ANSELME, ont placé la mort d'Offemont à l'année 1591. Mais PONCET et FAURIN sont formels pour attester que cet événement eut lieu seulement en 1593, le 15 février. Les historiens du Languedoc ont adopté cette dernière date.

(4) D'après FAURIN, c'est Antoinette de La Mark qui avait obtenu cette survivance pour son fils.

(5) *Hist. gén. de Languedoc.* T. II, p. 832.

science de sa fin prochaine : quelque temps avant sa mort, il avait fait présent à la congrégation des Pénitents Blancs de Pézenas (1), dont il faisait partie, d'un riche catafalque en damas blanc orné de franges d'or. Les frères s'étaient réunis pour recevoir ce don : « Bienheureux celui qui étrennera cette bière », aurait dit le Prince en la considérant avec persistance : « Ce sera moi, mon frère », répondit le plus âgé, nommé Fabre ; mais Montmorency eut ce triste honneur (2).

Veuf, sans enfants mâles, le duc songea aussitôt à une nouvelle union. C'est à la Grange des Prés, dans l'ancien entourage de la duchesse (3), qu'il fit choix de Louise de Portes, de la Maison de Budos, « belle fille, a dit Tallemant, mais pauvre, et qui n'était pas de naissance à prétendre un connétable » (4). En vain, la duchesse d'Angoulême et sa sœur Marguerite firent-elles à ce mariage une opposition énergique (5) ; Montmorency, qui, avant tout, voulait assurer sa descendance mâle, fut inflexible, et la cérémonie eut lieu à Agde, un mois et demi après la mort de d'Offemont, le 29 mars 1593. Cette union disproportionnée, et qui du reste fut fort heureuse, resta entourée d'une légende. Celle-ci,

(1) La confrérie des Pénitents Blancs avait été fondée à Pézenas, en 1564, et la bulle d'érection donnée par Sixte-Quint, en 1588. Les plus grands seigneurs du pays s'y enrôlèrent ; outre le nom de Henri I de Montmorency, nous relevons ceux du seigneur de Thésan, baron de St-Geniès, de François de Latude, seigneur de Fontès, de de Grave, seigneur de Saint-Martin, etc.

(2) Poncet. *Hist. ms. de Pézenas*. Op. cit.

(3) Comtesse B. de Clinchamp. *Chantilly*. Op. cit.

(4) Tallemant. *Histor.* — Louise de Budos, fille du vicomte de Portes et de Catherine de Clermont-Montoison, née le 13 juillet 1575, morte à Chantilly le 30 avril 1598. Elle était veuve du duc Jacques de Grammont.

(5) Désormeaux. *Hist. de la Maison de Montmorency*. Op. cit.

recueillie par Saint-Simon, dont la maison était alliée à celle de Budos, a été publiée dans l'histoire du château de Chantilly; elle touche de trop près à la Grange, pour que nous nous permettions de la reproduire telle qu'elle est sortie de la plume de l'incomparable écrivain :

« Louise de Budos, jeune veuve de dix-huit ans, estait avec sa mère auprès de la première femme du Connétable lorsqu'elle mourut. La mère et la fille, se promenant au dehors du chasteau de Pézenas (1), trouvèrent une pauvre femme tenant un petit enfant, qui leur demanda l'aumosne. La mère refusa; la fille, touchée du petit enfant, obligea sa mère à donner quelque chose. La pauvre femme remercie, dit que l'aumosne ne sera pas perdue si elles veulent, leur persuade enfin que la fille accepte d'elle une petite bague qu'elle luy présente et qu'elle fasse en sorte de la passer au doigt du Connestable. Ce conseil fut tost et de point en point suivi, et le Connestable espousa Louise de Budos.

« Plus de cinq ans après leur mariage, qui fut très heureux, Louise de Budos se trouvant seule à Chantilly avec sa tante et le comte de Cramail, elle leur parut si triste, qu'ils craignirent qu'elle n'eust receu quelque mauvaise nouvelle et luy en parlèrent. Elle leur dit que non et qu'elle n'avait rien. Elle les mena ainsy jusqu'à quelques jours de là, que se promenant une après-disnée avec eux, elle les quitta brusquement, leur dit d'attendre, et s'avança à un homme qu'ils ne connurent point et qui avait la contenance d'attendre. Ils la virent le joindre, s'arrêter à luy et parler ensemble assez longtemps. Cet

(1) Il faut remarquer qu'après l'abandon du vieux château par la famille ducale, la Grange des Prés a été souvent appelée par les historiens « le château de Pézenas » ou « la Grange de Pézenas ».

homme la quitta ; la tante et Cramail la rejoignirent et la trouvèrent si renfermée en elle-même, qu'ils ne doutèrent pas qu'elle ne vinst d'apprendre de fort mauvaises nouvelles du Connestable ; mais elle les rassura là-dessus et ne voulut point s'expliquer davantage.

« Le lendemain à disner, comme on servait le fruit, on vint dire à la Connestable que cet homme qui l'avoit entretenue la veille à la promenade demandait à luy parler. Cela l'émut extraordinairement et elle répondit qu'il estoit bien pressé et qu'il attendist. Peu après, elle sortit de table, le fit appeler, défendit qu'on les interrompist, et dit de plus à sa tante et à Cramail qu'ils avaient des affaires ensemble, qu'ils pourroient bien n'estre pas d'accord et faire du bruit, mais quelque long temps que cela pust durer et quelque bruit mesme qu'ils entendissent, qu'elle leur defendoit d'approcher d'un cabinet où elle s'en allait avec luy. Tout cela augmenta fort leurs inquiétudes et commença à leur paraître bien extraordinaire. Mais ce fut bien pis quand, après avoir attendu tout le jour et le soir, enfin vers les dix heures du soir, conseil tenu entre tous les principaux de la maison, ils furent à la porte du cabinet d'où on n'avoit ouï aucun bruit de tout le jour, où ils grattèrent, appelèrent, frappèrent, finalement enfoncèrent la porte et y trouvèrent la Connestable morte par terre, le col entièrement tourné, le visage du costé de l'espine du dos, sans estre pourtant défiguré, et dans le cabinet une odeur de soufre très puante » (1).

Nous verrons en son temps la suite de cette effrayante histoire, que Tallemant réduit à une attaque d'apoplexie qui, ayant « contourné » le visage de la duchesse, fit

(1) Extrait des papiers et écrits inédits de SAINT-SIMON. — COMTESSE B. DE CLINCHAMP. *Chantilly*. Op. cit.

dire qu'elle s'était donnée au diable pour épouser Montmorency (1).

Trois mois après le mariage du duc, la Grange des Prés, reprenait pour quelques jours un air de fête : le 25 juin, celui-ci unissait sa fille Marguerite à son neveu Anne de Lévis, duc de Ventadour (2). Les fiancés étant cousins germains, Rome donna les dispenses, et le mariage, dit Poncet, fut célébré à la Grange des Prés. Comme à sa fille aînée, le duc donna une dot de cent cinquante mille écus d'or (3).

Ventadour, qui s'était déjà singulièrement distingué par son dévouement à la cause royale, continua après son mariage et fut l'auxiliaire dévoué de Montmorency; soit par ses faits d'armes, soit par son attitude aux États provinciaux, il rendit des services signalés à Henri IV, et fut confirmé par celui-ci lieutenant-général en Languedoc, le 17 mars 1599. Nous le verrons, dans la suite de ce travail, prendre, à chaque absence de son beau-père, le commandement de la Province, et y exercer la plus salutaire influence.

L'année 1593, si agitée pour Montmorency, se termina par un heureux événement. Henri IV n'avait pas oublié qu'il lui devait en quelque sorte sa couronne ; dès que son abjuration eut consolidé son pouvoir, il offrit

(1) TALLEMANT. *Historiettes :* Le Connétable de Montmorency.

(2) Anne de Lévis, duc de Ventadour, pair de France, comte de la Voulte, baron de Donzenac, de Boussac, Roche-en-Renier, Annonay, Cornillon et Vauvert, conseiller du roi, chevalier de ses ordres, gouverneur du Limousin et lieutenant général en Languedoc, fils de Gilbert de Lévis, duc de Ventadour et de Catherine de Montmorency, fille d'Anne le Connétable.

(3) DU CHESNE a placé la cérémonie de ce mariage à Alais, les historiens du Languedoc à Aleth. Nous adoptons l'assertion du chroniqueur local PONCET, *Hist. ms. de Pézenas.* Op. cit.

au duc l'épée de connétable (1), et écrivit aux États de Languedoc, réunis à ce moment à Pézenas, qu'il allait l'appeler incessamment auprès de sa personne. Fidèle à cet appel, Montmorency annonça à son tour à l'Assemblée « qu'il faisait estat d'aller devers le roy, et qu'il avait prié Sa Majesté de mettre en sa place pendant son absence le duc de Ventadour » (2).

En partant pour la Cour, le Connétable laissa donc à la Grange des Prés sa fille et son gendre ; le duc, s'occupant des affaires de la Province, la duchesse, étendant sa protection bienfaisante sur Pézenas, ses églises, ses couvents, ses confréries. Ce fut pour la petite ville une ère d'admirable prospérité. Sous l'autorité de Ventadour, elle agrandit ses murailles, acquit les fours royaux, se soustrayant ainsi au monopole des fermiers ; les poids et les mesures furent régularisés, les jeux populaires rétablis, des écoles de danse et d'équitation fondées (3).

D'autre part, la Consorce, ou Confrérie de la Trinité, fut érigée en chapitre collégial ; l'église paroissiale s'enrichit de deux cloches, dont le duc, la duchesse et leurs enfants, le petit Henri et la petite Diane de Lévis, furent parrains et marraines, et, un an plus tard, fut dotée de belles orgues écussonnées des armes des Montmorency et des Ventadour (4), tandis que le Connétable lui faisait présent d'un tableau de Rubens (5) ; un collège, qui

(1) Outre la part que Montmorency avait prise à la bataille d'Arques, il était intervenu auprès du pape pour que celui-ci fît déposer les armes aux factieux. — Le brevet de connétable fut expédié le 8 décembre.

(2) Arch. de la Haute-Garonne. Procès-verbaux des Etats de Languedoc. C. 2288.

(3) Arch. mun. de Pézenas. Layète 10, liasse 3, charte 12.

(4) *Idem*. Layète 6, liasses 2 et 4, chartes 5, 6, 23 et 23 *bis*.

(5) Poncet. *Hist. ms. de Pézenas*. Op. cit.

devait compter parmi ses maîtres Massillon et Mascaron était fondé par lettres patentes de Henri IV (1); enfin, Ventadour étendait sa salutaire influence sur toute la Province enfin pacifiée : tous ses discours aux assemblées des États respirent le désir de la paix et de la prospérité de ce pays, depuis si longtemps en proie aux calamités des guerres religieuses.

Pendant l'absence de son beau-père, le prince s'occupait aussi des embellissements de la Grange des Prés et de l'administration du domaine. Nous l'avons vu écrivant au Connétable pour le consulter au sujet de certains travaux hydrauliques; dans une autre lettre il lui rendait compte de l'administration de son fermier Ricon, qui s'« acquitte sy dignement, soit à l'entretenement des bastiments qu'à la culture des terres, qu'à la vérité l'on ne saurait faire une meilleure élection », et dont un certain Grauton brigue la place (2).

En 1601, le Connétable revint en Languedoc, après avoir soumis à Henri IV le Lyonnais, le Forest, le Dauphiné et l'Auvergne, et dirigé les sièges de La Fère et d'Amiens.

Pendant son absence avait eu lieu, à Chantilly, la mort de sa seconde femme; l'on en a lu plus haut les tragiques détails d'après les souvenirs de Saint-Simon. Nous reprenons le récit du grand mémorialiste sur les méfaits de la bague donnée par la mendiante à Louise de Budos, sous les murs de la Grange des Prés.

Après la découverte du corps de la Connétable, « sa tante, éperdue, se jeta sur son corps, et, dans ce transport de douleur, sans sçavoir ce qu'elle faisait, mit à son doigt cette bague qu'elle luy avoit toujours vue au sien

(1) Arch. mun. de Pézenas. Layète 7, liasse 1, charte 2.

(2) Bibl. nat. Ms français 6641, f° 169.

et que le Connestable lui avoit rendue. Le désespoir du Connestable fust extrême ; mais, dès qu'il vit la tante de sa femme, qu'il n'avoit jamais pu souffrir, il lui fit mille amitiés. Elle crut que ce qu'elle estoit à la feue Connestable luy attiroit ce bon traitement ; mais sa surprise fut extrême quand elle les vit aboutir à la proposition de l'épouser, et à l'exécution au bout d'un an, en attendant la dispense. Sa figure très disgraciée et l'aversion du Connestable pour elle si marquée du vivant de sa niepce faisait un tel contraste avec ce nouvel estat, qu'il ne luy sortit point de l'esprit. A force d'y penser, elle fit enfin réflexion sur cette bague qu'elle avoit prise au doigt de sa niepce et qu'elle avoit toujours depuis gardée au sien. Le scrupule lui en vint, elle consulta, et on se mocqua d'elle ; mais voyant que cela continuait à la tourmenter, on lui dit qu'elle n'avoit qu'à l'oster ; tellement qu'en se promenant dans les jardins d'Ecouen elle y jeta la bague. Cet instant fut l'époque du divorce. Le Connestable, absent d'elle alors, revint à soy comme d'un enchantement et ne l'a jamais veue depuis. » (1)

Il est certain que cette troisième union, contractée à soixante-dix ans par Montmorency, n'avait pas été heureuse ; la nouvelle épousée, « qui n'était ni jeune ni belle » (2), fut délaissée au bout de trois mois et reléguée dans la résidence de Méru (3).

De Louise de Budos, Montmorency avait eu deux enfants : Henri, l'héritier du nom (4), et Charlotte-Mar-

(1) *Papiers de* Saint-Simon. Cités par la Comtesse B. de Clinchamp. *Chantilly.* Op. cit.

(2) Tallemant. *Historiettes :* Le Connétable de Montmorency.

(3) Méru. Baronnie des Montmorency, dans l'Oise, arrondissement de Beauvais.

(4) C'est à tort que les historiens du Languedoc (Ed. Privat. Tome XIII, p. 394) font naître Henri II de Montmorency à la

guerite, la future princesse de Condé. En 1606, il jugea le moment venu de présenter à la Province celui qui devait la gouverner après lui (1). Le petit Henri II fut donc conduit à cette Grange des Prés d'où il devait partir un jour pour la défaite et l'échafaud, et, accompagné par son père et par son oncle de Ventadour, fit son entrée dans les principales villes du Languedoc. A Pézenas, où les États étaient à ce moment réunis, les fêtes furent particulièrement magnifiques ; Montmorency conduisit son fils à l'Assemblée. L'enfant fut placé sur le fauteuil présidentiel et, avec la grâce de ses douze ans, récita un petit discours, dans lequel il affirmait son dévouement au roi et à la Province. Le syndic général et l'évêque d'Agde prirent ensuite la parole « pour témoigner au nouveau gouverneur l'aise et le contentement que l'Assemblée recevait de voir reluire en sa personne les grandeurs et dignités de son illustre tige », et la cérémonie se termina par un *Te Deum* solennel chanté à la Collégiale (2).

Après la clôture des États, le Connétable et son fils revinrent à la Cour (3), et Ventadour reprit la direction

Grange des Prés. Ce prince était né à Chantilly, en 1595. — Cf. La Comtesse de Clinchamp, *Chantilly*, et Désormeaux, *Histoire de la Maison de Montmorency*.

(1) Les lettres de survivance avaient été données par le roi le 27 juin 1597, alors que le petit prince n'avait que deux ans et deux mois.

(2) Arch. de la Haute-Garonne. C. 2291, f°s 181 à 261.

(3) Pendant ce séjour, Montmorency écrivit cette lettre touchant le règlement de l'achat de la Grange des Prés : « Monsieur de Fouzières. J'ay seu par Granson, mon recepveur général, comme il a mis en vos mains par forme de consignation et du Sr de St-Michel la somme de XII et tant d'écus que je restais à debvoir au Chapitre de Lodève pour l'acquisition de ma grange, et que vous avez promis de bailler la dite somme a intherets jusques au mois de janvier prochain comme ne venant plus tot le terme de payemen, ainsy que vous estes bien memoratif, comme je masseure, et daul-

des affaires de la Province (1). Montmorency était encore à Paris au moment de l'assassinat de Henri IV : ce fut pour le vieillard un coup affreux. Il resta quelque temps auprès de la régente, partageant son temps entre la Cour et Chantilly. Mais découragé par l'imprudente politique de Marie de Médicis, irrité de ce que l'on n'eut pas encore fait sortir de la Bastille son gendre le Comte d'Auvergne, et « voulant, a dit un historien de sa Maison, mettre un espace entre la vie et la mort » (2), il se retira définitivement à la Grange des Prés, à la fin de l'année 1612. Il n'en sortit qu'une fois : ce fut pour aller saluer à son passage à Avignon sa future bru, Marie-Félice des Ursins, qui arrivait de Florence (3); de loin, l'on montrait aux voyageurs qui visitaient la

tant qu'il est raisonnable, qu'ayant faict emprunter la dite somme, den retirer lutilité de la rente dont ledict Granson me doibt donner compte; je luy ay comande de vous aller trouver pour ce subject et de vous fere entendre les aultres raisons que je luy ay particularisées la dessus, vous priant voulloir satisfere au payement desdits inthérêts promis, puisque est chose raisonnable et convenue, ce que me voullant bien promettre la présente restant pour aultre occasion, je ne vous le feray plus longue que pour prier Dieu vous avoir Monsieur de Fouzières en sa sainte garde. De Paris ce XXVII décembre 1609. Votre affectionné et parfaict amy. Montmorency ». — Archives de la famille de Fozières.

(1) Le 14 mai 1610, Ventadour eut la douleur de perdre à la Grange des Prés un fils en bas âge, dont les registres de Pézenas n'ont pas mentionné le prénom. C'est au même lieu que naquit un autre fils de Ventadour, Anne de Lévis, qui fut archevêque de Bourges, et dont le baptême eut lieu à Pézenas, le 17 février 1613. — *Registres de la Collégiale de Pézenas.*

(2) DÉSORMEAUX. *Hist. de la Maison de Montmorency.* Op. cit.

(3) Au mois de juillet 1613. — Marie-Félice, venant de Florence, arriva à Briare le 1er juillet, et entra à Paris le mardi suivant. — B. ZELLER : *La Minorité de Louis XIII, Marie de Médicis et Villeroy. Etude nouvelle d'après les documents florentins et vénitiens.* Paris, Hachette, 1897, p. 145.

Province, la retraite où, tel un vieux lion, il se reposait après tant de combats (1).

Entouré du cadre charmant qu'il avait créé, aimé de ses populations, servi par des domestiques fidèles, dont il se plaisait à récompenser le dévouement (2), Henri I s'occupa jusqu'à ses derniers jours des affaires de la Province. Lorsque la session des États s'ouvrit à Pézenas, le 5 novembre 1613, quoique accablé par les infirmités (3), il se fit porter tous les jours « dans l'après diner » à l'Assemblée ; il trouva le courage de prononcer l'allocution d'usage, et, jusqu'à la fin des séances, il prit part aux délibérations.

Ses derniers mois furent uniquement consacrés aux œuvres de piété et de pénitence, sous la conduite de son confesseur, un capucin dont l'histoire nous a conservé le nom, le père Archange. En mars 1614, il ressentit les symptômes de la fin. En face de la mort, voulant donner jusqu'à sa dernière heure « les témoignages d'une véritable contrition », il se fit revêtir de l'habit du tiers-ordre franciscain, dont il faisait partie ; Tallemant a rapproché de cette circonstance une de ces anecdotes à la Rabelais dont il tenait registre. Vrai ou faux, le mot a

(1) « Non loin de Pézenas se trouve la Grange où le Connétable vit dans la retraite. » — JOCODAS SINCERUS. « *Itinéraire de la France* », 1616. Traduit du latin par Thalès Bernard. Paris, 1859.

(2) « Le 13 mars 1614, après midi, dans la Grange des Prés, le connétable de Montmorency fait donation pure et simple à noble Alphonse de Féderic, écuyer de la grande écurie et maître d'hôtel du mondit seigneur, d'une maison, écurie et jardin, situés à Pézenas dans la rue allant de la porte de Faugères au couvent des Pères capucins. » — Archives de M. Xavier de Juvenel, à Pézenas.

(3) Arch. de la Haute-Garonne. — Procès-verbaux des Etats de Languedoc. Registre C, 2294, f° A, 1 à 97.

fait fortune ; on le retrouve dans tous les récits de la mort du vieux duc (1).

C'est le 2 avril, entre trois et quatre heures du matin, que Montmorency rendit son âme à Dieu (2). La Grange des Prés prit le deuil de son seigneur, dont la dépouille fut exposée, probablement dans la chapelle, pendant douze jours. Dans un paragraphe de son testament, le Connétable avait demandé qu'aucun monument ne fût élevé sur sa tombe, que ses funérailles eussent lieu sans pompe, et que son corps fût déposé dans le couvent des capucins, qu'il avait fondé, près du sanctuaire de Notre-Dame du Grau, à Agde (3). Ces vœux furent

(1) « Le Connétable voulut mourir en habit de capucin. Un gentilhomme, nommé Mondragon, lui dit : — « Ma foi ! vous faites finement ; car si vous ne vous déguisez bien, vous n'entrerez en paradis ! » — TALLEMANT. *Historiettes :* Le Connétable de Montmorency.

(2) On lit au registre des décès de la paroisse de Saint-Geniès de Lodève : « Le 3 avril 1614 est décédé messire Henry de Montmorency, connestable de France, à la Grange des Prés, appartenant au vénérable Chapitre de Lodève, et feust enseveli le 14e du courant dans l'esglize des pères cappuchins de Notre Dame du Grau, près Agde. — *Signé, Saint-Paul.* » — Il y a là deux erreurs : Henri I mourut le 2 avril, et la Grange des Prés n'appartenait plus au Chapitre de Lodève, mais relevait simplement de lui.

(3) En 1583, Montmorency installa les Capucins à une demi-lieue d'Agde, entre cette ville et la mer, à l'endroit où saint Sever, évêque de cette ville, avait fait bâtir, en 456, un monastère et une église dédiée à la Sainte Vierge. Ce couvent passa plus tard aux Bénédictins, et dépendit de l'abbaye de Saint-Thibéry. Le connétable fit rebâtir l'église et édifia un magnifique couvent, ainsi que la chapelle de l'« Agenouillade », placée au même lieu. Ce sanctuaire était si vénéré que, en 1612, l'on y vit arriver, en quelques jours, jusqu'à 172 pèlerinages, formant ensemble *plus de cinquante mille personnes* ». — H. FISQUET. *La France pontificale :* Diocèse de Maguelone, Montpellier et Agde.

respectés. Le 14 avril, un cortège, composé de gens d'armes, de la noblesse du pays et « de cinq cents pauvres vêtus de drap neuf », accompagna le défunt dans le monastère qu'il avait désigné. Il fut enseveli devant l'autel, sous les marches du sanctuaire.

CHAPITRE TROISIÈME

Le dernier Duc de Montmorency

A l'âge de dix-sept ans, Henri II de Montmorency héritait du gouvernement de son père et de ses biens immenses (1). Des dons naturels accompagnaient ces avantages. Généreux, affable, prodigue, très beau de visage malgré un léger défaut dans un œil, cet « œil à la Montmorency » héréditaire, comme le nez cassé des Malatesta, la lèvre pendante des Habsbourg ; admirablement adroit à manier ses armes et son cheval, d'une ardeur et d'une audace inouïes dans l'action, il était, a dit un éminent historien, « l'idéal du gentilhomme français » (2). Tallemant, dont les éloges qu'il mêle à la chronique du scandale sont toujours sincères, vante l'élégante expression de son geste, son incomparable générosité, et ce charme de toute sa personne, qui le faisait « aimer de

(1) Henri II de Montmorency, né à Chantilly, le 30 avril 1595, de Henri I de Montmorency et de Louise de Budos, était comte de Dammartin, d'Offemont, de Beaumont-sur-Oise et de Bagnols, vicomte de Melun et de Montreuil, baron de Merlou, de Châteaubriand, de Préaux, de Monberon, de Savoisie, de Gandelu, de Meru, de Rougé, de Derval, seigneur d'Ecouen, de Chantilly, de l'Isle-Adam, de Conflans-Ste-Honorine, de La Fère-en-Tardenois, de Ste-Marie-du-Mont, de Maintenai, d'Houailly, d'Houaben, de Compiègne, de Tourotte, d'Issé-de-Thil, de Vigny-de-Longuesse.

(2) Duc d'Aumale. *Hist. des Princes de Condé.*

tout le monde, mais adorer de son quartier » (1). Il eut le défaut de ses qualités, il adora le plaisir, ses aventures galantes furent incalculables, il porta un jour les armes contre le roi, mais l'exemple lui venait de si près !...

Le descendant de l'un des compagnons du Connétable, le marquis de Thézan Saint-Geniès (2), conserve dans ses collections un portrait du jeune duc à l'âge où, pour la première fois, il visita le Languedoc. Plus gracieuse que la gravure de Mellan, plus vivante que le portrait de Lenain, cette charmante peinture est pleine de naturel et de fraîcheur. Le petit Prince est représenté la bouche menue et souriante, les yeux semblent s'ouvrir sur l'avenir avec une expression d'étonnement ravi ; la perruque, bouclée à la mode du temps, est cependant simplement apprêtée, à la place de l'armure que l'on retrouve dans la suite sur ses effigies, il est vêtu d'une légère blouse de soie rose d'une forme un peu enfantine ; c'est un délicieux document (3).

L'héritier des Montmorency avait été baptisé par le légat du pape Alexandre de Médicis, et Henri IV l'avait tenu, seul et en personne, sur les fonts. Le roi avait passionnément aimé son filleul. « Voyez, mon fils de Montmorency n'est-il pas bien fait ? disait-il un jour à ses ministres Jeannin et Villeroy, si la race des Bourbons venait à manquer, il n'y a point de Maison dans l'Europe qui pût si bien mériter la couronne des Fran-

(1) Tallemant. *Historiettes :* M. de Montmorency.

(2) Entre autres services, le baron de Saint-Geniès avait empêché le Connétable d'épouser, à quatre-vingts ans, une bourgeoise de Pézenas, la demoiselle La Croix, dont il était tombé amoureux. — *Hist. de Henri II de Montmorency,* par l'Anonyme.

(3) Ce portrait, dont nous devons la communication au marquis de Thézan Saint-Geniès, est conservé au château de l'Hermitage, près de Servian.

çais » (1). Il lui destinait Mademoiselle de Vendôme, sa fille légitimée, et fit casser, dans ce but, l'union contractée à quatorze ans par le jeune duc avec Jeanne de Scépeaux (2). Sa mort ruina ce projet, changeant aussi pour l'avenir les destinées du prince, dont le dernier regard, sur l'échafaud de Toulouse, fut pour la statue de son parrain (3).

Pour suivre Henri II de Montmorency dans ces différents séjours à la Grange des Prés, nous avons deux guides d'une valeur inégale. Nous voulons parler des deux histoires de sa vie, écrites par des contemporains.

La première, rédigée par ordre de la duchesse, alors que retirée à la Visitation de Moulins, après la mort de son mari, elle ne songeait qu'à réhabiliter sa mémoire, a pour auteur Simon du Cros, officier du duc; celui-ci se tait systématiquement sur les torts de son héros et a donné à son travail la forme d'un panégyrique (4). La seconde a été composée par François de Julian du Cros, de Lodève, qui a trahi l'anonymat de son livre en y écrivant, à la page 388, qu'en 1632, il était le premier consul de cette ville. François de Julian, tout en montrant de la sympathie pour le duc, ne dissimule ni ses faiblesses ni ses fautes ; il a été son compagnon, et, au jour le jour,

(1) Désormeaux. *Hist. de la Maison de Montmorency.* Op. cit.

(2) Henri de Montmorency avait épousé, en 1609, Jeanne de Scépeaux, duchesse de Beaupréau, fille de Marie de Rieux et de Guy de Scépeaux, comte de Chemellé. On lit la signature de Jeanne de Scépeaux, dame de Montmorency, au bas du contrat de mariage du prince Henri de Condé et de Charlotte-Marguerite de Montmorency, le 3 mars 1639. — Archives de Chantilly.

(3) Ce détail a été rapporté par tous les historiens de Montmorency.

(4) *Histoire de la Vie de Henry, dernier duc de Montmorency, contenant tout ce qu'il a fait de plus remarquable depuis sa naissance jusques à sa mort,* par Simon du Cros. A Paris, MDCXLIII.

le témoin de ses actes : il a tout vu, tout retenu, tout raconté, et son récit, auquel se sont référés des auteurs, tels que Levassor, Griffet et Dom Vaissette, s'impose par l'intérêt des détails familiers, et palpite de vie (1).

C'est au début de l'année 1612; que le jeune duc de Montmorency vint faire, sans le Connétable, un premier séjour à la Grange des Prés (2). Nous avons vu l'enthousiasme qui avait salué sa présentation à l'Assemblée des États ; la Province l'avait reçu à la fois comme un souverain et comme un enfant bien-aimé. Son retour fut accueilli avec non moins de joie. Tout ce que la jeune noblesse des environs comptait de plus illustre, vint composer sa cour : la Grange des Prés n'avait jamais vu animation plus joyeuse. Que l'on se représente la société de cette belle et folle jeunesse, présidée par un prince de dix-huit ans, le plus charmant et le plus riche de France. La chasse dans les tirés du parc de Loubatières, l'équitation, le tir, les jeux d'adresse, la danse occupaient leurs journées ; il y avait des plaisirs moins innocents : le duc tomba amoureux de la belle jeune femme du secrétaire du duc de Ventadour, Diane de Plantade, dame de Monrous, de la famille des Sarret de Fabrègues (3).

(1) *Histoire de Henri II, dernier duc de Montmorency.* — A Paris, rue St-Jacques, chez Jean Guignard. MDCXCIX.

(2) Nous pouvons fixer cette date par un détail fourni par Julian du Cros. Cet auteur nous apprend que ce séjour à la Grange fut interrompu par les fêtes qui se préparaient à Paris à l'occasion des fiançailles de Louis XIII (25 mars 1612), et auxquelles le jeune duc devait assister. L'on sait qu'il remplit brillamment son rôle, au célèbre carrousel de la Place royale.

(3) *Vie de Henri de Montmorency*, par l'Anonyme et ms. Poncet. — Grâce à l'aimable obligeance de M. le baron Pierre de Sarret, qui nous a libéralement ouvert ses Archives, nous avons pu reconstituer aisément la filiation de Diane de Plantade. Celle-ci était fille de Françoise de Sarret de Fabrègues, née en 1572, et mariée le 22 septembre 1599 à Jean de Plantade, capitaine, châ-

Le mari, vieux, infirme, un peu ridicule, mourut d'une chute inexpliquée. Tout cela fit grand bruit ; Madame de Monrous fut vite consolée, la Cour plus empressée que jamais auprès d'elle, et le prince si épris, que, « s'il eût été maître absolu, il eût certainement épousé la jeune veuve ». Le Connétable rappela à propos son fils à Paris (1), mais « l'accueil et les honneurs qu'il y reçut » ne le charmèrent pas tant, dit son historien, que le désir de retourner en Languedoc » (2).

Ce vœu fut réalisé, mais seulement l'année suivante (3). A ce moment, le Connétable, chargé d'années, las de la Cour, la quittait définitivement pour aller se reposer « dans les plaisirs que donnent les beaux jours de Languedoc ». Son fils l'accompagna dans ce voyage, où l'on s'amusa probablement moins à la Grange que durant le séjour précédent ; un événement d'importance le rappela d'ailleurs promptement à la Cour.

Nous avons vu l'aventure singulière du mariage du jeune duc avec Jeanne de Scépeaux, et son union manquée avec Mademoiselle de Vendôme (4). Marie de Médicis, dans son désir de s'attacher plus intimement les Mont-

telain, gouverneur de Pézenas. Diane de Sarret de Fabrègues, sa sœur, et probablement marraine de Diane de Plantade, avait épousé, en 1589, Jacques de Maussac, fils de Guillaume Baderon et de Madeleine du Caylar, née en 1573. — *Filiation des différentes branches de la famille de Sarret.* Archives du baron Pierre de Sarret de Coussergues.

(1) Pour assister aux fêtes de la Cour.

(2) C'est à ce moment que son père se démit en sa faveur du duché et pairie de Montmorency, que la duchesse d'Angoulême, veuve de François de Montmorency, lui remit les capitaineries du château du Bois de Vincennes et de la Tour de Beauté, et que la régente l'éleva à la dignité de grand-amiral de France.

(3) *Vie de Henri de Montmorency*, par l'Anonyme.

(4) Désormeaux. *Hist. de la Maison de Montmorency.* Op. cit.— Duc d'Aumale. *Histoire des Princes de Condé.*

morency, conçut à son tour le projet d'une alliance entre leur héritier et sa nièce à la mode de Bretagne et filleule, Marie-Félice des Ursins, née à Rome en 1600, de Virginio duc de Bracciano et de Fulvia Peretti, nièce de Sixte Quint.

Le Connétable accepta, car l'alliance était honorable : les Orsini, famille célèbre des États romains (1), étant la rivale des Colonna tant par la grandeur de ses possessions que comme parti politique ; elle était guelfe, et avait en toute rencontre soutenu la cause de la Papauté. Dans sa généalogie, très chargée d'illustres personnages, on trouvait trois papes et quarante cardinaux, plusieurs préfets et sénateurs de Rome. Le marquis de Tresnel, désigné par le roi, alla épouser par procuration à Florence, et la jeune fiancée fut acheminée par mer vers la France, où l'attendaient tant de douleurs.

Qu'était la femme destinée à ce prince charmant ? Parmi tant d'avis partagés, l'on démêle que ni son éducation austère, ni son caractère, d'une extraordinaire gravité, ne préparaient Marie-Félice à son union avec un gentilhomme aussi brillant et aussi léger. Élevée dans un couvent, où elle avait éprouvé les premières aspirations vers la vie religieuse (2), d'un esprit infiniment sérieux, point belle, ainsi que le déclarent nettement Tallemant (3) et Mademoiselle de Montpen-

(1) Le premier Orsino connu est Giordano Orsino, qui rendit, comme général, de grands services à la cour de Rome, fut fait cardinal en 1145, et envoyé comme légat près l'empereur Conrad, en 1152.

(2) Le Couvent de la Conception, des religieuses de Saint-Benoît, à Florence.

(3) « Sa femme n'était pas une fort agréable personne ».— TALLEMANT. *Historiettes* : M. de Montmorency.

sier (1), elle eut, en outre, le plus impardonnable des torts pour une femme de sa race : elle ne donna pas d'héritier aux Montmorency (2).

Une gravure de l'époque, publiée en tête de la vie de Marie-Félice des Ursins par Monseigneur Fliche, représente la princesse dans le costume d'apparat des grandes dames de son temps. Si les perles et les dentelles sont reproduites avec soin, il n'en est pas de même de l'expression du visage, qui est nulle, et d'après laquelle il serait impossible de se former une opinion. Bien plus expressif est le portrait dédié par Valet à la duchesse de Ventadour, et sur lequel Madame de Montmorency est revêtue du costume des religieuses de la Visitation. Les traits sont pleins de distinction, mais le regard est froid, la bouche mince se réserve ; les mains, dont l'une serre la croix de professe, tandis que l'autre s'appuie sur une tête de mort, sont d'une finesse extrême, il y a infiniment d'intelligence et de sensibilité dans ces mains-là (3).

Le fiancé, « avec une joie médiocre sur le visage », la mariée, éprise dès le premier instant, furent unis à

(1) « La reine avait dit à Mademoiselle de Montpensier que Madame de Montmorency avait beaucoup d'esprit, mais n'avait jamais été belle ». (*Mémoires de* MADEMOISELLE DE MONTPENSIER. M.DCC.XLVI. Tome IV, p. 321). — On trouve dans les *Mémoires du* PÈRE RAPIN, t. II, p. 153, un Eloge de Madame de Montmorency, où sont célébrés sa piété, sa pénétration, son sens droit et sa sagesse.

(2) L'on sait que pendant son interrogatoire à Toulouse, le duc de Montmorency ne manifesta de l'émotion que lorsque le juge lui demanda « s'il avait des enfants ».

(3) Ce portrait publié dans l'*Hist. de Chantilly*, par la COMTESSE DE CLINCHAMP, l'a été également en tête de l'*Histoire de la Duchesse de Montmorency*. — MONLAUR, Paris, Plon, 1898.

l'hôtel de Condé le 1er août 1613, avec une pompe royale (1).

Le 2 avril de l'année suivante, le vieux connétable mourrait à la Grange des Prés ; le soin de la Province de Languedoc incombait désormais à son fils, et celui-ci dut prendre bientôt le chemin de Pézenas, pour y ouvrir, le 24 novembre, la session des États (2).

Bien que n'étant pas accompagné de la duchesse, Henri de Montmorency tint, dans cette circonstance, une cour si brillante « qu'elle ne différait de celle des rois, a dit un contemporain, que parce qu'il y avait moins d'embarras et par conséquent plus de plaisir ». La petite ville de Pézenas fut trop petite pour loger les grands accourus auprès de lui et les députations des Cours souveraines venues pour le complimenter. Puis, le prince ayant satisfait aux cérémonies officielles, conséquence de l'ouverture des États, prit possession du domaine créé par son père, et que celui-ci avait aimé au point de vouloir y mourir.

Henri s'installa donc pour la première fois en maître à la Grange des Prés ; la scène, racontée par François de Julian, est charmante : A l'arrivée du duc, tous les officiers de la Maison du Connétable viennent lui rendre compte de leur charge. C'est d'abord Alphonse de Féderic, qui, en sa qualité d'écuyer de la Grande Écurie, présente

(1) Dépêche de Scipionne Ammirato, ambassadeur de Florence. 1er août 1613. — B. ZELLER. *La minorité de Louis XIII. Marie de Médicis et Villeroy.* Op. cit.

(2) Arch. de la Haute-Garonne. Procès-verbaux des Etats de Languedoc. C. 2294, f°s 120 à 240. — Montmorency déclare dans son discours d'ouverture : « Qu'il continuera la mesme affection dont feu Mgr le Connestable, son père, pendant cinquante-cinq ans qu'il a eu le gouvernement de ce pays, leur a rendu toutes sortes de témoignage ».

les « cinquante chevaux de manège, les plus beaux et les meilleurs qui fussent en France » (1); le duc en choisit douze pour son service, en donne quatre aux seigneurs qui l'entourent, et abandonne les autres à Alphonse, en le confirmant dans les charges qu'il avait dans la maison.

C'est ensuite Chèse, premier valet de chambre du Connétable, qui vient rendre compte des vêtements et des pierreries; le duc lui donne « toutes les hardes et meubles de la garde-robe », et Saint-Palais, gentilhomme de sa suite, qui assiste à la scène (2), reçoit une magnifique croix d'émeraudes. Tous les autres officiers de la Grange des Prés furent récompensés selon leurs emplois, et « se consolèrent de la mort du père par les libéralités du fils ».

Ce fut le moment de l'apogée du faste à la Grange des Prés; la Maison du jeune duc, augmentée de celle du Connétable, devint la plus nombreuse du royaume. On y voyait, outre les seigneurs des environs qu'il se plaisait à retenir auprès de lui, tel André de Juvenel, qui lui servait parfois de secrétaire (3), et le baron de Latude, de la Maison de Fontés (4), trente pages, cinquante gentilshommes à ses gages, et, en proportion, des officiers et autres domestiques, tous vêtus « de la livrée bleu de

(1) L'on connaît la passion du Connétable pour les beaux chevaux. « Dès qu'un cheval était à lui, a dit Tallemant, il ne changeait plus de maître, et, n'eût-il que trois jambes, on le nourrissait dans une infirmerie qui était à Chantilly ».

(2) Saint-Palais, gentilhomme du duc, que le Connétable avait attaché spécialement à sa personne.

(3) Arch. de M. Xavier de Juvenel, à Pézenas.

(4) *Histoire de Henri II de Montmorency*, par l'Anonyme.

ciel, qui ne différait de celle du roi que par une manche pendante en velours feuille morte » (1).

Le prince partageait ses journées entre ses devoirs de gouverneur et ses plaisirs ; le matin, dit Désormeaux, il travaillait avec ses secrétaires, il s'habillait ensuite, et donnait ses audiences ; l'après-midi était consacré aux exercices du corps, à la conversation avec les professeurs de l'académie qu'il entretenait à la Grange pour l'instruction, soit dans les sciences, soit dans les exercices du corps, de ses pages et gentilshommes, « le reste du temps, ajoute le chroniqueur, était employé au jeu et à la galanterie ».

Ce séjour avait été interrompu par quelques rapides voyages à Paris, mais la tenue des États le ramenait fidèlement à Pézenas, et la date des procès-verbaux nous fixe sur ces différents retours (2).

Pendant ce temps, la jeune duchesse était restée auprès de la reine-mère, et avait vécu dans cette Cour si agitée par la turbulence des Grands. Elle l'avait suivie en Bretagne pour l'ouverture des États, et en Guyenne pour « les mariages espagnols » (3). La jeune femme aspirait à une réunion définitive avec son époux ; au printemps 1617, il fut enfin décidé qu'elle irait le rejoindre dans son gouvernement, et, le 16 juin, elle fit son entrée à Mont-

(1) Cet uniforme, qui était presque celui de la livrée du roi, aurait été un des motifs de la jalousie de la Cour contre Montmorency. — Cf. l'*Hist. anonyme*.

(2) Pendant la durée de son gouvernement, le duc ne fut absent que deux fois à l'ouverture des Etats à Pézenas, le 15 juillet 1626 et le 27 avril 1629.

(3) Le 18 octobre, Madame Elisabeth, sœur de Louis XIII, fut mariée par procuration dans la cathédrale Saint-André de Bordeaux à don Philippe, prince des Asturies, et, le 25, le roi fut marié, dans la même église, à l'infante Anne d'Autriche.

pellier. La capitale du Bas-Languedoc se mit en frais pour recevoir sa nouvelle gouvernante ; à son exemple, d'autres villes donnèrent des fêtes magnifiques, mais l'arrivée à la Grange des Prés lui réservait plus d'une mélancolique surprise. L'objet de l'inclination du duc était à ce moment une jeune et jolie personne, « qui y régnait en souveraine dans une générale approbation ». La duchesse, si impressionnable et si fine, s'aperçut bien vite que le mal était grand et difficile à guérir, dès lors commença ce martyre du cœur qu'elle devait subir pendant des années, et durant lequel l'héroïque femme allait montrer un courage, une vertu et une fierté sublimes.

Cependant, le duc avait, dès son installation, prié Marie-Félice de prendre en mains l'administration de sa maison et d'en régler tous les détails. Avec l'esprit d'ordre qui la caractérisait, cette tâche lui fut facile. Elle choisit les officiers à attacher à sa personne, et attribua les emplois ; son mémoire sur les devoirs de son intendant est un petit chef-d'œuvre de bon sens pratique. Comme nous le verrons faire au même lieu, quarante ans plus tard, à la princesse de Conti, elle composa un règlement pour elle-même vis-à-vis de ses serviteurs. Elle y prenait la résolution de ne leur adresser des réprimandes que dans un état de calme parfait, d'être avec eux très affable, mais très digne, de ne jamais témoigner de ces préférences sources de jalousies et de discordes. Elle mit en pratique ce règlement, et nous en connaissons les résultats salutaires : ses domestiques, conquis par la bonté et la justice de leur maîtresse, rivalisèrent bientôt de zèle et de fidélité ; un temps vint où un signe lui suffit pour être comprise et obéie.

Les pauvres devaient avoir leur part de ces dispositions généreuses. En arrivant en Languedoc, Madame de Montmorency avait déclaré qu'elle serait la protectrice de tous les malheureux ; elle tint parole. Elle se fit remettre des listes de familles indigentes, assigna des pensions, envoya des aumônes mensuelles aux hôpitaux, aux prisonniers, aux religieux mendiants ; quelques-uns de ses officiers eurent mission de parcourir les villages des environs de Pézenas pour y dresser le bilan de la misère, et si, dans les familles nombreuses, de pauvres enfants souffraient de manque de soins, ils étaient amenés et recueillis à la Grange, à l'intention peut-être du fils tant désiré et que Dieu semblait lui refuser. Notons encore la disposition de Marie-Félice à mettre la paix dans les ménages désunis, et de servir d'arbitre dans les difficultés survenues dans les familles ; ses arrêts étaient sans appel, et, longtemps après son départ du Languedoc, firent autorité parmi ces pauvres gens.

Il était d'autres actes d'une charité plus spéciale, et que seule lui permettait sa haute situation : à sa prière, bien des seigneurs adoucirent le sort de leurs tenanciers, des maîtres se firent un devoir de reprendre des serviteurs indûment chassés, des juges montrèrent plus d'indulgence, et un nombre considérable de soldats condamnés à mort lui durent la vie.

De son éducation chez les Bénédictines de Florence et de ses premières aspirations à la vie religieuse, la piété de Madame de Montmorency avait conservé quelque chose de monacal. Elle aimait à s'absorber dans la méditation, et pouvait, dit-on, la poursuivre sans fatigue pendant plusieurs heures, elle récitait journellement le bréviaire, jeûnait tous les samedis, et faisait faire chaque soir, en commun, une lecture spirituelle, suivie de l'explication de l'évangile du lendemain. Ses dons aux couvents et aux églises étaient incalculables : ses pieux artifices obtenaient des secours non seulement de son mari, mais encore des grands seigneurs et riches prélats du Languedoc, et, lorsque dans les bureaux du gouverneur, étaient délivrées des sommes, redevances casuelles du clergé, elle venait réclamer, sur ces riches prébendes, la dîme pour les paroisses dans le besoin (1). Elle envoyait aussi aux sanctuaires les plus vénérés des ex-voto, et enrichit ceux de Pézenas de reliquaires, d'ornements sacerdotaux et de vases sacrés ; l'on a conservé longtemps dans le trésor de la Collégiale de Saint-Jean une croix de vermeil sur laquelle un Christ en relief était ciselé, ayant à ses pieds saint Blaise « une corde de cardeur de laine à la main », et deux bourdons aux manches fleurdelisés, donnés par elle en 1630 (2).

Mais là où la vertu de la duchesse eut l'occasion la plus douloureuse et la plus fréquente de s'exercer, du moins dans les premières années de son mariage, ce fut dans sa conduite vis-à-vis de son charmant mais trop volage époux.

Les mœurs étaient toujours fort libres à la Cour

(1) Tous ces détails édifiants sont empruntés à MONSEIGNEUR FLICHE : *Mémoires sur la vie, les malheurs, les vertus de très haute et très illustre princesse Marie Félice des Ursins, épouse du duc Henri II de Montmorency.* — Oudin. Paris, 1876.

(2) PONCET. *Hist. ms. de Pézenas.* — « Le culte de saint Blaise à Pézenas remontait à une époque reculée. D'après une pieuse tradition, les premiers habitants, qui s'employaient généralement à laver les laines du pays dans les eaux de la Peyne avec des instruments de fer en forme de peigne, se mirent sous la protection de ce saint, qui, par l'ordre d'Agricola, gouverneur d'Arménie, avait subi le martyre et avait eu les flancs déchirés par des peignes de fer, en l'an 316.

ducale (1) ; lorsque Marie-Félice était arrivée à la Grange des Prés, elle y avait trouvé cette jolie Diane de Plantade, dont la conversion édifia dans la suite la ville et la Cour (2) ; plus tard, c'est « une fort belle fille que le duc prend plaisir à entendre chanter », les contemporains parlent encore d'une demoiselle Ducru, fille d'honneur de la duchesse », dont les attraits furent assez puissants pour attirer l'attention de Montmorency », c'était :

« Le grand troupeau des victimes offertes ! »

Comme l'*Elvire* de la légende, Madame de Montmorency attendit, souriante, le retour à la foi première de celui qu'elle aimait. Pendant six ans, tout ce que la générosité mise au service de l'amour conjugal peut inventer de plus délicat couvrit les légèretés de l'infidèle. Sa douleur, refoulée, fut telle que sa santé s'en ressentit, mais jamais elle ne se plaignit, jamais elle n'accusa. Entraînée par ce mysticisme exalté qui était au fond de sa nature, elle prenait une âpre joie à agrandir de ses mains ses blessures ; l'on dit, et l'on hésite à

(1) On peut en juger par l'anecdote rapportée par l'ANONYME, et dont le duc d'Angoulême, beau-frère de Montmorency, fut le héros : Ce prince s'éprit à la Grange des Prés d'une jeune veuve de la meilleure noblesse du pays, attachée au service de la duchesse. Il organisa une tentative d'enlèvement, qui ne fut déjouée que par l'indiscrétion d'un gentilhomme ; ce fut un scandale, et le duc d'Angoulême dut reprendre, assez honteux de son aventure, le chemin de Paris.

(2) Diane de Plantade renonça, probablement après l'arrivée de Mme de Montmorency, à ses écarts de conduite, car nous lisons, dans l'*Histoire manuscrite* de PONCET, qu'elle édifiait la ville de Pézenas, dès 1615, par ses bonnes œuvres. A cette date, elle occupe dans la Confrérie de Notre-Dame du Rosaire, récemment fondée, la charge de sacristine de la chapelle de la Vierge. En 1659, alors dans ses vieux ans, elle fonde une octave à perpétuité en faveur des âmes des trépassés, dans la chapelle de la Trinité.

le croire, qu'elle consentait à lire les billets d'amour écrits au duc, et qu'elle les enfermait dans son corsage, comme un sanglant cilice placé sur son cœur (1). A ce martyre surhumain sa santé s'altéra, mais tant d'efforts ne furent pas perdus, et, c'est d'un cœur sincère, que quelques heures avant son exécution, Montmorency put écrire de la prison de Toulouse, à sa femme, « d'excuser les chagrins qu'il lui avait donnés pendant leur union » (2).

Cependant, le contact de cette Cour légèrement licencieuse effraya Marie-Félice. L'on a prétendu que, pour le fuir, au moins pendant les absences de son mari, elle se retirait à Lézignan-la-Cèbe, où elle aurait fait construire le château que l'on y admire encore (3). Aucune preuve sérieuse ne nous permet de soutenir cette assertion, mais si elle a vraiment essayé de se créer dans les environs de la Grange un lieu de repos et de méditation, Madame de Montmorency était trop clairvoyante pour

(1) TALLEMANT a un mot d'un réalisme effrayant pour peindre cette disposition de la grande âme de la duchesse. « Pourvu, dit-il, qu'il (le duc) lui fît confidence de ses galanteries, elle ne lui donnait point de peine, mais elle ne voulait point qu'il lui mentît ». — Depuis « la Choisy », une de ses premières conquêtes, Montmorency avait eu, entre autres aventures célèbres, ses liaisons avec Madame de Sablé, Madame de Guéménée, et cette passion platonique pour Anne d'Autriche, « qui le souffrit », dit La Rochefoccauld, et qui fut, dit-on, pour Richelieu, un des motifs de faire monter l'illustre condamné sur l'échafaud de Toulouse.— TALLEMANT, MADAME DE MOTTEVILLE, LA ROCHEFOUCAULD, et *passim*.

(2) DÉSORMEAUX. *Hist. de la Maison de Montmorency*. Op. cit.

(3) La retraite de Madame de Montmorency à Lézignan-la-Cèbe est une sorte de légende qui s'est conservée sans preuves dans le pays; M. PAUL FABRE la mentionne dans l'*Hérault illustré*, année 1878. — Le château de Lézignan, dont les archives ont malheureusement disparu dans un incendie, appartient depuis la première moitié du dix-septième siècle aux Carrion-Nizas, illustre famille d'origine espagnole qui compte le Cid dans ses ascendants.

essayer de faire de cette résidence une sorte de Chartreuse. Tous ses efforts, au contraire, tendirent à la rendre agréable, tout en y mêlant ce sérieux qu'elle aimait. Elle y réunit une riche bibliothèque, où la Bible et Senèque occupaient le premier rang ; souvent elle fut l'inspiratrice de fêtes charmantes, tel ce ballet du « Véritable Amour », qui fut dansé en 1618 sur le petit théâtre de la Grange, et dont les auteurs étaient le baron de Saint-Auban, qui avait composé le poème en idiome languedocien, et le fils de Germain Pilon, alors maitre-d'hôtel de la duchesse, qui avait dessiné les décors et réglé la figuration. Cette année 1618 avait dû être particulièrement brillante à la résidence ducale, les États s'étaient réunis à Pézenas en janvier et février, et la présence d'un hôte de marque, le prince Cosme des Ursins (1), frère de Marie-Félice, avait dû amener un redoublement de fêtes et de plaisirs. Nous empruntons les détails du divertissement offert par Madame de Montmorency à son mari et à ses hôtes à M. Alliès, qui les a découverts dans une plaquette de l'époque : nous en respectons l'ortographe et le style :

« Lorsque la duchesse sut que son mari devait arriver (2), elle résolut de faire danser à son arrivée, et, à cet effet, ayant communiqué ce sien désir au sieur Pilon son maistre d'hôtel, homme très ingénieux et qui

(1) La présence à la Grange des Prés du prince des Ursins, frère de la duchesse de Montmorency, est attestée par les Procès-verbaux des Etats de Languedoc. Nous lisons dans les délibérations de l'Assemblée réunie en janvier 1618, à Pézenas : « On ira saluer de la part des Etats le Prince des Ursins, frère de Madame de Montmorency, nouvellement arrivé à Pézenas ». — Arch. de la Hte-Garonne. Registre C, 2296, f°s 1 à 90.

(2) En 1618 le duc ne prit part à aucune entreprise guerrière. Il s'agit probablement d'un voyage à la cour, ou de son retour des Etats tenus à Béziers, à la fin de l'année 1618.

nous povons dire avec vérité qu'il y en a peu en France qui l'approchent en subtilité d'invention, elle lui commanda de trouver quelque sujet digne. On choisit le sujet du véritable amour, ce dessain ayant été le plus suivant son désir, elle enjoignit au dit sieur Pilon de l'exécuter et d'y apporter toute sorte de soing, et afin que plus aisément tout réussit suivant son souhait, ma dicte dame lui donna la charge à M. le baron de Saint Auban de tout ce qui regardait la composition des airs et les passages du grand ballet, laissant tout le reste des entrées, des machines et des mouvements nécessaires au soing et industrie du dit sieur Pilon » (1).

Après le ballet, ajoute M. Alliès, le programme se déroula tel que l'avait ordonné la duchesse, il y eut feu d'artifice, illuminations dans le parc et bal dans les vastes salons du château (2).

Il y avait aussi les fêtes de famille auxquelles le duc et la duchesse daignaient prendre part; plusieurs fois on les vit tenir sur les fonts du baptême les fils des seigneurs de la région. Nous relevons parmi leurs filleuls le nom de Henri de Montguibert, fils du premier consul de Pézenas (3), et celui de Félix de Juvenel, fils d'André de Juvenel et d'Isabeau de la Roque (4).

(1) *Description du Ballet du Véritable Amour de Mme la Duchesse de Montmorency, dansé en la ville de Pézenas à l'arrivée du duc de Montmorency en icelle.* Ensemble, le Triomphe du Véritable Amour faict en vers français. A Béziers, par Jean Puech, imprimeur du roi en la dicte ville, 1628, in-8° de 4 lim. et 68 pages. — Les vers français ont été reproduits par Anatole de Montaiglon. *Revue universelle des Arts*, t. VIII, octobre 1858 à 1859.

(2) A.-P. ALLIÈS. *Une ville d'Etats.* Op. cit.

(3) PONCET. *Hist. ms. de Pézenas.* — La marraine était Diane de Plantade. La cérémonie eut lieu à la Collégiale de Saint-Jean, en avril 1617. — Registres de la Collégiale.

(4) Archives de M. Xavier de Juvenel, à Pézenas.

Les fêtes passées, Marie-Félice retombait dans la mélancolie, dont les sujets augmentaient avec les années. Henri de Montmorency était visiblement desservi à la Cour par Luynes. Le duc ne tarda pas à s'apercevoir des effets de la calomnie et de la trahison ; c'était le moment où les mésintelligences de Marie de Médicis et de Louis XIII mettaient la France à deux doigts de la guerre civile, et où presque tous les Grands, jaloux de l'élévation du nouveau favori, se rangeaient du côté de la reine-mère. Le plus puissant manquait à cette faction ; Marie de Médicis fit faire auprès de Montmorency des démarches répétées, multiplia les lettres suppliantes, prodigua les promesses, dépêcha des émissaires, et implora l'intervention de la duchesse. Le duc resta sourd, mais la calomnie ne désarma pas : Italienne, nièce de la reine-mère, Marie-Félice rendait son mari suspect ; dès lors commença entre la Cour et les Montmorency cette guerre sourde qui devait finir d'une façon si tragique.

Après l'expédition de Guyenne, 1621-1622, Louis XIII résolut de traverser le Languedoc pour aller assiéger Montpellier, que tenait le duc de Rohan. Montmorency, qui dans son gouvernement opposait une défense héroïque aux progrès des religionnaires, alla rejoindre le roi à Alzonne et l'accompagna à Béziers, où la Cour fit son entrée solennelle, le 18 juillet (1). Une députation des consuls de Pézenas y vint supplier le roi de s'arrêter dans leur ville ; sur les instances du duc, Louis XIII donna une réponse favorable, et la cité des Montmo-

(1) *Entrée du roy très chrestien, Louis de Bourbon, tretzième de ce nom, Roy de France et de Navarre, faite en la ville de Béziers le dix-huitième juillet MDI vingt deux,* rédigée par Maître Guibal, notaire royal. — *Bull. de la Société arch. de Béziers.* Deuxième série, tome VIII, Ire livraison, p. 311.

rency se prépara à faire une magnifique réception. Le roi se fit précéder à Pézenas par le prince de Condé. Celui-ci y arriva de nuit avec Schomberg et Bassompierre (1). Le lendemain, le gouverneur de la ville, Montguibert, accompagna les princes à la Grange des Prés (2), où les consuls leur envoyèrent les présents d'usage, consistant en vins et en fruits.

Louis XIII arriva à Pézenas le jeudi 11 août, à sept heures du matin, accompagné de Montmorency, du prince de Joinville, du duc d'Épernon et de plusieurs autres seigneurs. Il fut reçu et harangué sur un trône placé sous un arc de triomphe, élevé sur la promenade du Pré; les consuls, revêtus de leurs longs manteaux rouges, offrirent les clefs de la ville dans un sac de satin bleu, Montguibert adressa une éloquente harangue à laquelle le roi répondit : « Continuez à bien me servir, et je continuerai à vous aimer », puis la souveraine Cour des Aides harangua le roi à son tour. Le cortège se mit alors en marche, au travers des rues pavoisées, et tendues de ces tapisseries de haute lisse dont Pézenas était si riche (3). En tête, s'avançait un char traîné par huit hommes « habillés en papillon » et que suivait le palladium de la ville, l'effigie de l'animal légendaire appelé le Poulain (4). Une messe en musique fut célébrée à la

(1) *Mémoires de* BASSOMPIERRE.

(2) Arch. mun. de Pézenas : Passage de Louis XIII.

(3) Il y a cinquante ans l'on voyait encore à Pézenas, le jour de la Fête-Dieu, les façades de quelques hôtels, entre autres celui du marquis de Grasset, tendues de tapisseries flamandes sur le passage de la procession du Saint-Sacrement.

(4) La tradition du Poulain remonte à Louis VIII. En 1226, ce roi, étant à Pézenas pendant les luttes albigeoises, avait vu avec déplaisir sa jument favorite atteinte d'un mal subit; il la confia au gouverneur du château pour la guérir. Grande fut sa joie à son retour de trouver cet animal non seulement guéri, mais

Collégiale, après laquelle le monarque se rendit « à l'hôtel de M. de Paulhan (1), où les consuls eurent l'honneur de le voir dîner ». Dans l'après-midi il y eut chasse au cerf dans le parc de Loubatières, le soir, la ville fut illuminée, un feu d'artifice fut tiré « à la porte de Grave près le pilori », et, le lendemain, le roi partit pour Montpellier, non sans avoir reçu l'hommage des consuls et accepté « pour sa table, des pièces de vin blanc et clairet » (2).

Comme tous les chefs de l'armée catholique, Montmorency avait accompagné Louis XIII à Montpellier. Il se comporta pendant le siège avec sa bravoure ordinaire; elle faillit lui être fatale. En attaquant un point fortifié, il tomba percé de deux coups de pique et fut relevé mourant (3). Sur l'ordre du roi il fut transporté à la Grange des Prés, où Marie-Félice le reçut tout en larmes. Elle le soigna avec un tel dévouement « qu'elle eut presque à regretter une si prompte convalescence »; quinze jours plus tard, il montait à cheval, et « ses amis s'étonnèrent et se réjouirent tout ensemble de le voir sitôt de retour à l'armée » (4).

Réjouie par la convalescence du duc, la Grange des Prés fut bientôt après attristée par un deuil; le comte

accompagné d'un charmant petit poulain. Cet emblème de la satisfaction royale fut désormais personnifié dans les fêtes publiques par une carcasse de bois et d'étoffe simulant un gigantesque cheval caparaçonné, et que douze porteurs dissimulés dans l'appareil font mouvoir.

(1) Aujourd'hui affecté à l'hospice.

(2) Arch. mun. de Pézenas.

(3) « Il fit des prodiges de valeur, reçut trois blessures, et aurait perdu la vie si les assiégés ne l'eussent épargné. » — *Hist. génér. de Languedoc*, t. XI, p. 976.

(4) Simon du Cros. *Mémoires de Henri, dernier duc de Montmorency*. Op. cit.

d'Auvergne, fils du duc d'Angoulème et propre neveu de Montmorency, était tombé malade au siège de Montpellier, où il commandait en qualité de colonel général de la cavalerie légère de France. Transporté, lui aussi, dans le domaine familial, il y mourut le 19 septembre (1). Ses restes furent transportés à Agde, et probablement inhumés à côté de ceux du Connétable, son grand-père, dans l'église de Notre-Dame du Grau (2).

Après la levée du siège de Montpellier et la soumission du duc de Rohan se place un long séjour de nos gouverneurs à Paris, interrompu par deux voyages rapides du duc, pour la tenue des États à Béziers, en 1624 et 1625 (3).

Dès la clôture de ces derniers, laissant le maréchal de Thémines à la tête de l'armée de Languedoc, Montmorency alla prendre le commandement de la flotte destinée à soumettre La Rochelle, en sa qualité de grand-amiral de France. Il n'entre pas dans notre cadre de refaire les détails de la chute de la citadelle du calvinisme, mais, pendant l'expédition, le duc dut quitter pour quelques jours le théâtre de la guerre, et ce déplacement intéresse la Grange des Prés. Restée seule dans ce domaine, Madame de Montmorency se consumait; la crainte des dangers que courait son époux, la douleur d'en être séparée, avaient déterminé une fièvre lente ; les forces diminuèrent, l'on craignit pour sa vie, et Ranchin, son médecin, en avertit le duc. Celui-ci accourut. Pendant six semaines, il resta auprès de Marie-Félice, l'entourant des soins les plus tendres et des témoignages de la plus sincère affection. Il avait pour

(1) Le Père Anselme.
(2) Registre obituaire de Pézenas.
(3) Du 11 mars au 22 mai 1624, et du 12 mars au 17 mai 1625.

distraire la malade des artifices ingénieux : un jour, devant son refus de prendre toute nourriture, il se déguise en pêcheur et l'oblige à manger du poisson de sa pêche ; dans une autre circonstance, il compose des vers, qui, mis en musique, sont chantés en chœur par les dames de la Cour. La guerre le rappela, et les succès de cette campagne navale, couronnés par la conquête de Ré et d'Oléron contribuèrent au rétablissement de la duchesse. Le retour du vainqueur à la Grange des Prés fut vraiment triomphal : les députations du Parlement de Toulouse et des autres compagnies souveraines de la Province vinrent l'y féliciter. Ce fut un des beaux moments de la Grange. « Les plus apparens de la noblesse qui s'étaient rendus près de lui, dit Désormeaux, y passèrent l'hiver, et les divertissements, qui s'estaient un peu écartés de sa Cour depuis la guerre, y revinrent avec la même douceur qu'auparavant ». Cette félicité n'était cependant pas sans ombre ; l'on sait quelle avait été l'attitude de Richelieu vis-à-vis de Montmorency après la prise de La Rochelle : l'île de Ré donnée au maréchal de Toiras, la charge de grand-amiral de France réclamée au duc par le roi et reprise par le ministre, sous une autre étiquette (1). Un événement plus tragique allait aggraver les ressentiments de Montmorency : vers la fin de mai, il apprenait l'arrestation suivie de l'exécution de son cousin François de Montmorency-Boutteville, inculpé d'infraction contre la loi des duels (2). Comme on devait le faire, hélas ! bientôt pour lui-même, le duc écrivit au roi des lettres suppliantes

(1) Richelieu prit le titre de grand-maître, chef et surintendant général de la Navigation du commerce de France.

(2) *Mémoires de* BASSOMPIERRE.

qui n'eurent aucun effet. Sa colère et sa douleur furent extrêmes et allèrent grossir le levain de révolte qui devait plus tard se faire jour.

Mais la hauteur d'âme de Montmorency parlait plus haut que la rancune lorsque l'intérêt du pays était en jeu. Rohan, donnant cette fois la main aux Anglais, se redressait menaçant; le duc en écrivit à la Cour. Ne recevant ni ordres ni subsides, il leva à ses frais quelques troupes, engageant peut-être, comme en 1622, les diamants de sa femme pour nourrir ses régiments (1). Il faut lire, dans l'*Histoire générale de Languedoc*, les exploits du prince si brave et si bon que ses ennemis eux-mêmes ne se lassaient pas d'admirer. Pendant cette campagne, qui dura plus de deux ans, il soutint contre le parti protestant aux abois, la cause du roi et du ministre avec une ardeur infatigable. Il ne leur fut pas moins utile au moment des négociations : la paix d'Alais, c'est un fait avéré, fut due à l'influence du duc de Montmorency autant qu'aux succès de l'armée royale (2), et cependant, ajoute mélancoliquement Désormeaux, « le roi ne lui en tint aucune reconnaissance, et son attitude équivalait à dire qu'on croyait lui faire grâce, en ne le punissant pas d'avoir sauvé le Languedoc ».

La paix d'Alais, 27 juin 1629, qui mettait fin aux guerres religieuses dont le Languedoc souffrait depuis soixante ans, était le couronnement de l'œuvre de Riche-

(1) En 1622, tandis que Louis XIII faisait la campagne de Guyenne, Montmorency n'ayant pu obtenir de la Cour ni argent ni troupes pour arrêter les progrès des religionnaires en Languedoc, avait engagé, à Lyon, les pierreries de la duchesse, pour la somme de deux cent mille écus.

(2) Les émissaires du duc de Montmorency, répandus par toutes les villes protestantes, les engagèrent à se soumettre au roi, par des traités particuliers.

lieu dans son dessein de réduire la féodalité protestante. Le cardinal trouva dans son triomphe un encouragement à poursuivre les deux autres buts de son plan politique, qui allaient le mettre directement aux prises avec Montmorency.

Tandis que le roi retournait à Paris, il s'avança triomphalement dans la Province dont il avait résolu d'étouffer les libertés (1). Avant de se séparer de Louis XIII, il lui avait fait signer à Nîmes deux édits (2). Par le premier, la Chambre des Comptes et la Cour des Aides de Montpellier étaient déclarées réunies ; par le second, dit Édit des Élus, il était créé un bureau ou siège d'élection dans chacun des vingt-deux diocèses de la Province, et il était en même temps enlevé aux États le vote et la répartition des impôts, dont étaient chargés à l'avenir les trésoriers des Généralités de Toulouse et de Béziers (3).

« Très anciennes, et conservées avec un soin jaloux par les États, les prérogatives du Languedoc comptaient parmi ces traditions administratives de la Province avec lesquelles l'ancien régime avait dû s'accommoder ». Depuis leur origine, elles étaient entre les mains « des hommes du pays, ne dépendant que de la Province, souvent inamovibles et propriétaires de leurs charges » (4).

(1) Déjà, Richelieu avait exhorté Louis XIII à abolir les Etats de Bourgogne, de Provence et de Bretagne, et à établir des élections dans ces provinces comme dans le reste du royaume.

(2) Juillet 1629.

(3) Cf. Jacques Azaïs. *Les Etats de Languedoc, le duc Henri II de Montmorency et l'Edit de Béziers.* — *Bull. de la Soc. arch. de Béziers*, t. II, p. 79.

(4) Cf. P. Gachon. *Les Etats de Languedoc et l'Edit de Béziers.* Paris, Hachette, 1887. — Henri Rouzaud. *L'Autonomie du Languedoc à la veille de la Révolution.* Rapport présenté au Congrès des Jurisconsultes catholiques, 1912.

C'est sur cet état de choses que Richelieu allait porter la main.

Bien que le préambule du second édit insinue que les nouvelles mesures étaient inspirées au roi par le désir de soulager les contribuables de Languedoc, les deux actes n'en furent pas moins considérés comme une atteinte grave à ces libertés séculaires ; ils enlevaient en outre toute raison d'être aux États, et abaissaient du même coup la puissance du Gouverneur. L'Assemblée, réunie à ce moment à Pézenas, refusa de les enregistrer, les déclarant « la plus pernicieuse introduction qui ait jamais été tentée dans la Province ». La lutte était désormais ouverte avec la royauté.

Informé de la résistance, Richelieu demanda au roi un ordre pour dissoudre l'Assemblée et pour lui interdire de se réunir à nouveau ; puis, il se dirigea vers Pézenas, et arriva, le 27 juillet, à la Grange des Prés (1), accompagné « d'une suite plus brillante que celle du roi », voulant, a dit Désormeaux, « faire éclater, en logeant chez Montmorency, avec plus de faste sa puissance ».

Le Duc fit pendant ce séjour des dépenses prodigieuses : il y eut comédie et feux d'artifices, Bassompierre, qui était présent, parle « des grands festins » offerts par le Gouverneur (2). Le jour même de l'arrivée de Richelieu à la Grange, Messieurs des États s'y rendirent en costume de cérémonie pour le saluer (3), et ce n'est pas un des moindres spectacles qu'il ait été donné de voir à ces

(1) *Hist. génér. de Languedoc.* Tome XI, p. 1044.

(2) Bassompierre. *Mémoires.* — Le maréchal de Bassompierre dit qu'il arriva à la Grange des Prés le 27 juillet, et qu'il en repartit le dimanche suivant, après avoir « dit adieu à M. de Montmorency et à sa femme ».

(3) Arch. départ. de la Hte-Garonne.— Procès-verbaux des Etats de Languedoc. Registre C. 2301, f°s 10 à 78.

murs historiques, que celui de l'implacable ministre recevant cette assemblée prête à la rébellion, et à laquelle, quatre jours plus tard, une lettre de cachet allait enjoindre de se dissoudre.

Mais, au milieu des réceptions et des fêtes, le Cardinal poursuivait son but ; grande fut la surprise de Montmorency, lorsque Richelieu, le prenant à l'écart, peut-être dans quelque allée retirée du parc, déployant sa souple adresse et son génie fascinateur, le conjura de le seconder dans l'œuvre de la modification administrative de la Province. Soit faiblesse, soit grandeur d'âme, Henri accepta de négocier avec les États, et n'hésita pas à compromettre sa popularité en se rendant au milieu d'eux pour les inviter à l'obéissance. De tous les rangs de l'Assemblée des protestations s'élevèrent ; dans une fière réponse, Alexandre de Castelnau, comte de Clermont-Lodève, se fit l'interprète des sentiments de tous les députés (1), et, par délibération, une députation fut envoyée au roi pour demander « de sa bonté et de sa justice » la révocation des Édits, et les États ne se séparèrent qu'après avoir épuisé le programme arrêté pour la session (2).

En arrivant à la Grange des Prés, Richelieu était tombé malade. Il y reçut cependant, le 28 juillet, les députés de Montauban venus pour négocier, mais ceux-ci repoussèrent les conditions du ministre ; « on les renvoya », et Bassompierre, auquel nous devons ces détails, ayant reçu ordre « d'aller, pour les faire obéir ou

(1) *Hist. génér. de Languedoc.* T. XI, p. 1045.

(2) « Les Etats avaient conclu toutes les affaires de la Province, délibéré même sur l'octroi du roi et résolu de le porter à Messieurs les Commissaires, présidens pour Sa Majesté, en leur Assemblée, suivant l'ancienne coustume ». — Arch. de la Haute-Garonne. Procès-verbaux des Etats de Languedoc. Registre C. 2301, f°s 2 à 9.

les assiéger », quitta la Grange le dimanche 29, pour rejoindre ses troupes (1). Quant à Richelieu, aussitôt après sa guérison, il se dirigea vers Albi et, de là, vers Montauban, où la reddition de la place lui permit de faire, le 20 août, son entrée solennelle (2).

Cependant Montmorency, accompagné du duc de Ventadour, s'était rendu à Paris « pour tâcher de ramener l'esprit du roi ». C'est pendant ce séjour que, ayant assisté aux apprêts de la guerre avec l'Italie (3), il s'engagea comme volontaire. Selon son habitude, il déploya, durant toute cette campagne, rendue pénible par le désordre et les épidémies, une bravoure admirable ; il fut vainqueur en plusieurs combats, prit dix-neuf drapeaux, fit prisonnier de sa propre main le prince Doria, et rentra en France, le 24 septembre 1630 (4). D'importants événements l'y attendaient : Louis XIII, malade d'un abcès, était subitement tombé dans un état si grave, que l'on crut sa fin imminente. Dans cette extrémité, il fit appeler le Duc, l'embrassa, le pria de conserver son affection à l'État, et « d'aimer le Cardinal pour l'amour de

(1) *Mémoires de* Bassompierre.

(2) Nous nous en rapportons pour ces dates aux *Mémoires de* Bassompierre, témoin oculaire de ces événements. L'Auteur anonyme de l'*Histoire de Henri de Montmorency* a commis une erreur en disant que Richelieu passa deux mois à la Grange des Prés, puisque le 12 août le cardinal était à Albi, et le 20 à Montauban.

(3) Vincent de Gonzague, duc de Mantoue, était mort en 1627, laissant une fille unique, fiancée au comte de Réthelois, fils du duc de Nevers. Nevers s'était emparé des Etats de Mantoue et fait célébrer le mariage. Les Espagnols et le duc de Savoie s'unirent pour protester, et obtinrent que le duché de Mantoue fût mis sous séquestre par l'empereur. Le gouvernement français prit la défense du duc de Nevers.

(4) En récompense, Montmorency reçut le bâton de maréchal, le 19 décembre suivant. « Acceptez-le, mon cousin, lui dit le roi, vous l'honorez plus que vous n'en serez illustré. »

lui ». Comme toujours, impressionnable et bon, Henri se rendit chez le ministre, « qu'il trouva abîmé de douleur », releva son courage, et déjà les relais étaient commandés pour transporter en Languedoc celui que touchait la disgrâce, lorsque le roi guérit subitement. On sait le reste !

Les efforts de Montmorency en faveur des privilèges lésés du Languedoc n'avaient pas été tout à fait inutiles ; vers la fin de novembre, une entente sembla possible, et le roi consentit à la convocation des États pour l'année 1631, au prix de la substitution des commissaires royaux aux Élus.

Le Duc dut prendre la route de Pézenas pour en présider l'ouverture. Une tristesse mortelle plane sur ce dernier départ de Montmorency pour son gouvernement. Quelques mois plus tôt avait eu lieu son fameux duel avec le duc de Chevreuse (1) ; les deux adversaires avaient été exilés dans leurs terres : pendant ces huit jours solitaires, Henri avait, dit-on, longuement médité sur la vanité des espérances de ce monde. « Ce voyage sera le dernier », aurait-il dit à Marie-Félice ; il fut bien, en effet, le dernier ! La duchesse avait d'abord décidé qu'elle resterait à la Cour ; par une sorte de pressentiment, au moment du départ, elle voulut suivre son mari ; ils arrivèrent à la Grange des Prés à la fin d'octobre.

La Province était dans un état lamentable, la peste la décimait ; les impositions écrasantes réclamées par les traitants des offices d'élus, entretenaient l'effervescence (2). Émue de pitié, Madame de Montmorency ouvrit

(1) Tous les détails de cette affaire sont rapportés par DÉSORMEAUX : *Histoire de la Maison de Montmorency*. Tome III.

(2) La Province était tenue de payer trois millions huit cent quatre-vingt-cinq mille livres à celui qui avait traité de la finance

les portes de la résidence ducale à tous ceux qui voulurent s'y réfugier pour fuir la contagion, et fit don à la Collégiale d'une relique de sainte Rosalie, afin d'obtenir, par l'intercession de la Sainte, l'éloignement du fléau. La cérémonie de la remise de la relique eut lieu le 4 novembre ; ce jour-là, les consuls, accompagnés d'une partie de la population, se rendirent sur le chemin de la Grange des Prés ; ils y rencontrèrent un second cortège sortant de la résidence ducale, composé du doyen de la Collégiale, M. de la Palme, et des habitants de Pézenas, qui s'y étaient réfugiés. L'on se dirigea vers la ville ; la relique passa alors dans les mains du curé de Saint-Jean, qui la déposa sur le maître-autel, et les consuls, à genoux, firent solennellement le vœu de faire élever un autel à la Sainte, si la ville « était promptement remise en santé ». Le 18 février suivant, dit la relation à laquelle nous empruntons ces lignes, l'épidémie avait cessé (1).

Pendant ce temps, le Duc préparait la réunion des États. Elle eut lieu le 12 décembre. Dans son discours d'ouverture, Montmorency déclara « ne pouvoir jamais ressentir un contentement pareil à celui qu'il trouvait dans le rétablissement de l'Assemblée » (2) ; ce contentement fut bientôt troublé. Le Gouverneur ne tarda pas à s'apercevoir que tous ses efforts étaient paralysés par deux créatures de Richelieu, Claude de Rebé, archevêque de Narbonne, président-né des États, et Le Camus d'Hémery, contrôleur général des finances. Un courrier arrêté

de l'office des Elus, et deux cent mille livres pour frais de dédommagements.

(1) *Notes manuscrites sur les Epidémies de peste en Languedoc.* — Archives de M. A.-P. Alliès, à Pézenas.

(2) Arch. de la Haute-Garonne. Procès-verbaux des Etats de Languedoc. Registre C. 2301, f°s 79 à 126.

lui livra les lettres de ce dernier et le fixa sur les sentiments du cardinal (1) ; celui-ci ne visait qu'à rendre le gouverneur suspect aux peuples du Languedoc et à lui faire perdre leur estime et leur confiance.

C'est à ce moment que le duc d'Orléans entre en scène, pour le plus grand malheur de Montmorency.

Gaston, chassé de Lorraine par Charles IV, dont il venait d'épouser la sœur (2), désirant rentrer en France et y faire rentrer sa mère, exilée à Bruxelles à la suite des combinaisons machiavéliques de Richelieu (3), mettait tout en œuvre pour se faire un parti dans le royaume et soulever les provinces contre l'administration du cardinal. Ayant appris les embarras et le mécontentement de Montmorency, il en profita pour lui proposer une alliance, promettant le secours de deux mille cavaliers d'élite, la coopération du duc de Lorraine et celle du roi d'Espagne. Il se servit pour cette négociation de l'évêque d'Albi, Alphonse d'Elbène, turbulent florentin, qui, appuyé par son neveu, venu dans ce but de Bruxelles à Pézenas sous un déguisement (4), usa de toutes les forces de la persuasion pour le convaincre. Montmorency était butté : la défiance dont il se sentait l'objet (5), les intrigues de cour qui le déclaraient amoureux de la

(1) Lettre de Montmorency à Richelieu, de Bagnols, 16 juillet 1632.— *Hist. génér. de Languedoc.* Preuves, N° 533. T. XII, p. 1790.

(2) Gaston d'Orléans ayant épousé la sœur du duc de Lorraine, Louis XIII voulut dissoudre cette alliance. En décembre 1631 et en mai 1632, il envahit les Etats de Charles IV. Ce dernier chassa son beau-frère, qui se prépara à rentrer en France au moyen d'intrigues.

(3) Cf. Madame d'Arconville : *Marie de Médicis.* Livre III.

(4) *Histoire de Henry II de Montmorency,* par l'Anonyme.

(5) *Ibid.*

reine (1), les menées de d'Hémery, qui vérifiait sans relâche les dettes de la Province et faisait craindre pour lui le sort de Marillac, firent déborder la coupe. Une sorte de conseil fut tenu à la Grange des Prés, dans la chambre du duc. Outre ce dernier, il était composé de la Duchesse, de d'Elbène, du baron de Portes, et de deux gentilshommes de la Maison ducale, Morenges et d'Espineau (2). A la sortie, Henri s'avança vers Soudeilles, capitaine de ses gardes, qui attendait tout éploré : « La pierre en est jetée, dit-il, il n'y a plus moyen de s'en dédire » ; d'Elbène, dans un effort suprême, avait arraché au Duc la promesse d'embrasser les intérêts de Monsieur, de lui ouvrir les portes de son gouvernement, et de faire déclarer la Province pour son parti. La foudre allait tomber sur les Montmorency.

A partir de ce moment, les événements se précipitent ; l'arrivée prématurée de Gaston accule Montmorency à se découvrir (3). Au dehors, tout manque à la fois, les secours d'Espagne, ceux du duc de Lorraine, l'aide des gouverneurs voisins, l'appui des villes du Languedoc, l'argent pour la levée des troupes. Le pays n'avait plus

(1) Madame de Motteville ramène à sa vraie proportion la prétendue passion de Henri de Montmorency pour Anne d'Autriche. « Celui-là, dit-elle, parut avoir de l'inclination pour la reine, mais fort légèrement ; la vanité seule l'avoit fait naître dans son cœur. » — Madame de Motteville. *Mémoires*. T. I, p. 12.

(2) *Histoire de Henry II de Montmorency*, par l'Anonyme. — Dans une lettre à Richelieu, d'Avignon, le 3 août 1632, d'Hémery déclare que Morenge « n'a rien sceu » et que seuls Mme de Montmorency et l'évêque d'Albi ont inspiré la rébellion. — *Hist. génér. de Languedoc*. Preuves, N° 539. Tome XIII, p. 1803.

(3) Lorsque le duc d'Orléans arriva en Languedoc, Montmorency n'avait pas fait de préparatifs pour le soutenir contre les armées du roi. Ce dernier profita de cette circonstance pour plaider sa non préméditation auprès de Richelieu.

confiance dans le Gouverneur et attendait dans l'angoisse. Le 16 juillet, le Duc avait écrit à Richelieu une lettre où, en termes pleins de déférence, il essayait de réfuter les calomnies dont il était l'objet (1); le ministre répondit à cette démarche en donnant, à l'insu du roi, l'ordre à d'Hémery de l'arrêter : quelques jours plus tard, Montmorency, poussé par le découragement et le désespoir, entraînait les États et se perdait avec eux.

Le soir du 21 juillet, le Duc avait quitté la Grange des Prés et s'était rendu à Pézenas dans l'hôtel de M. de Lacroix ; il y veilla en compagnie d'Alphonse d'Elbène et de Jean de Plantavit de la Pause, évêque de Lodève, prélat dévoué à Monsieur (2). Des estafettes sillonnèrent bientôt la ville, portant aux députés des divers ordres le commandement de se rendre immédiatement auprès du Gouverneur : la nuit fut employée à briguer les suffrages ; en même temps, le Duc faisait surveiller l'hôtel où logeait d'Hémery et probablement celui où résidait l'archevêque de Narbonne. Une vague inquiétude planait sur la ville ; elle s'endormit dans le silence précurseur des tempêtes.

Au matin de cette nuit historique, les députés se réunissent à la Collégiale pour y entendre la messe d'usage. Ils se rendent ensuite processionnellement à la maison consulaire, siège habituel de leurs assemblées. Ils gra-

(1) Lettre de Montmorency à Richelieu, de Bagnols, 16 juillet 1632. — *Hist. génér. de Languedoc.* Preuves, N° 533. Tome XII, p. 1790.

(2) Jean de Plantavit de la Pause, d'une ancienne famille descendant des Strozzi de Sienne. D'abord calviniste et docteur en théologie, il se convertit en prononçant, à Roujan, le 8 septembre 1604 un discours sur la Sainte Vierge. Il reçut les Ordres, fut élevé au siège de Lodève et se montra partisan de la faction du duc d'Orléans et de Montmorency. Jugé avec les autres prélats, coupables de la même faute, par une commission ecclésiastique, il prouva son innocence, et fut envoyé absous. Il mourut en 1651.

vissent lentement l'escalier voûté, orné de colonnes de pierre, qui conduit au premier étage. La grande salle est éclairée par trois grandes fenêtres et tendue de tapisseries de haute-lisse. Du plafond à poutrelles, rehaussées d'un mince filet d'or, descendent trois lustres de cristal; sur une estrade relevée de trois degrés, un dais de velours rouge, à panaches de plumes blanches, abrite le fauteuil du président-né des Etats. Sur le fond de la draperie, un christ en ivoire se détache d'un cadre d'or. Au panneau qui fait face, un portrait en pied du roi, don de Sa Majesté aux consuls de la ville, semble commander aux députés le respect et l'obéissance.

Messieurs des Etats se placent d'après l'ordre établi, et la séance est ouverte dans un silence impressionnant. Monseigneur de Rebé prononce une courte allocution, après laquelle Claude Saint-Bonnet de Toiras, évêque de Nîmes, fait au commissaire plusieurs propositions pour la révocation des Élus ; on prétend qu'ils les acceptèrent, mais la matinée s'acheva sans conclure, et l'Assemblée s'ajourna à l'après-midi.

L'heure décisive a sonné ; la ville semble en état de siège, les portes en sont gardées par ordre de Montmorency, défense a été faite aux membres de l'Assemblée d'en sortir (1). Une foule inquiète et silencieuse attend le passage des députés, qui pénètrent dans la maison consulaire, mais cette fois les commissaires royaux s'abstiennent, et le duc est resté à l'hôtel de Lacroix.

La séance s'ouvre sur la reprise de la discussion pour la révocation des Élus, mais aussitôt Alphonse d'Elbène

(1) Pendant son interrogatoire devant ses juges, à Toulouse, Montmorency nia avoir empêché les prélats de sortir de Pézenas. — Languedoc, 94, f° 335. Bibl. nationale.

se lève : « Il ne doit plus être question, dit-il, d'Élus ni de Commissaires, mais de se joindre au duc de Montmorency, de lui faire l'octroi ordinaire sans l'assistance des Commissaires, et de lui donner le pouvoir d'assembler les États toutes les fois qu'il le jugera à propos ». En vain, Claude de Rebé fit-il entendre une protestation énergique ; devant l'opposition de l'Assemblée, il quitta son fauteuil, que vint occuper d'Elbène, et sous cette nouvelle présidence, fut rédigée et signée la déclaration célèbre, par laquelle l'Assemblée demandait à Montmorency « d'unir inséparablement ses intérêts à ceux du Languedoc » (1). Puis, les ordonnances royales, contresignées par Richelieu, furent lacérées, et les morceaux foulés aux pieds (2).

Après la séance, les députés se rendirent auprès de Montmorency, auquel un des secrétaires fit, à haute voix, lecture de la déclaration. Le Duc l'accepta, et Messieurs des États, déjà repentants (3), se retirèrent. Quelques heures plus tard, les portes du château de Pézenas se refermaient sur l'archevêque de Narbonne, et celles de la prison consulaire sur d'Hémery (4).

(1) Arch. de la Haute-Garonne. Procès-verbaux des Etats de Languedoc. Registre C. f°s 79 à 126.

(2) Arch. mun. de Pézenas. — P. Alliès. *Une ville d'Etats*. Op. cit.

(3) « Leur deslibération ne faict nul effect; les consuls ayant dict qu'ils l'avaient faicte par force ». — Rapport de d'Hémery à Richelieu sur les séances du 22 juillet. Pet. fonds, Languedoc, 1628, f° 191. Bibl. nat.

(4) L'archevêque de Narbonne fut délivré le lendemain ; le 23 juillet, d'Hémery sortit aussi de la prison consulaire de Pézenas, mais il fut traîné prisonnier à la suite de Montmorency. — Voir son Rapport à Richelieu du 3 août 1632. *Hist. génér. de Languedoc*. Preuves, N° 539. Tome XII, p. 1803.

La rébellion était flagrante (1); Montmorency reconnaissait déjà sa faute, mais « la pierre en était jetée ». A partir de cette heure, il sait qu'il est perdu : Gaston d'Orléans est à Lodève, deux armées royales, commandées par les maréchaux de La Force et Schomberg, s'avancent vers le Languedoc, il ne lui restait plus qu'à exposer sa personne et à sacrifier sa vie.

Nous aurions voulu connaître la date exacte du jour où le Duc, désespéré, mais résigné à sa perte, quitta la Grange des Prés pour la dernière fois. La correspondance du Prince, les rapports d'Hémery à Richelieu nous ont permis de la placer d'une façon à peu près précise(2). C'est dans la nuit du 23 au 24 juillet (3) que le Duc dut partir pour Béziers, afin de s'assurer de Narbonne et des lieux environnants; il est probable que la Duchesse l'accompagnait, car, dans le même rapport, d'Hémery demande un ordre du roi portant « défense aux villes de la Pro-

(1) « La faute de M. de Montmorency n'était pas un simple crime de rébellion comme celui d'un autre grand qui aurait simplement porté les armes contre le roi en faveur de Monsieur, ... il avoit fait révolter une province par résolution du corps des Etats, ce qui ne fut jamais fait. » — RICHELIEU. *Mémoires*. Coll. Michaud et Poujolat, p. 417.

(2) Dans la nuit du 23 au 24 juillet, Montmorency part pour Béziers; le 24 il va à Narbonne, le 25 à Agde. Le 26 il est à Pézenas; de là, il écrit, le même jour, aux Députtés de Rieux (*Chroniques de Languedoc*. T. III, p. 164), et le lendemain au comte d'Alais, son neveu (*Hist. génér. de Languedoc*. T. XII, p. 1798, col. 2). Le 27, il se dirige vers Nîmes pour se porter au devant de Monsieur. Le 30 août, il quitte ce dernier à Lunel et va à Beaucaire; après l'échec devant cette ville et autres lieux des bords du Rhône, il repasse à Pézenas pour se rendre à Béziers, où il entre le 14 août, et en repart le 24 pour le Lauraguais, où il devait être pris, le 1er septembre, pendant le combat de Castelnaudary.

(3) Hémery à Richelieu.

vince d'ouvrir leurs portes » à Monsieur de Montmorency ni à sa femme, et de les arrêter là où ils seraient ». Dès cette date du 23 juillet, Béziers est le séjour officiel du Gouverneur (1), s'il revient à Pézenas le 26, de retour d'Agde (2), c'est pour en repartir quelques heures plus tard, la Grange est déjà abandonnée.

Malgré la maladie qui depuis cinq mois la retenait à la Grange des Prés, Madame de Montmorency avait suivi son mari à Béziers (3). Ici nous touchons un point délicat, celui des responsabilités de la Duchesse dans la révolte de 1632.

Dans l'histoire du Duc, écrite presque sous sa dictée par Simon du Cros, dans les mémoires rédigés après son entrée à la Visitation de Moulins, par les dépositions de ses femmes et de ses écuyers, Marie-Félice s'est vivement défendue d'avoir trempé dans la rébellion. Mais, sans nous arrêter aux affirmations de François de Julian, qui s'en rapporte surtout aux récits de la domesticité de la Grange (4), de sérieuses charges pèsent sur Madame de Montmorency. D'Hémery, auquel des écrivains sérieux ont reconnu « un tact et une modération singuliers dans sa correspondance avec le Cardinal (5), accuse formellement d'Elbène et Madame de Montmo-

(1) Hémery à Richelieu.

(2) *Ibid.*

(3) « A peine arrivée en Languedoc, elle est attaquée des premières atteintes d'une maladie névralgique aiguë.» — Mgr Fliche. *Mémoires sur les malheurs, les vertus, etc.* Op cit.

(4) Une fille au service de la duchesse, nommée La Berge, aurait rapporté que, couchant au pied du lit de sa maîtresse, elle avait assisté à la scène décisive durant laquelle Marie-Félice avait irrévocablement décidé son mari à la révolte. — Anonyme. *Hist. de Henri de Montmorency.* Op. cit.

(5) P. Gachon. *Les Etats de Languedoc et l'Edit de Béziers*, p. 236.

rency d'avoir été les seuls instigateurs de la révolte (1); la phrase ambiguë de Mademoiselle de Montpensier au sortir d'une visite à la pieuse recluse de Moulins (2), l'attitude du duc d'Orléans après l'affaire de Castelnaudary, sont autant de preuves à l'appui, mais les archives municipales de Béziers possèdent des pièces qui constituent des accusations plus graves. Nous voulons parler de trois ordonnances données dans cette ville par la Duchesse, les 9 et 11 août et le 3 septembre. En vrai chef de guerre, pendant l'absence de son mari, Marie-Félice, par les deux premières, réquisitionne les blés, s'assure des munitions, et enjoint aux consuls « de faire bâtir en toute diligence, dans la cour de la maison épiscopale (3), un couvert qui pût servir de corps de garde aux soldats et autres usages nécessaires à une garnison ». Par la troisième, donnée trois jours après le combat de Castelnaudary, la Duchesse décharge « tous les lieux du diocèse de Béziers, des contributions de foin et d'avoine pour la nourriture de la cavalerie » (4). Ne nous pressons pas de condamner; les excuses sont nom-

(1) Hémery à Richelieu. 3 août 1632. *Op. cit.*

(2) « Elle me confia que ce qui faisait qu'elle ne pouvait jamais se consoler, c'est qu'elle étoit persuadée qu'elle étoit cause qu'il s'étoit engagé dans le parti de mon père par l'attachement qu'elle avait à la reine, ma grand'mère. » — *Mémoires de* MADEMOISELLE DE MONTPENSIER. MDCCXLVI. Tome IV, p. 322.

(3) L'évêque de Béziers était Clément de Bonsi, qui, dans cette difficile conjecture, resta fidèle à la cause royale.

(4) Archives municipales de Béziers, où sont aussi conservées les Ordonnances du duc de Montmorency et celles du duc d'Orléans pendant le mois d'août 1632. Les trois Ordonnances de la duchesse, signées des Ursins et contresignées du secrétaire Hureau, ont été publiées par JACQUES AZAÏS, dans son travail : *Les Etats de Languedoc, le duc Henri II de Montmorency et l'Edit de Béziers.* — *Bull. de la Soc. arch. de Béziers.* Tome II, p. 79. Année 1837.

breuses : comme son mari, Madame de Montmorency a pu être trompée, comme lui, elle a pu reconnaître son erreur alors « que le saut » était inévitable, et peut-être l'expiation de la faute a-t-elle été pour elle plus cruelle, que pour celui qui la paya de sa vie !

Montmorency arriva à Béziers le 14 août. Le même jour Gaston y entrait à la tête de ses deux mille fantassins. A ce moment le Duc tenta de fléchir Richelieu, et lui offrit de mettre bas les armes ; la réponse fut une déclaration de crime de lèse-majesté (1). Henri était perdu, mais il ne tenait plus à la vie. Malgré les avertissements d'une sainte religieuse de Béziers, Jacquette de Bachelier, qui lui avait adressé, dit la tradition locale, ces paroles prophétiques : « Si vous passez l'Orb, vous êtes mort » (2), Montmorency se porta contre l'armée royale. Tout le monde connaît la fin de cette folle épopée, qui, après les siècles écoulés, passionne encore le Languedoc : le 1er septembre les quelques compagnies

(1) Cette déclaration du 23 août 1632 est datée de Cosne. Le roi y déclare Montmorency criminel de lèse-majesté, déchu de tous grades, dignités et honneurs.

(2) Les principaux citoyens de Béziers qui venaient d'embrasser le parti de Montmorency et de Monsieur avaient consulté la sœur Jacquette sur l'issue des événements. La sainte religieuse se gardait de répondre, donnant pour excuse que les affaires du siècle ne devaient plus la préoccuper. Sur de nouvelles instances, elle prédit la défaite du prince, les grands malheurs qui menaçaient ses partisans et la ville même de Béziers. Emu de ces décourageantes réponses, Montmorency vint lui-même consulter la sainte. « Est-il vrai, lui dit-il, que vous me menacez des plus grands malheurs ? » — « A Dieu ne plaise, Monseigneur, répondit-elle, que je sois assez hardie pour vous menacer, je révère infiniment votre personne, mais je pleure sur votre avenir, car je prévois que votre générosité causera votre perte », et Jacquette ajouta, dans notre idiome populaire : « Se passas l'Orb, sès mort. » — *Vie de Jacquette de Bachelier*. Béziers, Barbut. 1670.

dont il avait le commandement et qui s'étaient réunies à celles de Monsieur, se trouvèrent en présence de l'armée royale dans la plaine de Castelnaudary. Après une heure de combat, il n'était plus question des troupes de Gaston, ces bandes indisciplinées avaient refusé d'en venir aux mains. Montmorency fut pris après avoir reçu dix-sept blessures « qui faisaient vingt-quatre trous dans son corps ».

La rébellion avait misérablement échoué. L'on crut, que pris les armes à la main, le duc de Montmorency serait jugé sommairement et promptement exécuté; une ordonnance avait été même préparée et scellée « pour lui faire couper le col sans forme de procès ». Gaston ayant fait sa soumission, l'ordre fut rapporté. Le Duc fut conduit au château de Lectoure : on espérait qu'il succomberait à ses blessures avant le jugement !

Le 22 octobre, Louis XIII et Richelieu venant de Béziers, où ils avaient par l'Édit de Béziers, détruit à jamais les libertés du Languedoc (1), arrivèrent à Toulouse. Le Duc, conduit par le marquis de Brézé et huit compagnies de cavalerie, y fut amené le 27. Théodore de Nesmond, intendant des finances et surintendant du prince de Condé (2), présenta au roi les lettres supplian-

(1) L'Edit de Béziers, par lequel la Province vaincue entendit son arrêt, fut donné à Béziers le 11 octobre 1632. Révoqué en 1649 sous l'influence des agitations de la Fronde, il fut rétabli par Louis XIV, en 1659 ; mais, depuis 1632, les libertés locales et traditionnelles avaient cessé d'être des réalités en Languedoc.

(2) Théodore de Nesmond, fils du premier président de Bordeaux, magistrat de mérite, esprit fin et délié, intendant de justice et de finance, avait été nommé, en 1631, maître des requêtes et surintendant des affaires du prince de Condé, qui l'estimait et se plaisait à travailler avec lui. Il fut président à mortier à Paris en 1636.

tes de la famille du prisonnier, mais les termes de l'accommodement de la Cour avec Gaston (1) portèrent le dernier coup aux espérances des amis de Montmorency; malgré les universelles supplications, auxquelles Louis XIII mourant se reprocha d'être resté sourd, le dernier Montmorency de la branche ducale fut décapité le 30 octobre, dans la cour intérieure du Capitole, pour avoir été, selon le mot de Richelieu, « le premier des Grands du royaume, mais de l'humeur de ceux qui y avaient vécu depuis cent ans » (2).

D'après les mémoires du temps, c'est le 24 août que le duc de Montmorency avait fait ses derniers adieux à sa femme; cette scène se place à Béziers, où la duchesse était encore le jour de la bataille de Castelnaudary. Sa situation si douloureuse, devint alors doublement critique; elle sentait que son mari n'avait rien à espérer de la clémence de Louis XIII, d'autre part, elle était considérée à Béziers comme complice, et les malédictions, autour d'elle s'élevaient. En vain essaya-t-elle de multiplier

(1) Le sixième article du traité passé entre la Cour et Gaston portait « que le duc d'Orléans ne prendrait aucun intérest à ceux qui s'estoient alliés à luy en ces occasions, pour faire leurs affaires à ses dépens et à ceux de la France, et ne prétendroit pas avoir sujet de se plaindre quand le roi leur feroit subir ce qu'ils méritaient ».

(2) *Mémoires de* Richelieu. — Voici l'épigramme que l'on fit à Toulouse sur l'exécution de Montmorency :

« Ante patris statuam nati implacabilis ira
Occubui, indigna morte manuque cadens.
Illorum ingemuit neuter; mea fata videntis
Ora patris, nati pectora marmor erat. »

« Je tombai devant la statue du père, victime de l'implacable ressentiment du fils, et reçus, d'un bras indigne, une mort indigne de moi. Ni le père, ni le fils ne me plaignirent: les yeux de l'un, le cœur de l'autre étaient de marbre. — Fléchier a cité cette épigramme dans ses *Mémoires sur les Grands Jours d'Auvergne*.

les démarches auprès du roi, il fallut les suspendre, les messagers eux-mêmes, devenaient suspects.

Gaston, qui n'avait pas fait plus preuve de vaillance que d'attachement pour son allié, se réfugia à Béziers, seule ville restée fidèle aux vaincus. Mais l'heure des désillusions avait sonné : le pays comprenait enfin que les intérêts des conjurés n'avaient rien de commun avec les siens; les Biterrois se refusèrent à recevoir ses troupes, ce qui l'obligea à un mouvement offensif. « Il y a eu hier quelque bruit dans Béziers », écrivait, le 18 septembre, d'Hémery à Richelieu, et il ajoute : « Madame de Montmorency et Monsieur se voulaient saisir de la ville, mais le gouverneur en est demeuré le maître » (1). Cet événement détermina le départ précipité de Gaston et de la duchesse, que l'on dut transporter presque mourante dans sa litière; ils s'arrêtèrent à Olonzac (2). Le lendemain, Béziers et sa citadelle capitulaient entre les mains des maréchaux de Vitry et de la Force, lieutenants généraux de l'armée du roi (3). La fuite de Madame de Montmorency avait été regardée à la Cour comme une nouvelle preuve de sa complicité à la rébellion, elle dut refaire le chemin de son calvaire et rentrer à Béziers; à peine y arrivait-elle, qu'un ordre royal lui intima l'ordre de se retirer à la Grange des Prés.

(1) Hémery à Richelieu. 18 septembre 1632. — Affaires étrangères. France. Vol. 803, f° 75.

(2) Olonzac. Arrondissement de Saint-Pons, dans l'Hérault.

(3) L'original de la capitulation de Béziers est conservé aux Archives des Affaires étrangères, France, vol. 803, p. 75. Un autre texte se trouve aux Archives municipales de Béziers dans le certificat délivré par le gouverneur Henri du Caylar à l'un de ses officiers, pour établir qu'il faisait partie de sa troupe et qu'il était compris dans la capitulation.

C'est le 27 septembre (1), que la duchesse rentra dans le domaine des Montmorency ; l'on devine ce que fut ce retour : écrasée par la douleur, sous le coup d'une accusation terrible, la malheureuse femme, sur le passage de laquelle les portes s'étaient fermées et les malédictions avaient retenti, revit, à travers le voile de ses larmes, le cadre charmant de sa vie brisée.

La Grange offrait l'image d'un tombeau, un silence de mort y succédait à l'animation de jadis. Les hommes d'armes n'y avaient pas regagné leur garnison, seuls les domestiques du château accueillirent dans un morne silence leur maîtresse revenant prisonnière d'Etat. Marie-Félice allait passer douze jours à la Grange des Prés (2); ce furent autant d'étapes de son martyre : elle se renferma dès son arrivée dans la solitude, passant, sans doute, de longues heures dans cette chapelle de Notre-Dame des Neiges, où tant de Montmorency avaient prié, et voyant passer, dans ses nuits sans sommeil, les phases du drame qui se déroulait à Toulouse, et dont des messages désolés lui portaient l'écho (3).

Le 30 octobre, à midi, le duc était conduit au supplice; à la Grange des Prés l'on ignorait encore que le dénouement fût si proche, rien n'y distingua cette journée funèbre des autres journées; cependant, Madame de

(1) Rapport de Bullion sur ses négociations avec Monsieur. 27 septembre 1632. — Aff. étrangères. France. Vol. 803, f° 91 v°.

(2) Mme de Montmorency, arrivée à la Grange des Prés le 27 septembre, reçut, huit jours après la mort du duc, l'ordre de la quitter, ce qui fait bien un total de onze ou douze jours.

(3) Le Duc chargeait ceux qui pouvaient l'approcher de touchants messages pour sa femme : « Dis-lui, avait-il recommandé à son chirurgien, que je la prie de pardonner de bon cœur à nos ennemis, et d'oublier les déplaisirs que j'ai pu lui donner tant que nous avons vécu ensemble ».

Montmorency déclara plus tard, qu'elle avait connu par une révélation surnaturelle l'instant où la tête de son époux était tombée; « Dieu me le fit connaître, dit-elle, aussi clairement que si j'avais entendu le coup dont avait été frappé mon mari » (1). Chose étrange, dès qu'elle se crut certaine de son malheur, une résignation inattendue succéda au désespoir; Dieu la soutint dans cette épreuve surhumaine, et, a dit un historien, « après l'avoir fait trembler durant deux mois dans l'appréhension du mal qui la menaçait, il la rendit calme et confiante au delà de toute prévision, dès qu'elle sut que tout était consommé » (2). Dans ces premières heures où cette âme s'enivrait de sa douleur et de son sacrifice, elle prit trois résolutions : la première de pardonner, la seconde de se résigner chaque jour davantage, la troisième de répondre enfin à l'appel mystérieux qui, depuis l'enfance, l'appelait dans un cloître, et elle résolut de se consacrer à Dieu par les vœux de religion. Ces pieux desseins, devaient subir de cruels assauts : les messages de Toulouse se succédaient, relatant les faits qui précédaient la grande journée du 30 octobre, ils ravivaient ses blessures, et souvent les murmures qu'elle s'efforçait de refouler faillirent jaillir de ses lèvres. L'on raconte, — et ce trait est sublime, — qu'en lisant une lettre où étaient rapportés quelques-uns des agissements de Richelieu, et sentant le ressentiment bouleverser son pauvre cœur, elle avait eu ce mot si simplement héroïque : « Il faut que cela meure aujourd'hui ».

Aussi bien cette âme n'appartenait plus à la terre :

(1) Monseigneur Fliche, *Mémoires sur les malheurs, les vertus, etc.* Op. cit.

(2) *Ibid.*

ses serviteurs sachant que le roi la ferait bientôt prisonnière la suppliaient d'envoyer des émissaires à Toulouse pour y porter les pièces de sa justification. « N'allons pas plus loin, répondait-elle, je ne souhaite plus rien de la faveur des hommes, je me remets uniquement entre les mains de Dieu ». Il en fut de même lorsque son intendant, appréhendant l'arrêt de confiscation, vint la supplier de faire mettre en lieu sûr le merveilleux mobilier du château, ses objets personnels, ses bijoux, présents de personnes royales et de ses bonnes villes de Languedoc ; elle refusa, répétant ces admirables paroles : « Je ne veux maintenant, pour tout bien, que la patience et la douleur, je ne crains pas que l'on m'enlève jamais l'une et l'autre ».

La mort du duc de Montmorency dut être connue à la Grange des Prés, le surlendemain de l'exécution. Une ligue de silence fut établie autour de la duchesse ; le domaine semblait plongé dans la stupeur. Dans les premiers jours de novembre, deux religieux capucins se présentèrent aux portes et demandèrent à être introduits ; ils avaient pour mission d'apprendre la vérité à la duchesse. Au moment de la remplir les forces leur firent défaut, ils repartirent sans avoir parlé.

Quelques jours plus tard, un courrier arriva à son tour de Toulouse et remit un message. Lorsque Madame de Montmorency brisa les cachets, il s'en échappa un portrait et deux lettres (1). La première avait été écrite par le duc à la veille de monter sur l'échafaud, elle a été

(1) Ce portrait du duc de Montmorency fut un des rares objets que la duchesse emporta à Moulins ; elle ne s'en sépara que la veille de sa profession religieuse. L'on dit qu'il était à moitié effacé par ses larmes. Nous empruntons tous ces détails et ceux qui précèdent à l'ouvrage de Mgr Fliche, que nous avons cité.

citée par tous les historiens des Montmorency ; c'est l'adieu d'un martyr, tracé dans la paix sereine qui précède la béatitude :

« Mon cher cœur. Je vous dis le dernier adieu avec l'affection toute pareille qui a toujours été entre nous ; je vous conjure pour le repos de mon âme, que j'espère être bientôt dans le ciel, de modérer vos ressentiments et de recevoir de la main de notre doux Sauveur cette affliction. Je reçois tant de grâces de sa bonté, que vous en devez avoir tout sujet de consolation. Adieu, encore un coup, mon cher cœur.

Henry de Montmorency. »

A cette lettre célèbre le Père Arnoux avait joint ces lignes solennelles. Elles ont été souvent citées, mais elles sont ici particulièrement à leur place, puisque c'est à la Grange des Prés qu'elles furent lues pour la première fois par Madame de Montmorency :

« Vous aimiez tendrement votre époux, Princesse ; que votre piété vous console. Je puis vous protester, en présence de Dieu qui sera notre Juge, que la fin de M. de Montmorency a ressemblé à une parfaite union d'amour et de foi avec Jésus-Christ mourant sur la Croix. Le mépris de toute humiliation et de toute affliction, la pratique de toutes les vertus réunies, l'abandon de son esprit et de son cœur à Dieu par un détachement héroïque des créatures, la joie sensible de l'état de grâce, la générosité de son âme tout abîmée en Dieu et pleine en même temps de la pensée paisible et continuelle de sa chère épouse, la charité la plus sincère, la plus vive même pour ceux qui s'étaient déclarés ses ennemis, l'admirable confession et détestation de ses fautes, l'horreur de vivre plus longtemps qui s'alliait à la disposition, s'il l'eût fallu, de souffrir davantage, l'impatience de voir son Créateur, l'assurance d'en jouir le jour même de sa mort dans la claire vue, le langage de l'élu qui va au festin du grand Roi, le souvenir particulier de toutes les personnes de sa maison, l'oubli le plus absolu des délices de sa vie, la plus douce reconnaissance et la plus exquise sensibilité, la plus exacte attention à tous ses pieux exercices, un amour de tous ses devoirs, qui ne saurait être mieux comparé qu'à sa vaillance dans les combats, et la persévérance jusqu'à la fin telle qu'elle est recommandée dans l'Evangile : voilà, Madame, en quelques traits sommaires, ce que j'ai eu sous les yeux pendant trois jours, qui semblaient comme des siècles pour l'auguste patient qui m'était confié. Je n'aurais rien imaginé de semblable, si ce n'est dans les saints martyrs, et je n'aurais pu souhaiter un plus grand bien à votre époux, que celui qui lui a été procuré par la justice humaine, car cette sentence s'est transformée pour lui en plénitude de miséricorde divine.

J'aime à me le représenter au Ciel, dans les bras de Dieu. Il y demande assurément que vous ayez en mes paroles la même créance que vous auriez vous-même acquise, si vous aviez assisté à ce spectacle où la douleur abondait sans doute, mais où les bénédictions de Dieu ont surabondé !

Adorez, Princesse, les célestes volontés dans cet inexprimable événement. Profitez de cette occasion, la plus belle peut-être qu'ait jamais eue une femme de France, pour élever votre cœur au-dessus des consternations de la nature. Conformez-vous aux intentions si présumables de ce mari, qui n'a rien tant appréhendé que votre déplaisir. Et si, par hasard, il lui restait quelque chose à expier (ce que je ne crois pas, tant il a reçu de saintes lumières et de saintes assistances au pied de sa croix), calmez ces peines, qui ne seraient que passagères, par votre patience et votre résignation.

Dans peu de temps vous aurez plus de détails. Mais le ministère que j'ai exercé auprès de celui que vous pleurez est une des grandes grâces que je pouvais recevoir en cette vie. »

Marie-Félice connaissait enfin son sort. Au premier instant la nature reprit ses droits, un cri contre le roi dont l'arrêt implacable avait brisé sa vie, jaillit de ses lèvres : « Peut-on après cela l'appeler juste », murmura-t-elle avec désespoir. Un regard sur le crucifix lui rendit sa résignation : « Mon Dieu, dit-elle, je n'aimais que lui au monde, vous me l'avez enlevé pour que je n'aime que vous ».

La suprême douceur de pleurer en paix fut refusée à la veuve ; huit jours après l'exécution du duc, un exempt des gardes du corps, nommé Arbillot, se présenta à la Grange des Prés ; il portait de la part du roi, à Madame de Montmorency, l'ordre de sortir de la Province et de choisir pour résidence Montargis, La Fère ou Moulins. L'on a prétendu qu'en écoutant cette sommation, Marie-Félice eut un doute terrible : accusée comme son mari de crime de lèse-majesté, était-elle condamnée au même supplice? « Mon Dieu, que veut-on faire de moi », murmura-t-elle, une sueur universelle l'envahit, on la porta sur son lit presque mourante ; quelques heures plus tard son état s'était aggravé au point que l'on se demandait autour d'elle si elle pourrait supporter le moindre mouvement. Un sursis fut demandé à l'exempt. Celui-ci ne répondit qu'en répétant les termes de sa triste mission. Alors, Madame de Montmorency, en fille de deux grandes races, et trouvant dans son âme une force à la hauteur de son infortune, se redressa. « Ces gens, dit-elle, prétendent que leur vie dépend de la prompte exécution du mandat qui leur a été donné, nous ne pouvons pas hésiter à les satisfaire » ; puis elle déclara qu'elle se rendrait à Moulins (1), et donna l'ordre de préparer le départ. Aucune amertume ne devait être épargnée à celle qui, seize ans auparavant, avait franchi la porte de ce domaine aux côtés du premier seigneur du royaume. L'arrêt de confiscation était prononcé sur tous les biens de la Grange, il fallait racheter les objets nécessaires au voyage, et un intendant, s'avançant, déclara que les commissaires du roi n'avaient pas donné une somme suffisante pour vêtir de deuil les serviteurs. La duchesse avait recouvré un calme héroïque ; elle fit faire une rapide démarche pour savoir si son patrimoine personnel était sauvegardé, et si, sur cette somme, elle pouvait emprunter sans scrupule. Sur une réponse affirmative, elle négocia immédiatement avec un de ses officiers, et se fit remettre une légère somme. Alors, dans ce mobilier magnifique, que les connétables avaient réuni dans ce château quasi-royal, dans son trousseau digne d'une reine, elle racheta quelques objets indispensables, et abandonna tout le reste. Puis, ayant remis à l'intendant l'argent nécessaire pour payer le deuil du dernier des Montmorency, elle donna le signal du départ. A cause du triste état de sa santé, on lui avait accommodé un lit dans un carrosse, on l'y transporta doucement. Tous les serviteurs pleuraient. Aux

(1) La duchesse choisit Moulins, comme étant plus éloignée de la Cour. C'est là, qu'après avoir subi une réclusion de deux années dans le château de cette ville, elle entra au Monastère de la Visitation, où elle mourut supérieure, en 1666, après avoir donné l'exemple de toutes les vertus.

premiers cahots les douleurs se réveillèrent si vives, qu'il fallut s'arrêter pour lui permettre de reprendre haleine; puis le lourd équipage se remit en marche et franchit le grand portail. Peut-être à ce moment, malgré ses souffrances et ses angoisses, Madame de Montmorency tourna-t-elle la tête pour voir encore une fois, au travers des grands platanes, la maison de ses jours heureux, dans un dernier adieu à celui qu'elle avait tant aimé (1).

(1) Dans sa nouvelle existence, Madame de Montmorency n'oublia pas le Languedoc. En 1640, au moment où, se préparant à entrer au noviciat de la Visitation de Moulins, elle mettait ordre à ses affaires temporelles, elle signait, le 10 novembre, une procuration à M. de Marimont, représentant d'une illustre famille espagnole établie à Pézenas au XVIe siècle, pour traiter avec le Chapitre de Lodève de la célébration d'un obit pour l'âme de son mari. (Inventaire général des Archives du Chapitre de Lodève. Liasse C, n° 21, case 35).— Le 4 mars 1641, elle fondait également dans la cathédrale de Lodève un obit perpétuel, pour lequel elle faisait don de la somme de 1500 livres pour la châsse de Saint-Fulcrand. (Inventaire général des Archives, etc. Liasse C, n° 22, case 35). — Il est curieux de remarquer que lorsque la duchesse de Montmorency fonde des messes pour l'âme de son mari, elle s'adresse à Lodève et non à Pézenas, où les souvenirs de 1632 étaient encore trop présents; peut-être faut-il y voir un hommage à l'évêque de Lodève, Mgr de Plantavit de la Pause, qui avait soutenu la cause de Montmorency.

CHAPITRE QUATRIÈME

Le Prince Henri II de Condé et le Prince Armand de Conti

Dans la déclaration donnée à Cosne, le 23 août 1632, par laquelle Montmorency, criminel de lèse-majesté, était déchu de tous grades, dignités et honneurs, il était stipulé que toutes ses terres et seigneuries étaient confisquées, et que le duché de Montmorency, désormais éteint, était réuni à la Couronne (1). L'arrêt prononcé à Toulouse impliquait également la confiscation ; mais dès le début du procès, Richelieu avait annoncé que le roi ne s'en prévaudrait pas, et qu'il userait du droit de grâce pour laisser les biens du condamné à ses héritières naturelles, la princesse de Condé, sa sœur, et les duchesses de Ventadour et d'Angoulème, ses demi-sœurs. Le règlement fut prompt : par lettres patentes, enregistrées au Parlement le 9 mars 1633, celles-ci furent mises en possession de la succession de leur frère, Louis XIII se réservait seulement la jouissance de la terre de Chantilly, « à cause des chasses » (2), et celle de Dammartin,

(1) *Mercure français*. T. XVIII, pp. 551, 552.

(2) Comtesse de Clinchamp. *Chantilly*. Op. cit. — A la mort de Louis XIII, Chantilly revint aux sœurs de Montmorency. Condé indemnisa celles-ci, et, par ce moyen, le domaine entier entra dans la Maison de Bourbon.

mais sans les unir à son domaine. Le prince de Condé désira conserver la plupart des biens-fonds, il dut indemniser ses belles-sœurs et payer le douaire de Madame de Montmorency (1). Par cette combinaison, la Grange des Prés passait, avec tant d'autres riches domaines, dans la famille de Bourbon.

Henri II de Bourbon, troisième prince de Condé (2), était né à Saint-Jean-d'Angély, le premier septembre 1588. Un mystère avait entouré son berceau, et c'est dans une prison qu'il avait vu le jour (3). Héritier naturel de Henri IV, il avait joui du rang et des honneurs dus à cette situation, jusqu'au jour où le divorce du roi et son mariage avec Marie de Médicis avaient changé sa destinée. Henri IV retint cependant le jeune prince auprès de lui. C'était alors « un jeune homme de moyenne taille, fortement constitué, d'une figure régulière, mais gauche et nullement galant » (4). Il menait là une vie inoccupée et monotone, lorsque parut à la Cour Charlotte de Montmorency, dernière fille du

(1) Duc d'Aumale. *Hist. des Princes de Condé.* T. III, p. 251.

(2) Henri II de Bourbon était petit-fils de Louis I de Bourbon, frère cadet d'Antoine de Bourbon, roi de Navarre, frère de Henri IV.

(3) Le 5 mars 1588, Henri I de Bourbon avait succombé à un mal subit et inexpliqué. Après sa mort, « les marques du poison sortirent soudain », écrivait le roi à Corisande; les médecins opinèrent pour un empoisonnement. Deux des gens du prince étaient en fuite; un hôtelier qui les avait favorisés fit des dépositions accablantes pour la princesse, qui fut accusée de complicité avec un page nommé Belcastel, son amant, disait-on, qui avait commis le crime afin de l'épouser. Charlotte, arrêtée, resta sept ans étroitement détenue à Saint-Jean-d'Angély. Elle fut mise en liberté, sous caution, en juillet 1595; un arrêt du Parlement de Paris la déclara innocente. — Cf. Hanotaux. *Etudes historiques sur le XVIe et le XVIIe siècle : « L'Enlèvement innocent »*, p. 176.

(4) Duc d'Aumale. *Hist. des Princes de Condé.* T. II, ch. II.

Connétable. L'on connaît les détails de la passion de Henri IV pour celle dont un contemporain a dit qu'elle « avoit esté la beauté, la bonne grâce, et la majesté de son siècle » (1), et les motifs pour lesquels le vieux roi négocia l'union de la belle Charlotte et de Monsieur le Prince (2). Le mariage eut lieu le 17 mai 1609. Mais Henri IV s'était trompé en croyant placer un mari commode auprès de celle qu'il aimait : en face des dangers que courait son honneur, Condé enleva sa femme et s'enfuit avec elle à Bruxelles (3); la douleur du roi fut immense, il allait se porter à de fâcheuses extrémités, et la guerre surgir peut-être de cette aventure d'amour, lorsqu'il tomba sous le couteau de Ravaillac, le 14 mai 1610.

La mort du roi mettait fin à la disgrâce de Condé; il rentra à la Cour, obtint le collier de l'Ordre, de riches dotations, — entre autres le gouvernement de Guyenne, — et commença à faire sa fortune (4). Mais ses démêlés avec la régente et son attitude altière à la Cour amenèrent une nouvelle arrestation, le premier septembre 1616;

(1) *Mémoires de* Lenet. — Sarrasin lui *écrivait, dans ses « Vers irréguliers » :*

« En vous voyant,
On voit dans un tableau
Tout ce que l'Univers a de bon et de beau. »

(2) Mademoiselle de Montmorency avait, dit-on, distingué Bassompierre, et Henri IV avait consenti à cette union; mais le duc de Bouillon se jeta à la traverse et donna au roi l'idée du mariage avec Condé.

(3) La fuite de Condé et de sa jeune femme causa une suite de graves différends entre le roi de France et la Maison d'Autriche. Le pape lui-même était pressé de hâter le retour du prince et de la princesse de Condé « s'il voulait maintenir la paix du monde ». — Cf. Les *Mémoires de* Bassompierre et le *Journal* de l'Estoile.

(4) Condé a été accusé par tous ses historiens d'un attachement extrême à ses intérêts personnels.

sa captivité ne devait finir qu'à la fin de 1619 (1). Ces trois années avaient changé Monsieur le Prince; mûri, fortifié, il allait se montrer sujet docile et fidèle à l'État. Le parti des Grands se couvrant du nom de la reine-mère se préparait à un nouvel effort pour rétablir en France une sorte de féodalité bâtarde; à la tête de l'armée royale, Condé battit les troupes de Marie de Médicis au Pont-de-Cé, le 7 août 1620 : trois jours après, la reine-mère faisait sa soumission. Le vainqueur se retira dans son gouvernement de Berry, tandis qu'il recevait celui du Bourbonnais. Un bonheur plus grand lui était réservé l'année suivante : le 8 septembre 1621, Madame la Princesse mettait au monde celui qui devait s'appeler le grand Condé, et Luynes écrivait à l'heureux père : « C'est un étançon à la couronne de France » (2).

Cependant, la guerre religieuse se rallumait en France, et, vingt-deux ans après l'Édit de Nantes, le Midi voyait renaître les discordes qui l'avaient pendant si longtemps ensanglanté. Condé poussa le roi à la guerre huguenote, et commanda avec succès les opérations dans l'Ouest, mais il fut moins heureux au siège de Montpellier.

Le ressentiment de Richelieu et la répugnance de Louis XIII (3) tinrent Condé éloigné de l'expédition

(1) Il fut d'abord enfermé à la Bastille; la mort de Concini eut pour conséquence un adoucissement à cette captivité, et sa femme, reléguée d'abord à Valery, vint l'y rejoindre. Le 15 septembre 1617, ils furent transférés à Vincennes, où la princesse, après deux couches malheureuses, mit au monde une fille, qui fut la duchesse de Longueville.

(2) Luynes à Condé. 17 septembre 1621. Arch. de Chantilly.

(3) Richelieu était de longue main mal disposé envers Condé, dans lequel il voyait l'auteur ou la cause de tous les échecs qui avaient retardé sa marche ambitieuse. La répugnance du roi remontait haut : Louis XIII se souvenait de l'attitude de Condé

contre La Rochelle; mais la gravité des événements que l'on appréhendait dans le Midi lui obtint des pouvoirs étendus pour aller commander des Pyrénées aux Cévennes, et il mena, de concert avec son beau-frère Montmorency, la campagne contre Rohan, toujours insaisissable. Après la chute de la citadelle du calvinisme, Monsieur le Prince rentra dans sa terre de Montrond, fatigué de sa campagne, et peu chargé de lauriers.

Rappelé à l'activité par l'ordre royal d'aller commander en Guyenne (27 avril 1629), il était campé sous les murs de Montauban, lorsqu'il reçut à la fois l'ordre de suspendre les opérations et la nouvelle de la paix d'Alais (1).

A partir de cette date importante, Condé, sans être associé au gouvernement, fut considéré comme un fonctionnaire en activité de service; il avait un chiffre avec les secrétaires d'État, et le cardinal entretenait avec lui une correspondance assez active; par l'ordre de ce dernier, il dut se rendre en Provence pour l'organisation financière, qui devait, comme en Languedoc, susciter des troubles profonds. Dès lors, les événements se précipitent : la reine est exilée, Monsieur s'enfuit de la Cour et lève contre le roi l'étendard de la révolte, Montmorency, pour sa perte, lui ouvre le Languedoc.

Le sort épargna à Condé l'odieux de marcher contre son beau-frère; pendant que Schomberg suivait les

envers le projet des « mariages espagnols », de son silence aux Etats Généraux de 1614, et l'affaire de Marsillac n'était pas oubliée. L'on a aussi prétendu qu'à la naissance du duc d'Enghien, Louis XIII, alors sans enfants, avait ressenti une jalousie profonde.

(1) Tous les détails de cette expédition sont rapportés au tome troisième de l'*Histoire des Princes de Condé*, par le DUC D'AUMALE.

armées de Gaston, Monsieur le Prince fut chargé de maintenir l'ordre dans le centre de la France, et l'on sait que des lettres pressantes furent adressées par lui à Louis XIII, en faveur du vaincu de Castelnaudary (1).

La possession des biens de Montmorency plaçait Condé à la tête d'un État des plus considérables. Toutefois, ce ne fut qu'après beaucoup de soins, et par l'application de ses réelles aptitudes pour les affaires, qu'il put débrouiller l'écheveau des procès, emprunts, transactions et revendications, conséquences de sa nouvelle fortune (2).

Pour ce qui touche la Grange des Prés, nous trouvons, dès le 3 décembre 1633, un acte de protestation adressé aux consuls de Pézenas par le procureur fondé du prince, contre « le compéziement et allivrement » des biens de ce domaine, en d'autres termes, contre les impositions, dont les administrateurs de Pézenas prétendaient charger la Grange, en la déclarant bien roturier (3). Au même moment, Condé, toujours par un

(1) Lettre de M. de Nesmond à Condé. Montpellier, 30 septembre 1632. Arch. de Chantilly. — A son lit de mort, Louis XIII appela le prince de Condé et lui exprima, avec des sanglots, ses regrets pour la condamnation de Montmorency.

(2) Il avait fallu se défaire de quelques terres, de l'hôtel de Montmorency, situé à Paris, rue Sainte-Avoye, et vendre les tableaux, meubles et tapisseries qui y étaient réunis.

(3) Cet acte fut reçu par André Faugères, notaire de Pézenas, le 3 décembre 1633. (Arch. mun. de Pézenas. Layète 2, liasse 2, charte 19). — La nobilité de la terre de la Grange donna lieu à de longs procès, et ne fut définitivement établie qu'en 1667. — Compésier signifiait inscrire une terre au compois; l'allivrement était la somme à laquelle le revenu net imposable était fixé pour l'assiette de la contribution foncière. — Cf. Le « *Recueil de Loix et autres pièces relatives au droit public et particulier de la Province de Languedoc en matière de nobilité ou roture de fonds de terre* ». Paris, chez Vincent, imprimeur-libraire des Etats Généraux de Languedoc. MDCCLXV.

regrettable attachement à ses intérêts, réclamait, en sa qualité d'héritier du duc de Montmorency, les sommes considérables qui n'avaient pas été votées en faveur de ce dernier aux États de 1632 (1). L'Assemblée eut le courage de repousser cette inconvenante prétention; Monsieur le Prince n'en visita pas moins, quelques mois plus tard, son nouveau domaine. Pézenas portait encore le deuil de la famille illustre qui depuis tant d'années avait été la cause de sa prospérité; le deuil aussi de sa vieille forteresse, dont quelques pans de murs démantelés rappelaient seuls la répression royale (2).

La Grange des Prés, privée de ses maîtres depuis près de deux années, offrait l'aspect de l'abandon. Le Prince s'y installa et commença aussitôt quelques travaux d'embellissement. Il restaura l'antique sanctuaire de Notre-Dame des Neiges, et fit peindre ses armoiries sur un cadran solaire placé dans « la troisième cour », où s'élevait la chapelle (3). Il y résidait encore au commen-

(1) Condé réclamait, comme héritier du duc de Montmorency : « 53.000 livres, dont 33.000 pour la gratification que la Province faisait tous les ans au dit seigneur, 10.000 livres pour les ustensiles de la compagnie des gens d'armes du dit seigneur duc, et 10.000 livres pour divers frais. » « Le prince fut supplié de tenir le pays déchargé des dites sommes, les dites sommes ayant été remises dans l'épargne. » — Arch. de la Haute-Garonne. Registre C, 2301, f° 158.

(2) Par brevet donné par Louis XIII, les matériaux provenant de la démolition du château avaient été octroyés aux habitants de Pézenas pour réparer l'église paroissiale et pour achever la construction de l'hôpital.— Arch. mun. de Pézenas. Layète 8, liasse 1, charte 10.

(3) Ms. Poncet. La dénomination de Notre-Dame de Liesse pour désigner la chapelle de la Grange des Prés n'apparaît dans les Mémoires du temps qu'au moment de la restauration exécutée par le prince de Condé. Or nous savons que ce prince avait une grande dévotion à N.-D. de Liesse, sanctuaire fondé en 1620, à

cement de l'année 1634, car nous possédons une lettre datée de ce domaine, dans laquelle, répondant à sa principale préoccupation, il mandait à l'un de ses agents, M. de Lhommeau : « hastés le jugement de mes procès, et m'en mendés le suxcès » (1).

Pendant les années suivantes, Monsieur le Prince resta éloigné du Languedoc ; on le voyait plus souvent à la Cour et dans ses gouvernements, à Moulins, à Bourges, et surtout en Bourgogne, qu'il défendit contre l'invasion des Impériaux (2), et où il s'appliqua, par une sage administration, à réparer les maux de la guerre.

L'année 1638 vit son retour dans nos provinces.

La lutte pour la prépondérance navale entre le roi catholique et le roi très chrétien obligeait alors Richelieu à une nouvelle organisation des armées ; la tactique espagnole cherchait à se ménager un débouché dans le Languedoc par le Roussillon. Condé parut au ministre l'homme de la situation, et, le 17 mars, il fut nommé commandant supérieur en Guyenne, Languedoc, Navarre, Béarn et Foix. Laissant le gouvernement de Bourgogne à son fils le duc d'Enghien (3), Monsieur le Prince dirigea

Maubranche, près Moulins, et situé dans son gouvernement de Berry. Au sortir de son long emprisonnement, un de ses premiers soins avait été de s'y rendre, et d'y offrir en ex-voto une petite statue en or ; il est possible que le prince ait voulu donner le même vocable au sanctuaire du domaine devenu sa propriété.

(1) Condé à M. de Lhommeau. Pézenas, le 9 avril 1634. Arch. de Chantilly. — Les Condé n'ont jamais possédé d'immeuble dans la ville de Pézenas. Les lettres de M. le Prince datées de ce lieu ont été écrites de la Grange des Prés, appelée alors communément « la Grange de Pézenas ». C'est l'opinion du DUC D'AUMALE, qui le fait remarquer expressément, à la note 5 de la page 454 du T. III de l'*Histoire des Princes de Condé*.

(2) 1635-1636.

(3) Louis de Bourbon, duc d'Enghien, avait été élevé par les

cette campagne, dite de Roussillon, qui, avec des alternatives de succès et de revers, ne fut pas favorable à la France (1).

Pendant la durée de ces opérations, la Grange des Prés avait vu Condé revenir plusieurs fois dans ses murs. Nous savons, par divers documents, qu'il y était en avril et en août 1639. Le premier, comprend une ordonnance aux consuls de Limoux au sujet de fournitures de pains de munition « en paste et cuits », et quelques autres instructions pour l'intendance des vivres de l'armée de Roussillon (2). Le second est une lettre au secrétaire d'État de Noyers (3), violent réquisitoire contre Barry de Saint-Aunais, gouverneur de Leucate, que le prince poursuivait d'une haine violente (4). Une missive,

Jésuites de Sainte-Marie, à Bourges, puis à l'Académie royale, à Paris. Il prit possession du gouvernement de Bourgogne au moment où son père fut désigné pour commander l'expédition en Roussillon.

(1) Le seul succès fut la prise de Salces (19 juillet), dont les Espagnols se rendirent de nouveau maîtres peu après.

(2) Ordonnance du prince de Condé, premier prince du sang, premier pair de France, gouverneur et lieutenant général pour le roi en Bourgogne, Bresse et Berry, et commandant pour Sa Majesté en ses armées et provinces de Guyenne, Languedoc, Béarn, Navarre et Foix, contresignée Perrault, et datée de la Grange, 16 août 1639. — Arch. de Chantilly.

(3) François Sublet de Noyers, né en 1578, premier commis des finances, en 1624, fut donné au cardinal par son parent La Motte-Houdancourt, évêque de Mende; devint intendant des finances, surintendant des bâtiments du roi et secrétaire d'Etat au département de la Guerre, en 1636. Très obséquieux, il passait pour jaloux et hypocrite. Dévoué, en apparence, à Condé, il était prêt cependant à l'abandonner au premier souffle défavorable. Il fut disgracié après la mort de Richelieu, se retira de la Cour vers 1643, et mourut à Dangu, le 20 octobre 1645.

(4) Condé à de Noyers. Pézenas, 23 août 1639. Arch. de Chantilly.

datée du même jour, avait un plus agréable objet : vers le milieu d'août, l'on avait appris à Dijon, où nous avons vu le duc d'Enghien succéder comme gouverneur à son père, que le roi allait parcourir la Province. En cette conjecture, le jeune prince, privé des conseils de son père, retenu dans le Midi, avait eu recours à ceux du secrétaire d'État Chavigny (1). Celui-ci, charmé par « l'esprit net et vif, le bon sens, l'autorité, le mérite du jeune gouverneur », avait écrit à Condé : « Je vous assure sans flatterie que ce sera un des plus honnestes hommes du monde » (2), et Monsieur le Prince d'écrire de la Grange : « Je ne vous sçaurois assés remercier de l'honneur que vous me faites de vouloir prendre la peine de donner vos avis à mon fils pour sa conduite durant le séjour du roy en Bourgogne ; c'est une des grandes obligations que je vous puisse avoir que vous adjoustés à mille autres que je vous ay desja » (3). Aidé ou non des conseils de Chavigny, Monsieur le Duc avait reçu le souverain, avec un tact et une grâce qui lui avaient valu les louanges de toute la Cour, y compris celles du cardinal (4).

Un nouveau lien allait rapprocher Condé de la Grange : Aux fins d'entretenir de nouvelles troupes pour le grand effort contre l'Espagne, Louis XIII se détermina, en 1639, à aliéner, pour un temps, quelques-uns de ses domaines. Le comté de Pézenas fut de ce nombre ;

(1) Léon, comte de Chavigny et de Buzançais, né en 1608, dévoué, actif, intrigant, très apprécié de Richelieu ; fut conseiller d'Etat, secrétaire d'Etat, et eut les Affaires étrangères, en 1632 ; il mourut le 11 octobre 1652.

(2) Chavigny à Condé, 23 août 1639. Arch. de Chantilly.

(3) Condé à Chavigny, Pézenas, 23 août 1639.

(4) Richelieu à Condé, Chalon-sur-Saône, 4 septembre 1639. Arch. de Chantilly.

Condé se porta acquéreur ; elle lui fut adjugée « pour en jouir lui et ses hoirs, au titre d'engagement », au prix de 71.430 livres. La prise de possession eut lieu le 3 mars 1640 : au nom du prince, Jean de Veyrac, son procureur fondé, reçut « le bail des clefs de Pézenas », en présence des consuls des autres lieux du comté (1).

Dès lors, les séjours de Condé à la Grange des Prés sont plus longs et plus fréquents. Quelques auteurs ont avancé qu'il y aurait amené ses trois enfants et Madame la Princesse, cette supposition est peu fondée : l'on sait que Charlotte de Montmorency, mariée par devoir, avait toujours éprouvé plus de crainte que d'amour pour cet époux, dont la séparaient des différences de goûts et d'habitudes ; le souvenir de vieux griefs, — elle n'avait pas été, croyait-il, tout à fait indifférente aux hommages d'Henri IV, — l'avaient rendu irritable et jaloux, ils vivaient constamment séparés (2). Quant au duc d'Enghien, il était systématiquement éloigné du Languedoc par Monsieur le Prince, et, lorsque pendant la campagne du Roussillon, il avait demandé à venir combattre, ce dernier et Richelieu s'étaient ligués contre une entreprise qui eût pu faire échouer le projet de mariage que l'un et l''autre caressaient depuis longtemps (3). Mademoiselle

(1) Le prix exact était de 71.430 livres, plus 3.570 livres 10 sols pour la levée d'icelles. (Archives du château de Léran (Ariège). Liasse 82, n° 12, et Arch. de l'Hérault. Documents et Inventaires complémentaires. T. VIII). — Le comté de Pézenas comprenait, outre celle ville, les châtellenies de Cessenon et de Cabrières, les villes de Montagnac, Servian, Saint-Thibéry.

(2) Lenet rapporte que Mme la Princesse, dans ses dernières années, se plaisait à rappeler ses souvenirs du temps de la passion du roi. — *Mémoires de* LENET, p. 230.

(3) Le projet d'union entre le duc d'Enghien et Claire-Clémence de Maillé, nièce de Richelieu, était arrêté depuis 1633, date à laquelle le roi l'avait approuvé.

de Bourbon, récemment sortie des Carmélites de la rue Saint-Jacques, partageait son temps entre l'hôtel de Condé, le Louvre, le palais Cardinal et l'hôtel de Rambouillet, dont elle était le suprême ornement; enfin, le prince Armand de Conti poursuivait, à cette époque, ses paisibles études de théologie et de philosophie à Bourges, sous la direction du Père De Champs, en vue, croyait-on, de son entrée prochaine dans les ordres (1).

En 1640, nous retrouvons Condé à la Grange aux mois de juin, d'octobre et de novembre. Il y date des instructions sur les mouvements et ravitaillements de ses troupes (2), qui, malgré tant d'efforts, devaient échouer contre les Espagnols en Roussillon. Mais l'objet principal de ses préoccupations est son fils aîné, fiancé depuis le mois de février à la nièce du cardinal, et qui faisait ses premières armes à l'armée de Picardie. « Je vous suis trop obligé de vos bonnes volontés envers mon fils », écrit-il le 18 juin à de Noyers (3); et, le même jour, à Chavigny : « Je ne pouvais pas recevoir de plus agréable nouvelle que celle qu'il vous a pleu de m'escrire, que le Roy et Monsieur le Cardinal estoient contents de la conduite de mon fils à l'armée. Dieu lui fasse la grâce de continuer et d'agréer à Monsieur le Cardinal qui est le plus grand contentement que je sçaurois avoir » (4). Que l'on nous pardonne de multiplier ces citations, rien ne semble indifférent lorsqu'il s'agit de celui dont on a

(1) Ce n'est qu'en 1644 qu'Armand de Conti soutint sa thèse de philosophie.

(2) Condé à Chavigny et Imbert. Pézenas, 12 juin 1640. Arch. de Chantilly.

(3) Condé à de Noyers. Pézenas, 18 juin 1640. Arch. de Chantilly.

(4) Condé à Chavigny. Pézenas, 18 juin 1640. Arch. de Chantilly.

pu dire « qu'il a honoré la Maison de France, tout le nom Français, son siècle et l'humanité tout entière » (1).

Monsieur le Prince quitta le Languedoc en juillet; il revint à Pézenas à la fin d'octobre, pour y ouvrir, le 6 novembre, les séances des États, en qualité de commissaire du roi (2). Ce n'est pas sans tristesse, qu'on lit le discours prononcé par le prince onze ans après l'exécution de Montmorency et le partage de ses dépouilles, dans cette salle de l'hôtel de ville, où, pour la dernière fois, les États de Languedoc avaient siégé armés de leurs séculaires privilèges; tout en s'inclinant devant la grandeur de l'œuvre de Richelieu et la splendeur des résultats, l'on ne peut s'empêcher de regretter que l'esprit de famille n'ait modéré les termes dans lesquels Condé félicita la Province « de ce qu'elle demeurait entière dans ce qui lui était le plus cher » (ses franchises et ses privilèges), et prononça l'éloge « du bon succès des affaires publiques, et de la conduite miraculeuse de Mgr le Cardinal » (3).

L'Assemblée ne se plaignit pas moins de différentes infractions à l'édit de Béziers (4), et tenta de résister

(1) Bossuet. Oraison funèbre de Louis de Bourbon, prince de Condé.

(2) Condé écrivait, le 5 novembre, à de Noyers : « J'ouvriray demain les Etats ». Pézenas, 5 novembre 1640. Arch. de Chantilly. — Nous possédons encore des lettres écrites de la Grange par Condé, en 1640, à monsieur de Noyers, à M. de la Vrillière, au comte d'Espenan, au président Cassion, au parlement de Pau, aux Jurats de Bordeaux; leur intérêt administratif ou militaire est secondaire. Elles proviennent toutes des Archives de Chantilly.

(3) Procès-verbaux des séances et délibérations des Etats de Languedoc. Registre C. 2303, f° 70. Arch. de la Haute-Garonne.

(4) L'Edit de Béziers, par lequel, le 11 octobre 1632, Louis XIII avait enlevé à la province de Languedoc ses franchises et privilèges, fut révoqué en octobre 1649, sous l'influence des agitations de la Fronde.

pour le vote de certains subsides; mais, inspirée par « l'esprit nouveau », elle vota impositions et gratifications, et fit peut-être savoir au roi, comme en 1636, « que tout s'était fait de la meilleure grâce du monde » (1).

Les États se séparèrent le 3 décembre. Le 5, Condé était encore à la Grange, ainsi qu'en témoigne sa lettre de ce jour au parlement de Pau (2); il ne devait y revenir qu'au mois de juillet de l'année suivante. C'est dans cet intervalle qu'eut lieu à Paris, le 17 février 1641, le mariage du duc d'Enghien avec Clémence de Maillé. Triste union (3), si désirée par Monsieur le Prince, en dépit des souvenirs que le temps n'avait encore pu atténuer (4).

(1) Rapport de Schomberg à Richelieu, 29 décembre 1636. Aff. étrang. Pet. fonds, Languedoc, N° 1628, f° 384.

(2) Condé au parlement de Pau. Pézenas, 5 décembre 1640. Arch. de Chantilly.

(3) L'on sait que le duc d'Enghien était amoureux de Marthe du Vigean, fille de François Poussart, baron du Vigean, mestre de camp. Le sentiment du prince était partagé. Mademoiselle du Vigean entra en religion en 1647, fit profession en 1649, et mourut aux Carmélites en 1665. Quant à Mademoiselle de Brézé, Monsieur le Duc ne vécut pas avec elle et forma, aussitôt après le mariage, le dessein de la répudier. Il protesta contre la violence qui lui avait été faite par son père et contresigna cette protestation par un acte notarié, revêtu de toutes les formes légales.

(4) Une enfant de douze ans avait conservé plus vif, un ressentiment qui eût dû rester une tradition de famille : La princesse Hélène de Ligne, née Massalska, dans ses délicieux Mémoires, écrits vers 1771, à l'Abbaye-aux-Bois, raconte qu'une de ses compagnes, Madeleine-Angélique de Montmorency-Luxembourg, fit à l'Abbesse, Madame de Richelieu, qui lui disait, dans un moment où l'enfant montrait de l'entêtement : « Lorsque je vous vois ainsi, je vous tuerais », cette fière réponse : « Ce ne serait pas la première fois que les Richelieu auraient été les bourreaux des Montmorency ». — Lucien Perey. *Une grande Dame au XVIIIe siècle*. Calman-Lévy, Paris, 1892.

C'est la pensée du jeune ménage qui le poursuit à son retour : l'on sait que Condé avait sur l'autorité paternelle des idées étrangement despotiques et absolues. Dès le jour des fiançailles du duc d'Enghien avec la nièce de Richelieu, il avait en quelque sorte remis ses droits à l'oncle tout puissant. « Il est votre créature, faites de lui ce que vous voudrez » (1), écrivait-il au ministre, le 24 juin. Dès son arrivée à la Grange, ses sentiments se manifestent plus vivement; sous la tyrannie mesquine et journalière du cardinal, Monsieur le Duc avait tenté quelque résistance (2) ; de là, colère paternelle et remontrances réitérées. « Que Monsieur le Cardinal use d'autorité », écrit-il à Chavigny (3). Durant tout l'été, ce despotisme pèsera non seulement sur Monsieur le Duc, mais sur sa jeune femme : en septembre, on apprend, à la Grange, que Richelieu a envoyé son neveu aux eaux de Forges, et qu'au retour celui-ci se propose de rejoindre sa femme. « Ce serait son grand bien qu'il s'en retournât près Monsieur le Cardinal » (4), écrit aussitôt Condé. En octobre, il reçoit de son fils la nouvelle que, Richelieu lui ayant commandé de s'en aller à Merlou, la duchesse y a contracté la petite vérole, et qu'il envoie un messager pour en avertir le cardinal (5) ; Condé

(1) Condé à Richelieu. 24 mai 1641. Arch. de Chantilly. — « Le cardinal les allait-il malmener s'ils ne se fussent bien réduits », a écrit TALLEMANT. *Historiettes :* Condé et sa femme.

(2) Richelieu avait réglé l'existence de son neveu jusqu'à lui imposer les domestiques de son choix et fixer le nombre de jours qu'il devait passer dans ses différentes résidences.

(3) Condé à Chavigny. Pézenas, 8 juillet 1641. Arch. de Chantilly.

(4) Condé à Chavigny. Pézenas, 30 septembre 1641. Arch. de Chantilly.

(5) Monsieur le Duc à son père. Merlou, 16 octobre 1641. Arch. de Chantilly.

dispose cette fois avec la même facilité de la bru que du fils : « Je seray bienheureux, dit-il, quand j'auray veu Monsieur le Cardinal et qu'il aura pleu régler la conduite et le train de mon fils et de ma belle-fille », et, avec son sans-gêne accoutumé, il rédige d'avance le règlement de la jeune duchesse, « qui vivra lors par régle et régime, sans se lever après-midi, ne se coucher qu'à une heure, disner à trois heures, et souper entre dix et onze, et ne la laisser jamais manger à sa place » (1).

Tous ces actes répondaient à cette phrase écrite, en avril, à Chavigny : « Mon fils doit obéir à Monsieur le Cardinal en tout, comme à son pére ou comme à son maistre ; je le veux ainsi » (2).

Les États s'ouvrirent à Pézenas le 6 septembre ; jusqu'au 29 du même mois, ils poursuivirent leurs séances dans l'ordre accoutumé (3). Après la clôture, Condé, le 8 novembre, quitta la Grange pour aller à Paris commander en l'absence du roi ; il ne devait plus revenir en Languedoc.

Pézenas avait contracté envers lui plusieurs dettes de reconnaissance : Pendant ses différents séjours, le prince avait encouragé l'agriculture, en particulier la culture de l'olivier ; il avait réglé les heures de travail des artisans et le montant des salaires ; l'extension de l'élevage des bêtes à laine sur le terroir de Pézenas étant devenu la cause d'abus et de dommages, il avait publié une ordonnance par laquelle tous « les parreguiers avaient à vider leurs troupeaux du terroir », sous peine

(1) Condé à Chavigny. Pézenas, 28 octobre 1641. Arch. de Chantilly.

(2) Condé à Chavigny. Valery, 23 avril 1642. Arch. de Chantilly.

(3) Procès-verbaux des Etats de Languedoc. Registre C. 2304, f°s 1 à 45. Arch. de la Haute-Garonne.

d'amendes et de confiscation. Disons en passant que, par cette ordonnance, les troupeaux de la Grange des Prés étaient maintenus, la quantité en était seulement limitée à six cents bêtes pour le fermier et cent pour le berger (1). Il avait aussi amélioré le sort de la maison de l'Oratoire et celui de l'hôpital (2). Enfin, il avait échangé avec les consuls, le 27 octobre 1641, la reconnaissance de leurs mutuels privilèges (3), et obtenu certaines « reconnaissances » pour les biens dont plusieurs seigneurs jouissaient « sous sa directe » (4).

Pendant que Monsieur le Prince prenait le commandement des provinces entre la Seine et la Loire, Louis XIII, résolu à porter ses principaux efforts du côté des Pyrénées, partit, le 29 janvier 1641, pour se rendre devant Perpignan, qu'il faisait bloquer depuis le mois de décembre précédent. Accompagné du cardinal, il s'avança par le Rhône, et arriva le 8 mars à Pézenas (5). Quelques jours plus tard il était devant la ville assiégée, mais

(1) Ordonnance du 30 novembre 1640. Layète 9, liasse 6, charte 15. Arch. mun. de Pézenas.

(2) Lettre du 16 mai 1643. Layète 7, liasse 1, charte 14. Arch. mun. de Pézenas.

(3) Le 27 octobre 1641, il avait arrêté avec les consuls des articles par lesquels, à la première réquisition, ces derniers devaient passer en sa faveur une reconnaissance de tous les biens et droits contenus aux reconnaissances faites au roi, en 1502 et en 1540, et le prince avait confirmé tous les droits, titres, privilèges et exemptions que les consuls et habitants avaient précédemment obtenus de la royauté. — Arch. mun. de Pézenas. Layète 8, liasse 1, charte 17.

(4) Assignation, à la requête du prince de Condé, comte de Pézenas, à noble Pons-Pierre de Thésan, baron d'Olargues, en reconnaissance des biens qu'il jouit dans la directe du prince. — Arch. de Léran, 22 et 29 mars 1642. Liasse 82, N° 13.

(5) Le roi logea, à Pézenas, dans la maison de Jean de Veyrac, baron de Paulhan, capitaine du comté et châtelain de Pézenas.

Richelieu avait dû s'arrêter à Narbonne : atteint d'une fièvre violente, cloué sur un lit de douleur, couvert de plaies, presque en décomposition, le ministre était, en outre, aux prises avec toutes les tortures morales : les intrigues ambitieuses de Cinq-Mars faisaient parler sans mystère de disgrâce, le péril était imminent pour sa vie et pour son pouvoir. Dans cette effroyable conjoncture, Richelieu fit appel au neveu, qui, oubliant tant de mesquine tyrannie, vint faire face à la crise. « J'ay receu une lettre de Monsieur le Cardinal, par laquelle il me mande d'estre auprès de luy, à Narbonne, le 15 avril » (1), écrit de Dijon Monsieur le Duc à son père. Bientôt, dans l'entourage du ministre, le duc d'Enghien seul garde son sang-froid, il prépare en secret le retour à Paris. A ce moment, la Grange des Prés faillit rouvrir ses portes à un hôte imprévu : l'itinéraire comprend Béziers et Pézenas ; Monsieur le Duc en informe son père, et il ajoute : « Monsieur le Cardinal se porte mieux et va demain à Pézenas ; j'ay retenu icy La Roussière (2), pour vous mander l'estat auquel il sera, quand il sera arrivé à la Grange. Je vous puis asseurer que je suis aultant bien avec luy que je le puisse souhaitter » (3). Or huit jours ne se sont pas écoulés que Monsieur le Duc mande à son père : « J'ay retenu La Roussière jusque icy, pour vous informer au vray de la résolution des choses ; à cet heures qu'elle est prise je vous le renvoie en diligence, mais je vous supplie de brûler ma lettre et ne la montrer à personne. Monsieur le Cardinal partit il

(1) Mr le Duc à son père. Dijon, 1642. Arch. de Chantilly.

(2) Ecuyer du prince de Condé, conserva les mêmes fonctions auprès du duc d'Enghien.

(3) Mr le Duc à son père. Narbonne, 26 mai 1642. Arch. de Chantilly.

y a quatre ou cinq jours de Narbonne et vint en deus jours à Béziers.... il fit mine de venir à Pézenas et tout d'un coup est venu à Agde, où il doit demain s'embarquer pour de là aller à St-Privas » (1). Quel motif avait pesé sur l'esprit de Richelieu pour le brusque changement de son itinéraire? Monglat assure qu'il marcha d'abord dans l'incertitude du lieu où il irait, en sorte que le soir on ne savait où on coucherait le lendemain » (2). A la veille de l'exécution de Cinq-Mars, Richelieu avait-il craint de voir se dresser, au seuil de la Grange, l'ombre sanglante de Montmorency?

Après avoir, pour la dernière fois, frappé « pour le salut de la nation (3), le ministre rentra au palais Cardinal le 28 novembre; le 4 décembre il descendait dans la tombe; Louis XIII l'y suivait le 14 mai suivant.

A la mort de Richelieu, Condé avait été confirmé dans sa charge de grand-maître et nommé chef du conseil. Il avait opiné pour la régence d'Anne d'Autriche et pour l'élévation de Mazarin à la charge de premier ministre; ce dernier ne se montra pas reconnaissant : après la mort du roi, il refusa à Monsieur le Prince l'amirauté que celui-ci demandait pour le duc d'Enghien (4), et lui reprocha le retour de Chantilly à sa famille, retour légitime, prévu formellement par le roi défunt (5); on alla

(1) Mr le Duc à son père. Agde, 4 juin 1642. Arch. de Chantilly.

(2) *Mémoires de* MONGLAT.

(3) Cinq-Mars et de Thou furent décapités à Lyon, le 12 septembre 1642.

(4) Mr le Duc demandait l'amirauté, comme héritier de Brézé, son beau-frère, et de Henri de Montmorency, son oncle, qui avaient tous deux possédé cette charge.

(5) En 1633, il avait été formellement stipulé par Louis XIII qu'il conservait dans la succession de Montmorency la jouissance de Chantilly, mais sans l'unir à son domaine, afin qu'à sa mort il

jusqu'à soupçonner son dévouement. Découragé, il faillit rompre avec la Cour, et se retira à Valery. Ses dernières années se partagèrent entre Dijon, Chantilly et quelques séjours à la Cour de la régente. En juin 1645, les infirmités commencèrent à se faire sentir ; il mourut le 26 décembre 1646, laissant, malgré les défauts qui furent communs à son temps, la mémoire d'un prince zélé pour la religion (1), et, comme l'a dit l'impartial Monglat, « d'un grand esprit et d'un grand politique, bien intentionné pour la grandeur de l'État » (2).

Quelques heures avant d'expirer, Condé avait dicté son testament : Madame la Princesse eut l'usufruit de tous les biens apportés par elle à la communauté ; la Grange des Prés faisait partie de cet apport. Quant au comté de Pézenas, elle en fut l'administratrice jusqu'en 1651. Une pièce que nous avons sous les yeux nous la montre tenant d'une main ferme les rênes de son petit gouvernement, réglant la nomination des consuls (3), réprimant les abus (4), et faisant renouveler les « recon-

revint aux héritiers naturels du duc. En 1656, nous retrouverons Mazarin contestant à nouveau Chantilly au grand Condé.

(1) Nous citons à l'appui cette lettre qu'il adressait au grand Condé, alors au siège de Thionville : « Confessés vous souvent, oiés tous les jours la messe, servés d'exemple à l'armée de dévotion au Saint Sacrement, le visitant souvent, quand il est exposé ». 18 juillet 1643. — Arch. de Chantilly.

(2) *Mémoires de* MONGLAT.

(3) Lettre escripte le 30 avril 1649 par Madame la princesse de Condé, comtesse de Pézenas, en faveur de Monsieur François Borrier, docteur en médecine, pour la charge de premier consul du lieu. Publiée par l'ABBÉ DELOUVRIER. Histoire de Pézenas. Montpellier, Grollier, 1900.

(4) Acte par lequel Madame la princesse douairière de Condé ordonne que, sur les plaintes de plusieurs habitants de Pézenas, et vu les usurpations faites à ses droits dans le comté de ce nom,

naissances dans l'étendue du comté (1). A sa mort, c'est au cadet de la famille, Armand de Bourbon, prince de Conti, que devait échoir et le domaine familial et le comté, au titre d'engagiste (2); la Grange des Prés, qui n'avait été pour Monsieur le Prince qu'un lieu de passage, allait être pour son fils la retraite la plus chère, et, enfin, le lieu suprême de l'entrée dans le grand repos.

Armand de Bourbon, prince de Conti (3), comte de Pézenas, baron de la Fère en Tardenois, seigneur de l'île Adam, était né à Paris dans l'hôtel de Condé, le 11 octobre 1629. Il avait été tenu au baptême par le cardinal de Richelieu, dont il portait le nom, et, rapprochement pathétique, par la dernière duchesse de Montmorency (4).

il sera procédé à un nouveau règlement de reconnaissances. Signification de cet acte à M. le baron d'Olargues, le 31 octobre 1649. — Archives de Léran. Liasse 145, n° 3.

(1) Commission donnée au sieur Lauret par la princesse Charlotte-Marguerite de Montmorency, princesse douairière de Condé, veuve de Mgr Henri de Bourbon, prince de Condé, premier prince du sang, pour faire renouveler les reconnaissances dans toute l'étendue du comté de Pézenas. 20 septembre 1659. Archives de Léran. Liasse 154, n° 15. — La date de 1659 est fausse, la princesse de Condé étant morte le 2 décembre 1650. Il faut lire: 1649.

(2) En février 1651, à sa sortie de la prison du Havre, deux mois après la mort de sa mère, Armand de Conti fit savoir aux consuls de Pézenas qu'il héritait du comté. (Arch. mun. de Pézenas). — Le prince recevait aussi Bagnols, au diocèse d'Uzès, terre qui avait été acquise par Henri I de Montmorency.

(3) En 1511, la maison seigneuriale de Conti était entrée dans celle des Montmorency, par le mariage de Ferry de Mailly, baron de Conti, avec Louise de Montmorency, sœur du connétable Anne. De cette union étaient nés trois enfants, dont Madeleine, dame de Conti, qui épousa Charles, sire de Roye et de Muret, dont elle eut, en 1535, une fille, Eléonore; celle-ci porta la seigneurie de Conti dans la maison de Bourbon, par son mariage avec Louis I, prince de Condé, le 22 juin 1551.

(4) Madame de Montmorency, après ses malheurs, n'oublia pas

Le jeune prince avait passé ses premières années dans le gouvernement de Berry, apanage de son père, il avait été ensuite envoyé à Paris et placé chez les Jésuites, au collége de Clermont, rue Saint-Jacques, où étudiaient la plupart des fils de la noblesse. Tout le monde connaît la légende de l'amitié d'Armand de Conti et de Molière au collége de Clermont, légende que l'examen des dates détruit aisément (1); ce qui est certain, c'est que le prince écolier fit chez les Jésuites de très fortes études, et y acquit une instruction bien supérieure à celle qui était donnée, à cette époque, aux futurs hommes d'épée.

L'enfant était beau de visage, intelligent et spirituel; ses traits, qui offrirent plus tard, comme ceux du grand Condé, des angles si aigus, étaient alors d'une douceur charmante (2), mais sa taille légèrement déviée et une santé d'une extrême délicatesse contrastaient avec ce robuste frère aîné, dont, pendant quelques années, il devait être en quelque sorte le reflet. Quant à son portrait moral, l'on pourrait hésiter, entre le réquisitoire de Retz et l'apologie de Bussy-Rabutin (3), si les aspira-

son filleul. Pendant sa détention au château de Moulins, elle lui envoya, par l'entremise du prince de Condé, le cadeau d'une somme de 80 mille livres.

(1) Jean-Baptiste Poquelin avait sept ans de moins qu'Armand de Conti, et ne pouvait, par conséquent, suivre les mêmes classes; il aurait été d'ailleurs séparé du petit prince par les préséances, qui accompagnaient, même sur les bancs des colléges, les écoliers appartenant à la noblesse. — Cf. GAZIER. *Mélanges*; MAURICE DONNAY. *Conférences sur Molière* (Revue hebdomadaire, 4 février 1911).

(2) Les trois portraits in-f° du prince, par Daret, Rousselet et Lasne, et la gravure, où Huret l'a représenté à l'âge de sept ans, montrent un visage d'une distinction extrême. La gravure de Poilly offre des traits plus accentués, mais toujours d'une grande noblesse.

(3) C'était, a dit le cardinal de Retz (dont Armand avait abandonné la cause), un zéro qui ne se multipliait que parce qu'il

tions et les actes d'un homme, jugé dans le recul et l'impartialité de l'histoire, n'étaient les guides les plus sûrs.

Les archives de Chantilly nous ont livré les lettres adressées par le jeune prince à son père pendant ses années de collége; elles sont écrites en latin, et font honneur à l'humaniste de sept ans(1). Conti devait conserver de cette période de sa vie une connaissance approfondie et très familière des lettres sacrées, il parlait le langage scholastique avec une singulière aisance; jusqu'à sa mort, sa correspondance en fera foi. Il compléta ses humanités par les sciences, la philosophie et la théologie, qu'il étudia à Bourges, sous la conduite du Père De Champs, jésuite (2). C'était là le programme d'un

était prince du sang. La méchanceté faisait en lui ce que la faiblesse faisait de M. le duc d'Orléans : elle inondait ses autres qualités, qui n'étaient d'ailleurs que médiocres et toutes semées de faiblesse. (RETZ. *Mémoires*).— Plus désintéressé que le chef de la Fronde, BUSSY a écrit : « C'était un prince accompli...; il avait étudié avec un progrès admirable, ayant l'esprit vif, net, gai, enclin à la raillerie, avec un courage invincible. S'il y avait quelqu'un au monde aussi brave que le prince de Condé, c'était son frère. Jamais homme n'a eu l'âme plus belle sur l'intérêt que lui: il comptait l'argent pour rien ». (BUSSY-RABUTIN. *Mémoires*). — Le portrait que COSNAC a laissé du prince dans ses *Mémoires* semble plus juste que les précédents : « Ce prince avait de grandes qualités, un esprit agréable, un cœur intrépide, beaucoup de savoir; et, sans son peu de fermeté, une certaine paresse d'esprit et de corps (qui lui venaient de sa délicate complexion), ce prince aurait été un grand homme ». (*Mémoires de* DANIEL DE COSNAC, archevêque d'Aix, conseiller du roi en ses conseils, commandeur de l'Ordre du Saint-Esprit. Publiés pour la Société de l'Histoire de France, par le comte Jules de Cosnac. 2 vol., à Paris, chez J. Renouard. M.DCC.LII.

(1) Arch. de Chantilly. Ms. VIII; f° 415 et suiv.

(2) Conti soutint sa Thèse de philosophie en juillet 1644 (Le baron d'Auteuil à Chavigny. France, T. CVII. Aff. étrang.), son

prince voué à l'Église. En effet, le prince de Condé avait destiné, dès le berceau, son second fils à l'état ecclésiastique, et faisait pour lui récolte d'abbayes. Les riches bénéfices de Saint-Denis, de Cluny, de Lérins, de Molesme, de Saint-Germain-d'Auxerre (1) semblaient un acheminement à la pourpre : Conti, cependant, se montrait incertain ; ce fils et petit-fils de tant de batailleurs ressentait une instinctive aversion pour la cléricature, lorsque la mort de son père vint arrêter tous les projets. Le conseil de tutelle décida, au grand déplaisir de l'enfant, qu'il resterait encore un an au collége de Bourges (2).

C'est le 6 octobre 1647 que la princesse de Condé présenta à la Cour le prince de Conti, « son fils bien-aimé » (3). Les honneurs l'y attendaient : il n'y avait pas tout à fait trois ans que les drapeaux de Rocroy flottaient aux voûtes de Notre-Dame, et Mme de Motteville pouvait dire que « toute la grandeur, toute la gloire étaient alors renfermées dans cette famille de Bourbon ».

examen de « maître es arts » le 3 août 1644 (*Gazette*, 1644, p. 651), et sa Thèse de théologie le 10 juillet 1646 (*Gazette*, 1646, p. 603).

(1) Il reçut l'abbaye de Molesme, au diocèse de Langres, le 31 mars 1637 : il y succédait à François-Anne de Montmorency ; celle de Saint-Denis, en novembre 1641. — Le duc d'Enghien, le 18 de ce mois, écrivait à son père : « Estant aujourd'huy alé voir monsieur le Cardinal, il m'a donné l'abbaye de Saint-Denis pour mon frère » (Arch. de Chantilly) ; celle de Cluny, où il succéda au cardinal de Richelieu, le 13 décembre 1642 ; et, enfin, celle de Lérins, au diocèse de Grasse, où il succéda au cardinal Louis de La Valette.

(2) Dans ce conseil de tutelle, Monsieur de Roucy représentait la Maison de Roye, Monsieur de Noirmoutier celle de la Trémouille, Messieurs de Ventadour et d'Angoulême celle de Montmorency.

(3) *Mémoires de* MADAME DE MOTTEVILLE.

Armand, pourvu du gouvernement de Champagne et de Brie (1), devait recevoir, en outre, la place de Damvilliers, une pension de cent mille livres, et l'entrée dans les conseils royaux.

Ayant donc mis, ainsi que le disait saint François de Sales au jeune de Chantal, « sa voile vers la haute mer du monde », il vécut à la Cour mi-ecclésiastique, mi-mondain, tantôt « couvert d'habits éclatants, tantôt vêtu du costume des clercs », occupé de bel esprit, avide de succès. Il ne renonçait pas cependant à tout espoir de satisfaire son ambition sous la pourpre romaine : le 24 octobre 1648, poussé par son frère, qui y trouvait son profit (2), il alla trouver Mazarin, et sollicita le cardinalat. Nous n'entreprendrons pas le récit des intrigues suscitées par « le chapeau » de Conti ; les détails abondent, dans les mémoires de l'époque, sur cette guerre de palais, menée par Gaston d'Orléans (3) en faveur de

(1) En 1647, Conti reçut le gouvernement de Champagne, que Condé possédait depuis 1644, et qu'il échangeait en ce moment contre le Clermontois.

(2) « Il y aura, écrivait Omer Talon, un très grand et notable intérêt à ce faire, parce que M. le prince de Conti, s'il ne s'attachait point à l'Eglise, serait doublement à charge à M. le Prince, son frère, et à cause de son incommodité naturelle, qui l'empêcherait de réussir, et à cause du bien qu'il serait obligé de lui donner pour subsister..... M. le prince de Conti étant cardinal, et, avec cette qualité, chef du clergé de France, il sera capable de servir M. le Prince son frère ».

(3) Gaston d'Orléans prit à son compte l'échec qui résultait pour l'abbé de La Rivière de la demande du « chapeau » pour le prince de Conti, et menaça de quitter la Cour. Les Vendômes, les Importants, relevèrent la tête. L'on alla jusqu'à parler « d'enlever le petit roi », tandis que Retz offrait « l'intervention du corps de l'Eglise de Paris ». La régente « insistait que la chose était pressante » et demandait au Pape une promotion extraordinaire en faveur d'Armand, tandis que Gaston sollicitait deux chapeaux, un

son médiocre favori, l'abbé de La Rivière (1), et qui fit relever la tête aux « Importants ». Des événements plus sérieux allaient traverser ces rivalités d'ambition.

Armand de Conti était préparé au rôle qu'il devait jouer pendant la Fronde par les influences, l'atavisme guerrier, la vanité du rang, les inclinations de la vingtième année. Pendant les premières parties du conflit entre le Parlement et la Couronne, le prince avait été fidèle à la royauté : lorsqu'au lendemain « des barricades » et du retour triomphal de Broussel, Mazarin avait conduit la Cour à Rueil, il s'était empressé de l'y rejoindre, et, lorsque les députés du Parlement étaient venus y faire entendre leurs réclamations, il avait déclaré, après Monsieur et Condé : « qu'il était serviteur de la reine et voulait mourir dans ses intérêts et dans ceux de Monsieur le Cardinal » (2). Ces dispositions ne devaient pas être durables.

Dans les premiers jours de l'année suivante éclatent les troubles de la première Fronde, « auprès desquels, disait Retz, les précédents n'étaient que des verdures

pour le prince, l'autre pour La Rivière. Innocent X protestait qu'il n'avait qu'un chapeau à donner. Condé sauva pour un temps la situation en se chargeant de faire passer la demande par la reine Louise-Marie de Pologne, la coutume voulant que les papes donnassent un chapeau à la Pologne, au début d'un nouveau règne, ou d'un nouveau pontificat. La cabale rentra dans l'ombre. Lorsque Conti fut engagé dans les troubles de la Fronde, Louis XIV demanda au Pape toute révocation pour sa nomination.

(1) Louis Barbier, abbé de La Rivière, né en 1595, fils d'un commissaire de l'artillerie en Champagne, avait débuté comme régent au collège du Plessis; mourut pair de France et évêque de Langres, le 30 janvier 1670. Il n'avait pas bénéficié des intrigues du duc d'Orléans. Tombé en disgrâce à la fin de la première Fronde, il perdit, avec la faveur, l'espérance du cardinalat.

(2) *Mémoires de* MADAME DE MOTTEVILLE.

et des pastourelles ». Poussé par sa sœur, la duchesse de Longueville (1), dans les vues de Retz, qui voulait animer d'un nom ce qui sans un nom eût été un fantôme » (2), fier de montrer à son frère qu'il était capable de grandes choses sans lui (3), Armand, nommé généralissime des troupes de Paris, joue à la guerre avec enthousiasme. Mais, malheureux dans leurs entreprises guerrières (4), les Parisiens réclament bientôt la paix, et le traité de Rueil (12 mars 1649) apporte un instant d'accalmie, tandis qu'il satisfait toutes les ambitions des rebelles. A la guerre de Paris succède la Fronde des princes, ce duel à outrance entre Retz et Mazarin. Conti y joue un rôle à côté, mais ne désarme pas ; il affiche avec audace ses sentiments envers le cardinal, pendant que Condé prend ce que Mme de Motteville appelle « ses airs victorieux », et affecte ce dédain de l'opinion et ces exigences qui ont pour résultat l'arrestation des deux princes et du duc de Longueville, le 18 janvier suivant.

Jetés, d'abord, dans une « espèce de cachot sans lumière et sans air », sous la garde d'un officier brutal attaché à Mazarin, les prisonniers, « moyennant forces négociations et pistoles », obtinrent quelque amélioration à leur sort. Conti, malade, accablé, tantôt réclamait son confesseur, le Père Talon, et cherchait la résignation dans la lecture de l'Imitation de Jésus-Christ, tantôt « se mettait dans la teste de se faire sorcier » (5), tandis que

(1) Madame de Longueville obéissait elle-même à l'influence du prince de Marcillac, le futur duc de La Rochefoucauld, qu'elle aimait.

(2) *Mémoires de* Retz.

(3) *Mémoires de* Monglat.

(4) Les combats de Charenton et de Brie-Comte-Robert.

(5) *Mémoires de* Lenet.

Condé, dans une « gayté continuelle », chantait, jouait au volant, raillait « l'humeur du cardinal » et cultivait les œillets légendaires.

Une infructueuse tentative d'évasion, menée par Gourville (1), rendit la réclusion plus rigoureuse, jusqu'au 29 août, où les prisonniers furent transférés au château de Marcoussis, près de Rambouillet ; par suite de nouvelles intrigues, ils en furent extraits, le 26 novembre, et dirigés sur la citadelle du Havre. C'est là que leur parvint la nouvelle de la mort de leur mère : Charlotte de Montmorency était morte obscurément, le 2 décembre, à Chatillon-sur-Loing, sous le toit de sa cousine la duchesse de Chatillon (2).

L'arrestation des princes avait été une faute de la part de Mazarin. Si la Cour et les frondeurs triomphent, deux femmes trouvent dans leur dévouement à Condé l'énergie pour organiser la résistance : Madame la Prin-

(1) Hérauld de Gourville, né en 1625, secrétaire du duc de La Rochefoucauld, qu'il servit avec zèle pendant la Fronde, fut nommé par Mazarin intendant des vivres à l'armée de Catalogne, puis obtint, par la protection de Fouquet, la charge de receveur général des tailles de Guyenne. Il fut enveloppé dans la disgrâce de ce dernier, et s'exila. Il écrivit des Mémoires qui comprennent les années de 1642 à 1678. Il mourut en 1703.

(2) Les princes avaient appris la maladie de leur mère, à Marcoussis. C'est de là que Conti lui adressait, le 10 novembre, ces lignes, les dernières sans doute qu'elle reçut de lui : « Madame, la continuation de vostre mal me met en une peine que je ne puis exprimer ; j'aurois au moins quelque consolation si je vous pouvois rendre les services que je vous dois. Je vous suplie très humblement, Madame, d'estre persuadée que je croirais ma vie bien employée si je la pouvois mettre pour votre guérison, et que je seray éternellement avec tous les respects, la passion et l'obéissance que je dois, vostre très humble, très obéissant et très obligé serviteur. Armand de Bourbon » Marcoussis, 10 novembre 1650. — Arch. de Chantilly.

cesse à Bordeaux, Madame de Longueville à Stenay. Pressé par cette dernière, Turenne décide l'armée espagnole à entrer en Champagne. Il la précède, le bruit de ses succès répand l'alarme dans Paris, la ville est en armes, la débandade est partout. A ce moment, la princesse Palatine, Anne de Gonzague (1), entreprend, pour la délivrance des princes, l'exécution d'un plan préparé par elle depuis longtemps. Mettant en œuvre « la fertilité infinie de ses expédients », elle offrit à Mazarin le choix de traiter avec elle ou de la voir traiter avec les frondeurs. Il faut lire le passage que Bossuet a consacré aux négociations d'Anne de Gonzague pour faire cesser ce qu'il appelle magnifiquement : « un travail de la France, prête à enfanter le règne miraculeux de Louis » (2). Mazarin, cependant, tergiverse et hésite; le 30 janvier le pacte était signé par la Palatine avec Retz et Beaufort (3)!

Un semblant de résistance fut inutile; le jour même où Anne d'Autriche donnait l'ordre de mettre les prisonniers en liberté, Mazarin leur ouvrait en personne les portes de la citadelle du Havre, et prenait le chemin de

(1) Anne de Gonzague, née vers 1615, fille de Charles de Gonzague, duc de Mantoue et de Nevers, morte le 6 juillet 1684. Elle avait épousé, en 1645, Edouard de Bavière, prince Palatin du Rhin. C'est au cours de la cérémonie du service de bout de l'an, qui se fit aux Grandes-Carmélites, rue Saint-Jacques, le 9 août 1685, que Bossuet prononça la célèbre oraison funèbre de cette princesse.

(2) Oraison funèbre d'Anne de Gonzague de Clève, princesse Palatine, prononcée le 9 août 1685 dans l'église des Grandes-Carmélites du faubourg Saint-Jacques.

(3) Le traité général portait : délivrance des princes, renvoi de Mazarin, partage du pouvoir entre Gaston et Condé. Les traités particuliers comprenaient, outre les deux mariages, le chapeau pour Retz et la place de premier ministre pour Châteauneuf.

l'exil. Trois jours plus tard, les princes rentraient à Paris à la lueur des feux de joie.

Une des conditions du traité, œuvre de la Palatine, était un double mariage : celui du duc d'Enghien avec une fille du duc d'Orléans (1), et celui du prince de Conti avec Charlotte de Lorraine, la « peu honneste fille » de la duchesse de Chevreuse. Armand, toujours enthousiaste, témoignait déjà à sa fiancée une vive passion, lorsque Condé, instruit par ses amis de la conduite scandaleuse de Mlle de Chevreuse, fit rompre le mariage, faisant ainsi un affront sanglant aux premières Maisons de France, et déchaînant contre lui ses alliés du traité du 30 janvier.

Il n'entre pas dans notre cadre de suivre Monsieur le Prince dans cette nouvelle suite de rapprochements et de ruptures avec la Cour, qui allait le conduire à la sédition, et faire sortir du fourreau l'épée de Rocroy contre le roi de France.

« Monsieur le Prince périra ou je périrai », aurait dit à Retz Anne d'Autriche (2). L'heure décisive avait sonné : menacé dans sa liberté et dans sa vie, poussé par Conti et par Mme de Longueville, Condé, sans illusions toutefois, prit la résolution suprême : « Vous me jetez, leur dit-il, dans un étrange parti, dont vous vous lasserez plutôt que moi, et où vous m'abandonnerez »; puis il se dirigea vers la Guyenne, et y leva l'étendard de l'insurrection (3). Sa femme, sa sœur et son frère l'y rejoignirent peu après.

(1) L'âge des futurs époux faisait retarder l'exécution de cet article du traité : le duc d'Enghien avait huit ans, la fille du duc d'Orléans n'en avait que trois.

(2) *Mémoires de* Retz.

(3) Depuis de longues années, le feu couvait sous les cendres

Les troupes des princes rebelles remportèrent d'abord quelques avantages, et Conti se distingua en plusieurs occasions; mais il fallut céder devant les forces supérieures de l'armée royale. A ce moment, la rentrée en France de Mazarin vint changer la face des affaires: Pour se joindre aux adversaires du ministre, Condé dut regagner Paris (1). Il organisa rapidement le commandement en Guyenne, et, y laissant Conti avec le titre de lieutenant général, il partit, à la fin de mars 1642, criminel d'État, réduit aux expédients d'un roman d'aventure, qui allait le conduire au combat de Bléneau et à l'échauffourée du faubourg Saint-Antoine. Conti restait donc à Bordeaux, livré aux excès de la Fronde. Celle-ci, destinée à une fin aussi misérable que celle de Paris, parcourait le cercle des chimériques projets, des succès éphémères, des subterfuges honteux, et des crimes impuissants. Le parti des princes tombe aux mains d'une sorte de société populaire (2), qui domine l'Hôtel de ville et le Parlement; on mendie le secours de l'étranger, tout échoue, tout se traîne dans les difficultés

à Bordeaux et dans la Guyenne. La lutte entre le Parlement et le gouverneur de la Province prit un caractère aigu à la mort du vieux duc d'Epernon; son fils, Bernard de La Valette, s'étant attiré la haine des populations par ses usurpations. La Fronde de Paris avait eu un premier retentissement à Bordeaux, en 1649; un mouvement, terminé par un édit de pacification, avait laissé les deux partis en présence.

(1) Gaston d'Orléans fut le premier à appeler Condé à Paris. Un traité, signé par les deux princes, le 24 janvier 1652, garantissait la coopération des troupes qui devaient prendre part aux opérations.

(2) Cette société, formée de tout ce que la ville renfermait de gens portés au pillage et au désordre, prit le nom de l'Ormée, en souvenir de la place plantée d'ormes, rendez-vous habituel de ses réunions.

inextricables de la direction des affaires : la Fronde de Bordeaux est d'avance condamnée.

Autour de Conti, nous voyons Mme de Longueville, désabusée, mais décidée à tenir jusqu'au bout, et qui continue à escompter la tendresse passionnée d'Armand, pour le mener à sa volonté (1); Madame la Princesse, accablée par les fatigues d'une grossesse (2), et qui borne son action à recommander autour d'elle l'obéissance à son mari ; Lenet (3), qui dirige, avec son zèle accoutumé, les affaires civiles, financières et diplomatiques, et Marchin (4), à qui sont confiées les opérations militaires ; les deux personnages qui vont jouer momentanément un rôle si important dans l'existence du prince : Sarrasin, secrétaire du commandement, excellent poète, bel esprit, très gai, très divertissant, qui tient la place de favori, et avec qui il faut jouer serré (5);

(1) A ce moment, Madame de Longueville avait perdu le stimulant de sa résistance de 1650, La Rochefoucauld s'était lassé de la Fronde et de l'amie qu'il y avait entraînée.

(2) Le 19 septembre la princesse de Condé donna le jour à un fils, qui fut tenu sur les fonts par les jurats de la ville, et reçut le nom de Louis Bordeaux. L'enfant ne vécut que sept mois, et mourut le 11 avril 1653.

(3) Pierre Lenet, d'abord conseiller, puis procureur au parlement de Dijon, conseiller d'Etat en 1645. « Esprit un peu grossier, mais vif et plaisant », mourut en 1671.

(4) Jean Gaspard, comte de Marchin, né à Liège en 1610, fut vice-roi de Catalogne. Dépouillé de cette dignité par Mazarin, auquel son attachement à Condé le rendait suspect, il fut enfermé à Pignerol pendant la captivité des princes. Il commanda les troupes de M. le Prince en Guyenne, et suivit ce dernier aux armées d'Espagne après la paix de Bordeaux. Il rentra en France en 1674, et mourut l'année suivante.

(5) Sarrasin, né en 1603, à Hermanville, près de Caen, mort en 1654, fut placé par le secrétaire d'Etat Chavigny dans la Maison du prince de Conti. Il fut, dit le DUC D'AUMALE, un maître de la

enfin, Cosnac, le Cosnac des Mémoires (1), qui fera payer cruellement à son maître les vivacités inhérentes à la vie journalière, Cosnac, qui, attaché depuis la fin de la Fronde au prince, a pris dans sa petite Cour une influence « due à l'industrie d'un gascon, qui veut faire valoir les qualités qu'il n'a pas aux dépens de celles qu'il possède ». Avait-il l'âme aussi basse que le prétend l'abbé de Choisy? C'est, dans tous les cas, un être antipathique, dont la fausse naïveté et les délations sournoises laissent l'impression, ainsi que le fait remarquer Sainte-Beuve, que les personnages dont il parle ne furent que des esprits vulgaires, et que c'est en vain qu'autour d'eux l'on cherche un peu de vertu et d'élévation.

Mais, parmi les personnages si divers qui se meuvent autour du prince, notre curiosité cherche d'abord une petite femme, hier inconnue, qui, sans le vouloir et sans le savoir, va devenir en quelque sorte historique; à elle va notre intérêt, malgré sa médiocrité et ses faiblesses, car ses jolies mains tiennent le fil de notre récit, et que la Grange des Prés lui devra, toujours sans qu'elle s'en

langue; nous lui devons trois ou quatre chefs-d'œuvre: *La Conspiration de Valstein, La Pompe funèbre de Voiture*, l'*Histoire de Dunkerque*, etc.

(1) Daniel de Cosnac, 1630-1708, né au château de Cosnac, en Limousin, vicaire du prince de Conti pour ses abbayes, remplit ensuite auprès de lui la charge de premier gentilhomme. Il fut nommé évêque de Valence en 1655, acheta la charge de premier aumônier de Monsieur, prit le parti de la princesse sa femme, et s'attira le ressentiment du prince, qui le força à se retirer. Mis au For-l'Evêque, il subit trois ans d'exil ; rentré en grâce, il figura dans plusieurs Assemblées du clergé, et se montra partisan déclaré des libertés gallicanes. Nommé à l'archevêché d'Aix, en 1687, il reçut, en 1701, l'abbaye de Saint-Riquier et le cordon du Saint-Esprit. — L'Abbé de Choisy a consacré une partie de ses *Mémoires* à Daniel de Cosnac.

doute, le prince de Conti et, avec le prince, celui qui eût suffi pour l'illustrer : Molière.

Armand, homme d'extrémité, comme le dit si bien Cosnac, s'était vite lassé du commandement de Guyenne et des agitations de sa Cour de Bordeaux. Un enseigne de ses gardes, du nom d'Angerville, « qui s'était mis dans la tête de devenir important », tente d'apporter une diversion dans une existence d'indécision et de lassitude (1). Un matin où Cosnac entrait dans la chambre du prince, il avait interrompu une conversation animée : l'enseigne faisait à son maître, — c'est toujours l'abbé qui parle, — « les propositions pour le mettre en état d'être infailliblement aimé de Mme de Calvimont ». Or la dame de ce nom, « une des plus belles femmes de France », — mais il y en eut tant au grand siècle, — était l'épouse « de peu de vertu » d'un gentilhomme bordelais, conseiller au Parlement (2). Malgré les efforts du maître de la chambre, qui avoue ingénûment avoir « beaucoup de honte, bonne ou mauvaise, pour ces sortes de choses », Conti, deux jours après les ouvertures de d'Angerville, allait au rendez-vous, et son entourage constata bientôt que « cet amusement » était devenu « une occupation continuelle ou une fort grande pas-

(1) Tous les détails qui suivent sont empruntés aux *Mémoires de l'*ABBÉ DE COSNAC.

(2) L'on ignore à quelle famille appartenait Madame de Calvimont. M. L. AUBINEAU, dans les Notes ajoutées aux *Mémoires du* P. RAPIN, avance deux hypothèses : Le 14 avril 1644, Marguerite de Ségur, fille de Gabriel, seigneur de Pitray et de Monbrun, et de Jeanne de Grailly, avait épousé Jacques de Calvimont, et, le 16 novembre 1637, Catherine Le Queulx, fille de René, seigneur des Trancars, conseiller au Parlement de Bordeaux, avait épousé Gabriel de Calvimont. — *Mémoires du* P. RAPIN. T. II, p. 197, Note 2.

sion ». Il allait tous les soirs chez sa maîtresse, après une promenade sur le port, et la présenta bientôt à Cosnac, qui, après quelques instants de conversation, avouait n'avoir pu démêler ce qui était le plus surprenant chez cette dame, « de sa beauté ou de sa sottise ». Quant à Sarrasin, l'abbé nous dit qu'il cherchait, « avec une affectation incroyable, le moyen d'être mêlé à l'aventure dont le prince persistait à le tenir éloigné ». Le poète employa un subterfuge pour pénétrer dans la place ; prétextant une affaire importante, dont il fallait entretenir le prince sans retard, il se fit introduire chez la dame, et dans cette première entrevue dit des choses si spirituelles et si folles, que longtemps après Conti « ne pouvait y penser sans s'en divertir » ; l'habile homme se trouva bientôt « dans le poste qu'il avait souhaité », se flattant d'en profiter pour pousser sa fortune.

Cependant les troupes qui avaient remis sous l'obéissance du roi tout le territoire entre la Garonne et la Dordogne avaient définitivement rejeté l'armée des princes dans Bordeaux, et en resserraient le blocus sous les ordres du duc de Candale, tandis que la flotte, commandée par le duc de Vendôme, fermait l'embouchure de la Gironde. Conti était las : nous avons sous les yeux ses lettres adressées à Condé pendant cette funeste période ; d'abord franches et zélées, les missives deviennent peu à peu gênées et ambiguës. A mesure qu'approche la date de la capitulation, — 20 juillet 1653, — il perce, sous les démonstrations de dévouement, « cette démangeaison des négociations », dont les mémorialistes du temps déclaraient le parti des Princes atteint à cette époque (1).

(1) Le prince de Conti au prince de Condé. Bordeaux. Du 2 novembre 1651 au 30 juillet 1653. P. XII et XIII. — Arch. de Chantilly.

Cosnac sentait la Fronde perdue, et, avec elle, sa fortune compromise : il conçut alors la pensée de gagner les bonnes grâces de la Cour, en lui ménageant la conquête d'un prince du sang, et, par ses insinuations, prépara Conti à un projet d'accommodement. Un traité fut d'abord signé, à l'insu de la princesse de Condé et de Mme de Longueville, entre le prince et le duc de Candale; mais Gourville devait avoir le mérite de la suprême négociation. L'accord fut facile : Mazarin, appréhendant un coup de main des Espagnols contre Bordeaux, voulait la paix, Candale « avait une fort grande impatience d'en finir », et les illustres assiégés « ne désiraient que la liberté ». De ses ambassades auprès du duc de Candale (1), Gourville rapporta enfin la signature du traité (2) qui, au prix des dernières illusions de Condé, terminait la guerre de Guyenne. Quelques jours plus tard, les ducs de Vendôme et de Candale faisaient leur entrée dans la ville conquise; et Cosnac ajoute, impassible : « Nous ne songeâmes plus qu'à sortir de Bordeaux ».

(1) Le succès des négociations a été attribué aussi à Aymard de Chouppes, colonel d'infanterie du parti des princes. — Cf. Duc d'Aumale. *Hist. des Princes de Condé.*

(2) Le traité est inséré in-extenso au Tome I, page 95, des *Mémoires de* Cosnac.

CHAPITRE CINQUIÈME

Molière à la Grange des Prés

Bien que le traité lui laissât trois semaines pour se disposer à quitter la ville, Conti, toujours « homme d'extrémité », résolut d'en sortir le samedi suivant, et d'aller attendre à Cadillac (1) « son équipage », qui devait le conduire dans la nouvelle résidence, dont le choix n'était point encore fait. Un autre souci l'agitait; nous laissons la parole à Cosnac : « Monsieur le prince de Conti passa tout le lendemain (le lendemain de son entrevue avec Candale) chez Mme de Calvimont; le soir, de retour chez lui, il nous fit appeler, Sarrasin et moi. Après avoir donné les ordres pour n'être point interrompu, il commença par les vers de Cinna :

« Vous qui me tenez lieu d'Agrippe et de Mécène. »

Ensuite, il nous dit qu'il nous avait assemblés pour nous demander notre conseil sur une affaire importante. Cette affaire était que Mme de Calvimont lui avait proposé de le suivre, et lui avait en même temps fait considérer que c'était non seulement pour lui donner par là un témoignage de sa passion, mais encore, que c'était une nécessité, pour sauver sa vie de la fureur d'un

(1) Cadillac. Village de l'arrondissement de Bordeaux.

mari, qui était informé de l'amour qu'elle avait eu pour lui, et qui, violent comme il était, la tuerait infailliblement; qu'ainsi il aurait le déplaisir d'avoir causé la mort d'une personne qu'il avait honorée de son amitié, et même la honte d'avoir abandonné une femme qui ne s'était perdue que pour l'avoir trop aimé; que, sans cela même, elle était obligée de l'avertir qu'elle était capable de se donner la mort, ou du moins de se laisser mourir de déplaisir d'avoir été si cruellement abusée ».

« Monsieur le prince de Conti nous exprima la douleur et la passion de cette femme, avec des termes qui nous témoignaient assez qu'il avait été touché de pitié et de tendresse; il nous dit pourtant que, quelque affliction qu'il eût de son départ, son plaisir ne lui serait jamais si cher que son honneur; qu'il nous demandait là-dessus nos sentiments, qu'il voulait que nous le lui dissions avec toute liberté et sans aucune complaisance ».

Cosnac, qui, cette fois, trouva probablement Mme de Calvimont moins sotte qu'à leur première entrevue, s'opposa fortement au dessein d'amener la jeune femme, et développa toutes les raisons qui devaient faire abandonner ce dangereux projet. Il concluait par les arguments à la mode du temps, que si le pitoyable état auquel elle serait réduite touchait le prince, « il pouvait y remédier en la mettant dans un monastère ou dans quelque autre lieu de sûreté, ce qui serait honnête et pour lui et pour elle, et qu'après, avec le temps, par promesse, par menaces, ou par quelque autre moyen, on la réconcilierait avec son mari ». Sarrasin fut naturellement de l'avis contraire; il traita l'abbé « d'inhumain bachelier de Sorbonne », et déclara « que quand le monde serait assez critique pour pouvoir blâmer cette action, Monsieur le prince de Conti pourrait en montrer la plus belle excuse du monde ». Pris entre « le compliment et le conseil », le prince resta songeur, et chercha avis ailleurs.

Ce nouveau confident fut Du Mesnil, capitaine de ses gardes, homme attaché à son maître et peu scrupuleux : il proposa, non d'amener Mme de Calvimont avec la suite du prince, mais de l'envoyer, seule et en avant, dans le lieu où il devait se rendre. Il développa tout un plan, et proposa pour l'exécuter un de ses cousins, nommé Démeno, exempt des gardes de Conti, de la fidélité duquel il répondait. « Il ouvrit même l'avis d'aller à Pézenas, l'une des terres du prince où il opinait qu'il devait aller faire son séjour, comme étant un lieu agréable et hors de soupçon pour le roi ». A l'insu de Cosnac, l'on prépara cette sorte de fuite ; le jeudi suivant, à cinq heures du soir, sous la conduite de Démeno, « qui la portait en trousse », et suivie d'un garde qui portait de même « une espèce de demoiselle suivante », Mme de Calvimont quitta Bordeaux. Le samedi suivant elle arriva à Pézenas, et s'installa chez Déjean, trésorier du prince.

Après le départ, Du Mesnil mit Cosnac au courant de ce qui était, en réalité, le dénouement d'une intrigue politique : l'enlèvement de la favorite et son envoi à Pézenas n'avaient d'autre but que d'empêcher Gourville d'emmener, ainsi qu'il en avait formé le projet, le prince en Poitou, chez La Rochefoucauld, et d'éviter que ce dernier ne reprît sur Conti son ancien ascendant. Il ajouta : « qu'il avait conseillé au prince d'envoyer Mme de Calvimont à Pézenas, afin que la passion qu'il avait pour cette femme l'obligeât à y aller lui-même ».

Pendant que sa maîtresse le précédait en Languedoc, Conti prenait congé de Mme de Longueville, dévorée du regret de son involontaire infidélité à Condé, puis, sortant de Bordeaux, il se rendit à Cadillac (1). Nous reviendrons sur les fêtes et la parade militaire qui lui furent offertes alors par le duc de Candale, et qui devaient avoir une influence si imprévue sur son avenir (2).

Durant le voyage de Cadillac à Pézenas, il n'arriva, dit Cosnac, rien de considérable. Malgré la peste qui ravageait les pays traversés, le prince et les deux cents personnes de sa suite les franchirent sans être atteints par le fléau (3). On arriva à Béziers à la nuit close. Malgré l'heure avancée et les quatre lieues qui séparaient cette ville de la Grange des Prés, le prince résolut de se rendre chez lui le soir même. Il emprunta le carrosse de M. de Sérignan (4), et, dès le départ, montra une humeur très joyeuse. « Vous verrez à Pézenas un de vos amis que vous serez surpris de voir », disait-il gaîment à Cosnac, qui, feignant de tout ignorer,

(1) Après le départ de Conti, la princesse de Condé et le petit duc d'Enghien partirent pour l'Espagne, sur le vaisseau vice-amiral de la flotte espagnole; Mme de Longueville se rendit à Moulins, au couvent de la Visitation, auprès de sa tante la duchesse de Montmorency.

(2) Après avoir passé en revue les brillantes troupes du duc de Candale, Conti soupira, disant que ce dernier « était bien heureux de se voir à son âge au plus glorieux poste du royaume ». A quoi Sarrasin répondit : « Il ne tient qu'à vous de commander cette armée, faites ce que va faire M. de Candale » : Allusion au prochain mariage du duc avec une des nièces de Mazarin.

(3) Le 28 juin 1652, la peste était à Bessan, à Vias et à Marseillan, où, de toute la population, il ne resta que trente personnes. Clermont-l'Hérault perdit 1600 habitants. (*Notes manuscrites sur les épidémies de peste en Languedoc.* Arch. de M. A.-P. Alliès).

(4) Il s'agit probablement de Gabriel de Lort de Sérignan, seigneur de la Domergue, lieutenant du roi à Béziers depuis 1641, et nommé maréchal de camp en 1653. (LOUIS DE LA ROQUE. *Armorial de la noblesse de Languedoc.* Paris. Didot, 1860).

joua la plus grande surprise lorsque Armand, de plus en plus gai, lui confia que « cet ami », n'était autre que Mme de Calvimont.

L'abbé, inquiet sur les suites de l'aventure, supplia son maître de ne point loger la jeune femme à la Grange, et de la laisser à Pézenas, « où il pourrait la voir sans faire tant d'éclat ». Le prince se contenta donc, en passant, d'envoyer à sa maîtresse un compliment par Sarrasin, mais, dès le lendemain, il alla la voir chez Déjean, et les visites se multiplièrent.

Armand de Conti s'était donc installé à la Grange des Prés, avec le double titre d'héritier de cette terre, par sa mère, et du comté de Pézenas, par héritage du côté paternel (1). Sa situation était cependant équivoque, il n'avait pas reçu encore l'amnistie du roi, et l'on comprend quelle réserve devait observer la noblesse des alentours vis-à-vis d'un prince en quelque sorte criminel d'État. Cette atmosphère d'incertitude et de gêne s'obscurcit encore à la venue d'un gentilhomme, M. de Manias, qui, deux jours après l'arrivée de Conti à la Grange, lui remit un ordre du roi, par lequel il lui était enjoint de se retirer à l'abbaye de Bourgueil. Armand ne se pressa pas d'obéir. Depuis quelques jours, Langlade (2), secrétaire du duc de Bouillon, était parti en ambassadeur vers la

(1) A sa sortie de la prison du Havre, Conti avait écrit aux consuls de Pézenas, pour leur faire savoir que le comté de Pézenas lui était échu. — Arch. mun. de Pézenas.

(2) Jacques de Langlade, baron d'Ausmières, né au château de Lineuil, en Périgord, fut secrétaire du duc de Bouillon, dont il composa, dit-on, les Mémoires, prit une part active aux troubles de la Fronde, embrassa ensuite le parti de Mazarin, dont il devint un des plus habiles agents, et fut nommé secrétaire du cabinet. Il fut l'ami de La Rochefoucauld, de Madame de Lafayette, de Madame de Sévigné, et mourut en 1680.

Cour, pour solliciter l'invraisemblable alliance d'un prince du sang et d'une nièce du cardinal ; l'effet en fut prompt : l'on ne tarda pas de recevoir à la Grange l'assurance « que Son Éminence recevrait fort convenablement quiconque lui serait envoyé de la part de M. le prince de Conti ». Il s'agissait donc de traiter cette grande affaire de l'alliance « avec le cardinal » (1) ; l'on songea à Cosnac, mais celui-ci ne se souciant pas de laisser, pendant un voyage à la Cour, le terrain libre à d'autres influences, Sarrasin fut désigné, et on le dépêcha, en écrivant secrètement à Langlade de jouer serré avec lui.

Pendant ces négociations matrimoniales, Conti visitait sans scrupule Mme de Calvimont à Pézenas, et luttait contre le désir passionné de la jeune femme de venir s'installer à la Grange. A la vie retirée de la petite ville, il paraissait plus agréable à la favorite de vivre auprès de ses anciens amis, et de reformer le petit cercle de Bordeaux sous d'agréables ombrages. Sarrasin se fit une fois de plus son complice. « Un soir, dit Cosnac, Mme de Calvimont, par une belle soirée, s'attarda à la Grange », sans doute avec dessein de ne pas partir. Lorsqu'on parla de retour, Sarrasin (2), qui savait combien le prince était las de ses courses quotidiennes à la ville, déclara que l'heure était indue, et, par ses plaisanteries, obtint qu'elle restât pour coucher ; et l'abbé ajoute : « Depuis ce temps, elle n'en sortit plus ».

Voilà Mme de Calvimont installée à la Grange des Prés. Nous savons par Cosnac qu'elle vit fort civilement avec lui, qu'elle ne rend à personne de mauvais offices, et ne paraît

(1) L'on sait que Conti avait déclaré vouloir épouser n'importe quelle des « nièces », voulant surtout « épouser le Cardinal ».

(2) Le fait dut se passer avant le départ de Sarrasin pour la Cour.

sensible qu'à son plaisir. L'existence n'en est pas moins un peu monotone, et, presque aussitôt son arrivée à la Grange, « elle propose d'envoyer chercher des comédiens ». Cosnac avait « l'argent des menus plaisirs » du prince, et était chargé d'organiser les maigres distractions de cette étrange Cour; il apprend que dans les environs passe une de ces troupes de comédiens errants, troupe disparate et peu argentée, qui bat la Province dans le pittoresque équipage que Théophile Gauthier prêtera aux compagnons du chevalier de Cigognac, et, dit-il : « Je leur mandai qu'ils vinssent à la Grange ».

Dix ans plus tôt, le 16 juin 1643, avait été signé à Paris, dans la maison de Marie Hervé, veuve de Joseph Béjart, l'acte par lequel Jean-Baptiste Poquelin, fils de Marie Cressé et de Jean Poquelin, valet de chambre, tapissier du roi, renonçant à l'étude du droit et aux espérances du barreau, se liait avec neuf autres personnes (1) pour fonder une compagnie de comédiens, qui s'intitulait, dans le style emphatique du temps, « *l'Illustre Théâtre* ». La troupe, installée dans un jeu de paume transformé en salle de spectacle, situé à la porte de Nesle, avait débuté en janvier 1644. Bien que celui qui prendra désormais le nom de Molière y joue les rôles tragiques, l'*Illustre Théâtre* végète, et, faute de pouvoir payer les chandelles, le directeur est menacé du Châtelet. La troupe se réduit alors à quatre, les autres ont fui la barque qui fait eau de toute part. A la fin de l'été 1645, Molière, découragé, quitte Paris avec les débris de sa troupe. Alors commence cette vie errante, aux gîtes les plus divers, dans des costumes de Callot ou d'Abraham

(1) Ces personnes étaient Joseph Béjart le fils, Denis Beys, Clérin, Bonnenfant, Georges Pinel, Madeleine et Geneviève Béjart, Madeleine Malingre et Catherine des Urlis.

Bosse, mais la bande ambulante a pour elle la jeunesse, la curiosité de la vie : à travers les routes de la misère, elle va, menée par l'espoir. Comme l'a écrit un des plus spirituels « sociétaires » de notre époque :

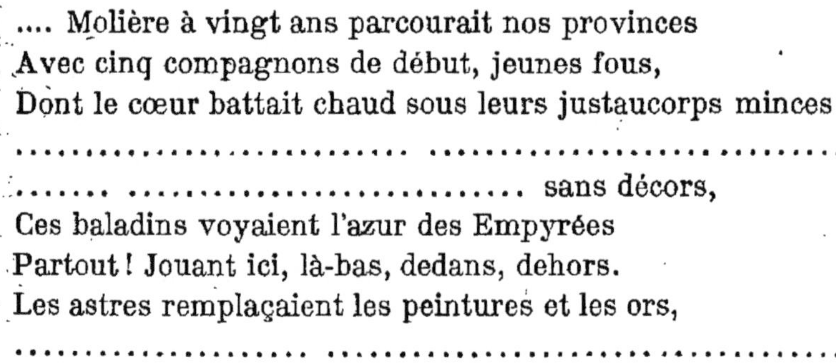
.... Molière à vingt ans parcourait nos provinces
Avec cinq compagnons de début, jeunes fous,
Dont le cœur battait chaud sous leurs justaucorps minces
....
.... sans décors,
Ces baladins voyaient l'azur des Empyrées
Partout ! Jouant ici, là-bas, dedans, dehors.
Les astres remplaçaient les peintures et les ors,
....

Le public lent à leur apporter leur argent,
Pour la mauvaise humeur gardait sa promptitude ;
Après avoir compté la recette en gros sous,
Molière, avec les siens, le ventre creux, sans gîte,
Les uns sur la voiture et les autres dessous
Ne dormaient que d'un œil.... (1)

On les avait vus successivement à Agen, à Albi, à Carcassonne, à Toulouse, à Nantes, à Narbonne (2), en Guyenne, en Bretagne, dans le Lyonnais, de là, descendant le Rhône, Molière était venu en Languedoc.

Nous sommes à l'automne de 1653. La composition de la troupe doit être la même que lorsqu'elle jouait à Lyon, quelques semaines auparavant (3). L'on y voit le comédien Du Parc, De Brie et sa femme la charmante

(1) Jules Truffier. *A Propos*, dit aux fêtes de l'inauguration du buste de Molière à la Grange des Prés, le 9 août 1897.

(2) A Narbonne, Molière avait été parrain, dans la basilique de Saint-Paul-Serge, d'un enfant naturel, qui n'est mentionné sur le registre que sous le nom de Jean, fils d'Anne. La cérémonie avait eu lieu le 10 janvier 1650.

(3) Maurice Donnay. *Conférences sur Molière du 8 et du 9 février 1911.*

Catherine, Cyprien Ragueneau le poète-pâtissier, remis ces dernières années en lumière dans une pièce en vogue (1), l'Hermite, dit Vausselle, sa femme et leur fille Madelon, jeune personne de dix-huit ans infiniment séduisante, enfin quatre Béjart : Joseph, Louis, Madeleine et Geneviève, qui jouait sous le nom de Mlle Hervé, plus une petite Armande Béjart, gentille enfant de dix ans ; enfin Thérèse de Gorla, fille d'un charlatan opérateur, dont la beauté eut l'extraordinaire destin de charmer successivement Corneille, Racine et Molière, et qui entra dans la troupe par son mariage avec Du Parc. Nous savons, en outre, que Madeleine Béjart est l'administrateur des fonds de la caisse commune, et qu'elle remplit cette charge avec une rare habileté.

Telle était la troupe de comédiens à laquelle Daniel de Cosnac, dans les premiers jours de septembre 1653 (2), manda, à la prière de Mme de Calvimont, l'ordre de venir jouer sur le théâtre de la Grange des Prés.

Nous avons sous les yeux une charmante composition due au crayon de Willette, destinée à illustrer le menu d'un déjeuner à la Grange, un jour où les sociétaires de la Comédie Française lui faisaient l'honneur de la visiter : Au haut du perron, le prince de Conti, revêtu d'un élégant costume de chasse et la cravache au poing, salue, d'un geste plein de grâce, la troupe que vient de déposer, au seuil du château, une confortable berline, dont les postillons font claquer joyeusement leur fouet. Célimène,

(1) Cyprien Ragueneau, un des personnages du *Cyrano de Bergerac* de Rostand, avait dû quitter sa boutique de pâtissier, s'étant complètement ruiné; il entra dans une troupe de comédiens de campagne, de là dans celle de Molière. Il était très mauvais comédien, et on ne lui confiait que des rôles insignifiants.

(2) La date est formelle dans les *Mémoires de* Cosnac.

conduite par Mascarille, monte, avec une révérence de Cour, les premières marches, Vadius et Trissotin les suivent, tandis que, derrière eux, Harpagon s'avance péniblement sous le poids de sa cassette, que Marinette rit de toutes ses dents, en faisant bouffer sa jupe, et qu'Argan ferme la marche, soutenu par les aides de M. Fleurant. — Les choses ne se passèrent pas tout à fait ainsi.

L'appel du maître de la chambre du prince de Conti avait dû réjouir, sinon l'orgueil du directeur, du moins les espérances du trésorier de la troupe : celle-ci se disposa en hâte à se rendre à la Grange ; une circonstance imprévue faillit tout compromettre. Au moment où Molière allait répondre à l'appel de Conti, une seconde troupe de comédiens arriva à Pézenas ; Cormier, son directeur, n'avait pas « le génie de tous les temps », mais il possédait l'esprit d'intrigue. Pour être admis chez le prince, il envoya des cadeaux à Mme de Calvimont, et la joie de celle-ci, unie à l'impatience habituelle d'Armand, firent enjoindre à Cosnac de se dégager d'avec Molière et de retenir la troupe de Cormier. L'abbé le prit de haut, Molière étant, disait-il, engagé par l'ordre du prince ; à quoi ce dernier répondait : « qu'il s'était, depuis, lui-même engagé à la troupe de Cormier, et qu'il était plus juste que Cosnac manqua à sa parole que lui à la sienne ». Pendant ces disputes, qui mettaient au moins un peu d'animation dans la solitude de la Grange, Molière arriva ! Il arriva, seul, timide et triste solliciteur; il venait demander humblement « qu'on lui paya au moins les frais qu'on lui avait fait faire pour venir », et ce tableau du poète, attendant, le sourire amer et le cœur angoissé, la décision de haut, sous le regard peut-être railleur de la valetaille, se reconstitue aisément, et l'on ne peut se défendre d'une immense pitié !

Cependant, le prince « trouvait bon de s'opiniâtrer » dans son refus ; Molière, éconduit, allait quitter la Grange, lorsque Cosnac, « touché de dépit », eut un mouvement généreux, et qui, disons-le après Sainte-Beuve, « doit lui être compté ». « Je résolus, dit l'abbé, de les faire monter sur le théâtre de Pézenas, et de leur donner mille écus de mon argent, plutôt que de leur manquer de parole ». Molière allait donc jouer sur ce petit théâtre, dont on ne peut considérer les restes sans émotion (1) ; mais Conti, avec sa mobilité accoutumée, et piqué du procédé du maître de la chambre, poussé, en outre, par Sarrasin, que ce dernier avait intéressé à le servir, accorda tout à coup « qu'ils viendraient jouer une fois sur le théâtre de la Grange des Prés ».

Dans la vaste cour, que le temps a en grande partie respectée, la troupe de Molière fit son entrée chez le prince (2). Voici la charrette où s'entassent les décors,

(1) Grâce aux recherches de M. A.-P. Alliès aux compois municipaux de Pézenas, nous pouvons déterminer exactement l'emplacement de la salle où Molière joua dans cette ville. — C'était un jeu de paume d'une superficie de « soixante-dix-huit cannes ». Il figure au compois au nom de Thomas de Vilettes, de Tourbes, et est ainsi désigné : Deux maisons jeu de paulme, estable et ciel couvert et patus au plan dudit jeu, confrontant de terral : Bertrand Bourrié pour sa femme, Alexandre Gontier, héritiers de Boudet et héritiers de Nougaret ; narbonnais : Jean Aiguilhon pour sa femme, Pierre Brun marchand, de Carrion pour sa femme, et une ruelle non passante, héritiers Jacques Ricard ; marin : le dit Ricard, héritiers Antoine Pradines, héritiers Henry, Fabrique et la Chapelle Saint-Jacques ; aguial : ledit plan et François Monié, contient la maison quarante cannes, le jeu de paulme soixante-dix-huit cannes, l'estable cinq cannes et demy, le patus et ciel couvert dix cannes, fait tout trente livres.— Cf. A.-P. Alliès. *Une ville d'Etats*. Op. cit.

(2) En consultant le plan du domaine à cette époque, l'on se rend compte que les comédiens entrèrent à la Grange des Prés par la cour affectée aujourd'hui aux communs.

les toiles et les valises (1), les acteurs, montés à deux ou trois sur leur monture, comme les « fils d'Aymon »; le directeur, auquel sa dignité donne le droit d'être seul à cheval (2); le mouvement, le bruit de l'arrivée, qui attire les valets et les gardes, et qu'éclaire sans doute un gai soleil d'automne : autre tableau facile à reconstituer.

La troupe joua probablement le soir même devant la petite Cour de Conti; mais, dit Cosnac, « elle ne réussit pas à sa première représentation », Mme de Calvimont, et par conséquent le prince, ne la trouva pas à son gré, « quoiqu'elle surpassât, ajoute l'abbé, celle de Cormier par le talent des acteurs et la beauté des costumes ». Moins influencé par la dame de céans, le reste des auditeurs s'était prononcé pour Molière. Quelques jours plus tard, celui-ci donna une seconde représentation ; cette fois, Cosnac et Sarrasin firent avouer au prince « qu'il fallait retenir la troupe de Molière, à l'exclusion de celle de Cormier ». Une intrigue d'amour avait forcé les portes : pendant la durée de ces débats, Sarrasin s'était épris de Thérèse de Gorla, la Du Parc, « il songeait à se servir lui-même », et se confia à Mme de Calvimont; celle-ci, qui eût eu mauvaise grâce à éconduire le complaisant secrétaire, fit, pour lui conserver sa maîtresse, engager

(1) Monsieur Poitevin de Saint-Christol, principal du Collége de Pézenas, écrivait, le 7 ventose an VII, à l'académicien Cailhava : « La lettre du prince de Conti aux consuls de Pézenas dont on vous a parlé ne contient rien de bien remarquable; elle leur ordonne d'envoyer des charretiers à Marseillan pour transporter, de là à la Grange des Prés, Molière et sa troupe. Je n'ai pu m'en procurer la copie; elle a été enlevée dans ces derniers temps des archives de la commune, et l'on ne sait pas ce qu'elle est devenue ». Citée par M. A.-P. ALLIÈS. *Une ville d'Etats.*

(2) Cf. E. RAYMOND. *Histoire des pérégrinations de Molière en Languedoc.* Paris, Dubuisson, 1858.

aussitôt la troupe de Molière à la Grange des Prés. Quelques jours plus tard, Conti accordait une pension au directeur, et, dit Cosnac, « on ne songea plus à la Grange qu'à ce divertissement ».

La tradition, qui nous a conservé de trop rares détails sur le passage de Molière dans notre région, en 1653, est muette sur le logement que nos comédiens occupèrent à la Grange des Prés; que ne donnerait-on, cependant, pour connaître le réduit où le poète abrita ses courts repos et ses longues rêveries! Mais si, pour ce qui concerne ce séjour, l'on est borné au champ étroit des conjectures, l'on peut supposer que les intrigues d'amour (1), les répétitions de la pièce du soir, la promenade sous le ciel si doux du Languedoc, en septembre, lorsque la vendange met partout sa note joyeuse, et dans l'air son parfum grisant, se partageaient les journées (2); le soir, dans le château, les chandelles s'allumaient pour la comédie; dans ces costumes, dont les pièces même de Molière devaient transmettre jusqu'à nous la tradition, les spectateurs, groupés autour de la jolie maîtresse, écoutent et jugent, tandis que celui qui portait en lui le secret de traduire l'éternel drame des passions fouillait peut-être, en grimaçant un rôle de bouffon ou de harengère (3), les âmes cachées sous les habits brodés et les

(1) Outre les amours de Sarrasin et de la Du Parc, on voyait à la Grange des Prés la triple intrigue nouée autour de Molière par Madeleine Béjart, la Du Parc et Catherine De Brie.

(2) La troupe donna certainement des représentations dans les environs pendant son séjour à la Grange des Prés en 1653, comme en 1655.

(3) Molière jouait un rôle de harengère dans le ballet des « Incompatibles ». Ce ballet fut dansé le 7 février 1655, à Montpellier, en présence du prince et de la princesse de Conti, mais rien ne prouve qu'il n'ait été au répertoire de la troupe plusieurs années auparavant.

jabots de point d'Espagne, et y devinait les douleurs, les mélancolies, les révoltes, les faussetés qui devaient faire naître les *Arnolphes*, les *Alcestes*, les *Don Juan*, et les *Tartufe* (1).

Quelles sont les pièces que Molière joua à la Grange des Prés? Hypothèse encore! L'on sait que la troupe comprenait dans son répertoire les premières œuvres de Corneille, les tragédies de Du Ryer, de Mairet, de Tristan, qu'elle jouait des scènes empruntées à la comédie italienne, enfin des farces improvisées (2), ébauches des compositions où le poète devait trouver plus tard la forme définitive du sens du monde qui était en lui.

Armand de Conti, dans lequel on a voulu voir le Don Juan du Festin de Pierre, avait-il pressenti l'auteur du *Misanthrope* dans l'acteur famélique appelé pour divertir sa Cour? Nous voudrions que l'opinion, souvent avancée, d'une intimité nouée pendant le séjour à la Grange des Prés entre le prince et le poète, la lecture en commun des manuscrits, l'échange des conceptions philosophiques et dramatiques fut plus qu'une hypothèse (3).

(1) L'on a cru reconnaître Conti dans le Don Juan du Festin de Pierre et Gabriel de Roquette, le futur évêque d'Autun, alors attaché à la Maison de Conti, dans le personnage de Tartufe. — Cf. A. Gazier. *Mélanges de littérature et d'histoire : Molière et Conti.*

(2) L'on a gardé le souvenir du *Médecin volant,* joué pour la première fois à Pézenas, des *Trois docteurs rivaux,* du *Maître d'école,* du *Docteur amoureux,* de la *Jalousie du Barbouillé,* et de *La Cosaque,* dont le canevas est, paraît-il, conservé aux archives du Théâtre Français.

(3) Gustave Larroumet a cité cette phrase d'un contemporain : « Il (le prince de Conti) conférait souvent avec le chef de la troupe, qui était le plus habile comédien de France, qu'il lisait souvent avec lui les plus beaux endroits et les plus délicats des comédies tant anciennes que modernes, qu'il prenait plaisir à lui faire exprimer naïvement ». (*Nouvelles études d'histoire et de critique dramatiques :* Molière à Pézenas).

Cosnac est muet sur ces relations, mais Grimarest nous apprend qu'un jour, — sans doute après la mort de Sarrasin, — le prince offrit à Molière la charge de secrétaire : doué d'esprit et de finesse, Conti avait senti le souffle du génie qui passait.

Le prince et le poète devaient se retrouver encore une fois à Pézenas et à la Grange. Le 4 novembre 1655, les États de Languedoc s'étaient assemblés sous la présidence de Conti. Le procès-verbal de la séance du 9 rapporte que lorsque la députation, qui comprenait trois barons et trois évêques en camail et en rochet (1), se rendit à l'hôtel d'Alphonse (2), pour y saluer le prince, celui-ci, — et cette phrase a été citée par tous les moliéristes, — « s'excusa de recevoir ces messieurs à la porte du vestibule, sa chambre étant dans un extrême désordre, à cause de la comédie » (3). Ces comédiens, c'étaient Molière et les siens, maintenant troupe officielle de son Altesse Sérénissime le Prince de Conti, qui, appelés pour jouer pendant la durée de l'Assemblée des États, montaient, entre les représentations officielles, sur le théâtre de Pézenas, sur les tréteaux forains des bourgades environnantes (4), et sur la petite scène de la Grange des Prés, devant le public plus restreint des familiers de Conti.

(1) C'étaient les évêques de Béziers, d'Uzès et de Saint-Pons, et les barons de Castries, de Villeneuve et de Lanta.

(2) L'hôtel d'Alphonse, du nom de son propriétaire, le grand prévôt de Guyenne, était célèbre par ses beaux appartements, ses terrasses et ses jardins, qu'embellissaient les orangers, les citronniers et les jets d'eau. Le président des Etats y habitait pendant les sessions.

(3) Procès-verbaux des Etats de Languedoc, série C, registre 2308. Arch. de la Haute-Garonne.

(4) Ils jouaient à Montagnac, Mèze, Lunel, Agde, Montpellier, Béziers, Nissan.

L'on prétend, et le fait est contesté, que Molière revint encore à Pézenas pendant la tenue des Etats, en 1657 (1). Mais, alors, le poète ne pouvait plus compter sur son ancien protecteur. Sous la direction des maximes austères de l'évêque d'Alet (2), Armand repoussait alors rigoureusement toutes les distractions profanes ; on lui a reproché d'avoir fait payer par autrui ses dettes envers Molière (3), d'avoir fait chasser, plus tard, sa troupe de son gouvernement (4), enfin, et surtout, d'avoir écrit ce « Traité de la comédie et des spectacles selon la tradition de l'Eglise » (5), qui n'est cependant que l'écho des voix austères dont Bossuet devait, dix-huit ans plus tard, fixer impitoyablement les maximes (6).

« Les chrétiens ont l'église et non point le théâtre », écrit le prince ; mais si celui-ci repousse Molière, il était

(1) L'on se fonde pour prouver ce séjour sur un passage de GRIMAREST, premier biographe de Molière, mais aucun article des Procès-verbaux des Etats de 1657 ne parle de la présence des comédiens à Pézenas durant cette session.

(2) Nicolas Pavillon, évêque d'Alet, sur lequel nous reviendrons longuement.

(3) Conti avait alloué à Molière la somme de 5000 livres, sous la forme de lettre de change sur les fonds des Etats. Cette lettre fut endossée par Melchior Dufort de Sigean et Joseph Cassaignes, et fut payée, non par les Etats, mais par ces particuliers, en 1684 seulement, après des péripéties que M. E. RAYMOND a retracées d'une façon très complète dans son *Histoire des pérégrinations de Molière en Languedoc.*

(4) *Lettres de* RACINE. Racine à M. Vitart, d'Uzès, 25 juillet 1662.

(5) *Traité de la comédie et des spectacles, selon la tradition de l'Eglise, tirée des Conciles et des saints Pères.* A Paris, chez Pierre Brome. M DC LXVII.

(6) BOSSUET. *Maximes et réflexions sur la comédie.* Paris, 1694, in-12. — L'on sait que cet ouvrage n'est que le développement d'une lettre adressée le 9 mai 1694 par Bossuet au père Caffaro, théatin, qui avait écrit en tête du Recueil des pièces de théâtre de Boursault une défense du théâtre.

dans les destinées de sa famille de le protéger aux heures graves de sa vie : dix ans plus tard, presque jour pour jour de sa première arrivée à la Grange, l'aîné et le plus grand de tous (1), pour venger le poète du concert d'attaques élevé par ceux qu'avaient atteint les traits de sa satire, faisait jouer à Chantilly l'*Impromptu de Versailles,* aux fêtes du mariage du duc d'Enghien (2), et l'encourageait à y porter son appel de l'accueil défavorable fait à *Don Garcie de Navarre* par le public du Palais-Royal.

Les jours prospères étaient proches ; Molière, autorisé à jouer sur le théâtre du Petit Bourbon, s'acheminait alors vers l'ère glorieuse. En 1680, réuni à la troupe du Marais et à celle de l'hôtel de Bourgogne, l'*Illustre Théâtre* allait devenir le Théâtre Français. Mais l'année 1653 restait une date importante dans l'existence de Molière, cette année où, arrêté dans la vie errante de ses débuts dramatiques sous le beau ciel du Languedoc, il y avait interrogé son étoile, et où la protection, passagère, mais sincère alors du prince de Conti, et l'accueil de nos populations méridionales avaient fixé peut-être l'orientation de son génie. C'est l'année qui intéresse la Grange des Prés, c'est celle dont il convenait de graver

(1) Le grand-Condé rentré à Chantilly de son exil à Bruxelles, après la conclusion de la paix des Pyrénées.

(2) Monsieur le Prince accorda un patronage éclatant à Molière; son fils Henri-Jules de Bourbon se montra ami du poète, en figurant dans le ballet du *Mariage forcé*. L'on lira avec intérêt la lettre que ce prince écrivait à la reine de Pologne, le 18 septembre 1665, jugement aussi judicieux qu'élégamment exprimé sur Molière et ses principales comédies. Elle est conservée aux archives de Chantilly et a été publiée en partie par le DUC D'AUMALE, au T. VII, p. 197, de l'*Histoire des Princes de Condé*.

la date sur le monument élevé à la jeunesse du poète, sous ces ombrages qui l'avaient vu passer (1).

(1) Un buste de Molière a été inauguré à la Grange des Prés, le 9 août 1897, en présence des sociétaires de la Comédie Française et de nombreuses notabilités de la littérature et des arts, entre autres Gustave Larroumet, le maître Saint-Saëns, Antonin Injalbert, Louis Noguier, les Membres du Félibrige latin, etc.

CHAPITRE SIXIÈME

La Nièce de Mazarin

Le jour où, quittant Bordeaux, qu'il venait de remettre à l'autorité royale, le prince de Conti avait reçu l'hospitalité du duc de Candale, ce dernier l'avait convié à passer la revue de ses troupes. Cette brillante petite armée avait provoqué un soupir d'envie chez le frère du grand Condé : « Il ne tiendrait qu'à vous d'en commander une semblable, lui aurait dit Sarrasin, faites ce que va faire Monsieur de Candale » (1). Armand rêva à ces paroles ; la crainte de son frère, les représentations de Cosnac, — toujours ennemi du scandale, — l'arrêtèrent d'abord, mais, avec son impétuosité ordinaire, il s'accoutuma promptement à la pensée d'une alliance avec Mazarin (2), et, dès lors, il ne fut plus question que de la réaliser. Le négociateur choisi fut Langlade, en sa qualité d'attaché au cabinet du cardinal ; celui-ci, qui devait plus tard servir d'intermédiaire pour d'autres alliances illustres (3), partit aussitôt pour la Cour, afin

(1) Allusion au projet de mariage arrêté entre le duc de Candale et une des nièces de Mazarin.

(2) D'après Madame de Motteville, Gourville avait, avant la signature de la première paix de Bordeaux, offert à Mazarin l'alliance du prince de Conti pour sa nièce Martinozzi.

(3) En 1679, Langlade fut le négociateur du mariage de Madeleine-Charlotte Le Tellier, fille de Louvois, avec François, duc de

d'y faire « la proposition du mariage toute simple, sans articles ni conditions ». Il fut arrêté que, si elle était bien reçue, il écrirait à Pézenas, et qu'ensuite « le prince de Conti enverrait une personne de sa part, pour faire la demande dans les formes ».

L'on a vu, qu'à peine arrivé à la Grange des Prés, Armand avait eu la réponse de Langlade et l'assurance que Mazarin « recevrait fort agréablement quiconque lui serait envoyé de sa part». C'était, ainsi que le dit Cosnac, « une grosse affaire à traiter » ; les conciliabules se succédaient à la Grange, Cosnac tremblait d'être choisi pour cette ambassade et de perdre, pendant son absence, « la faveur du maître, qu'une bagatelle pouvait à tout moment lui ravir ». A sa grande joie, le choix du prince s'arrêta sur Sarrasin, et, quelques jours plus tard, celui-ci mandait de la Cour « que les propositions de mariage avaient été reçues par Monsieur le Cardinal avec toutes les démonstrations de joie et même de respect qu'on pouvait désirer, et qu'on commençait déjà d'entrer en matière ».

« Le 11 septembre 1647, a écrit Mme de Motteville, nous vîmes arriver d'Italie trois nièces du cardinal Mazarin et un neveu » (1). Ces quatre enfants, traités au

La Rochefoucauld, fils du prince de Marcillac. — Cf. La lettre de Madame de Sévigné, du 24 novembre 1679.

(1) L'arrivée successive des neveux de Mazarin en France a donné lieu à de nombreuses confusions. C'est ainsi que l'annotateur des *Mémoires de* Daniel de Cosnac fait arriver Laure Mancini, future duchesse de Mercœur, en même temps que la future duchesse de Modène, en 1653 (*Mém. de* D. de Cosnac. T. I, p. 131), tandis qu'elle était en France depuis 1647. (*Mém. de* Madame de Motteville. T. I, p. 367). De même M. Lucien Perry, dans son étude sur la connétable Colonna, a écrit que Mazarin manda, le 18 avril 1633, au seigneur Martinozzi, de lui envoyer sa

même titre que des fils de prince, avaient été conduits à Paris par Mme de Noailles, envoyée à cet effet à Rome par le cardinal ; leur arrivée fit sensation ; Mr de Nogent, « grand flatteur », présenta les petites filles à la reine, « qui les vit avec plaisir et les trouva jolies ». On les montra ensuite en public, et « la presse pour les voir fut si grande, que les courtisans, toujours d'après Mme de Motteville, se demandaient si on ne les étoufferait point à force de les regarder », tandis que le maréchal de Villeroy, trouvant le mot de la situation, murmurait entre haut et bas, à l'oreille de l'abbé de La Rivière : « Voilà des petites demoiselles qui présentement ne sont point riches, mais qui, bientôt, auront de beaux châteaux, de bonnes rentes, de belles pierreries, de bonne vaisselle d'argent, et peut-être de grandes dignités » (1).

Ces enfants, dont l'arrivée révolutionnait la Cour de France, étaient, outre Paul Mancini, ses sœurs Laure et Olympe, filles de la sœur cadette de Mazarin, et Anne-

fille Marie-Anne. Celle-ci était en France depuis 1647. (L. PERREY. *Le Roman du grand Roi*. Calmann-Lévy. Paris. 1899, p. 22). — Pour éviter ces confusions, nous donnons la liste des neveux et nièces de Mazarin, avec les dates de leur arrivée en France :

Le 11 septembre 1647 arrivèrent : Paul Mancini, mort au combat du Faubourg Saint-Antoine le 1er juillet 1652 : « Il promettait tout », dit Saint-Simon ; Laure Mancini, future duchesse de Mercœur; Olympe Mancini, future comtesse de Soissons; Marie-Anne Martinozzi, future princesse de Conti. Le 7 mars 1653, Philippe Mancini, futur duc de Nevers; Laure Martinozzi, future princesse de Modène; Marie Mancini, future connétable Colonna; Hortense Mancini, future duchesse de Mazarin. En janvier 1656, Alphonse Mancini, mort le 6 janvier 1658 d'une blessure reçue au collège des Jésuites, dit de Clermont; et Marie-Anne Mancini, future duchesse de Bouillon.

(1) *Mémoires de* MADAME DE MOTTEVILLE.

Marie Martinozzi, fille de sa sœur aînée. Les deux premières étaient, dit-on, peu agréables, Olympe était très brune, Laure et Marie-Anne étaient blondes, et cette dernière, avec des traits fins et des yeux d'une grande douceur, annonçait une véritable beauté, elle avait de neuf à dix ans (1).

Les frondeurs devaient prendre une facile revanche sur ces flatteries de courtisans; l'on chansonna les « Mazarinettes », qui, dans des pamphlets où la grossièreté luttait avec la sottise, furent traitées « de petites harengères de Rome » (2). Cependant, l'éducation de ces petites harengères était confiée à la gouvernante qui avait rempli la même charge auprès de Louis XIV enfant (3), elles grandissaient au palais royal, alors résidence du roi, entourées d'un train de princesses; Anne d'Autriche veillait sur elles comme sur ses propres enfants, et dirigeait en personne leurs études et leur instruction religieuse.

Ces enfants, qui participaient aux honneurs de la Cour, ne tardèrent pas à en partager les vicissitudes : lorsque, dans la nuit du 5 au 6 janvier 1649, la régente, ses fils et Mazarin quittèrent la capitale pour amener les Parisiens à composition, « les nièces » furent confiées aux

(1) Quelques années plus tard, Anne était appelée « la merveille aux cheveux blonds ». Rappelons le portrait qu'en traça Madame de Motteville au moment de son mariage : « Avec de la beauté elle avait beaucoup de douceur dans l'humeur, beaucoup d'esprit et de raison ».

(2) Amédée Renée. *Les Nièces de Mazarin*. Paris. Firmin Didot. 1858. — L'auteur cite plusieurs passages des *Mazarinades* relatifs « aux nièces »; plates et cyniques élucubrations, particulièrement méprisables, puisqu'elles s'adressaient à des enfants.

(3) Madame de Sénecé, de la Maison de La Rochefoucauld; mais elle ne remplit cette charge que jusqu'à la Fronde, où elle passa à ce parti avec toute sa famille.

religieuses du Val-de-Grâce. Les adversaires du cardinal n'hésitèrent pas à proposer leur internement dans une de leurs places fortes, et Condé exigea, par traité, que ces enfants, qu'il jugeait avec les factieux « le pivot de toutes les combinaisons de répression » et avec les chansonniers de la rue :

« Illustre matière de noces »,

ne pussent être mariées sans son consentement (1). Puis, au lendemain de la délivrance des princes (4 février 1651), lorsque Mazarin prit sous un déguisement le chemin de l'exil, les trois jeunes filles, expulsées par un arrêt du Parlement, furent conduites à Péronne par le maréchal d'Hocquincourt, et, tandis que des attroupements se formaient autour du Val-de-Grâce, où on les croyait encore une fois cachées, et que le peuple jurait de

« mettre en pièces,
« ceux qui logeraient les nièces »,

ces enfants partageaient au loin la fortune de Mazarin (2). Elles le suivirent successivement à Clermont-en-Argonne,

(1) Voir la lutte engagée par Condé contre Mazarin au sujet du mariage de ses nièces. (Duc d'Aumale. *Hist. des Princes de Condé.* T. V. ch. 4). — Mazarin tenta aussi de marier ses nièces en Italie, afin d'y appuyer sa politique. Le 15 novembre 1647, dans une lettre à Fontenay-Mareuil, il élaborait le projet de l'alliance de deux d'entre elles avec un des frères du cardinal Maidalchini et avec le fils du préfet de Rome, Taddeo Barberini, neveu d'Urbain VIII. En 1658, il fut aussi question de faire épouser une des nièces au duc de Parme Rainucce II. — Cf. Ch. Gérin. *Louis XIV et le Saint-Siège.* T. I, p. 6 et p. 176. Paris. V. Lecoffre. 1894.

(2) L'abbé Ondedei, le confident de Mazarin, les avait menées à la maréchale d'Hocquincourt, qui les avait conduites à Péronne après les avoir cachées, pendant plusieurs jours, dans la chambre de Mademoiselle de Neuillant, la future Madame de Navailles. A

à Sedan, puis à Bruhl, près de Cologne, où le banni, poursuivant ses combinaisons et ses intrigues, mettait son temps à profit, en faisant conclure le mariage, jadis rompu par Condé, de Laure Mancini avec le duc de Mercœur (1).

Après un an de séjour à Bruhl (2), Mazarin tenta la rentrée en France, et, en dépit des arrêts du Parlement, qui mettaient sa tête à prix, passa la frontière à la tête de six mille hommes, et rejoignit la Cour à Poitiers, le 30 janvier 1652. Huit jours plus tard (3 février), les nièces et Paul Mancini rentraient à Paris par la porte Saint-Antoine. La princesse de Carignan et plusieurs autres dames de haute condition s'étaient portées à leur rencontre. Elles se rendirent à l'hôtel de Vendôme, où Laure salua sa belle-mère, puis elles furent conduites au Louvre, où la reine, dit Loret, leur fit « maints compliments » (3), et les conduisit dans l'appartement qui leur était attribué.

Clermont, Mazarin fut accueilli par le maréchal de La Ferté, et à Sedan par le maréchal Fabert, gouverneur de la ville, qui offrit aux nièces un asile, où elles attendirent que leur oncle eût fixé le choix de sa résidence en exil.

(1) En 1649, pendant la Fronde des princes, alors que Condé maintenait les troupes dans le devoir et appuyait par tous ses moyens l'autorité royale, Mazarin, se liant avec les pires ennemis du prince, donnait sa nièce Laure Mancini au duc de Mercœur, petit-fils de Henri IV et de Gabrielle, et frère du duc de Beaufort. Condé fit rompre violemment ces fiançailles, et le cardinal dévora l'affront. Il prit sa revanche pendant l'exil à Bruhl, où fut consommée cette union que Condé devait un jour dénoncer au Parlement.

(2) Pendant le séjour à Bruhl, Béringhen, qui était allé trouver Mazarin de la part de la régente, rapporta à Sa Majesté que le cardinal « était embarrassé de ses nièces et de son neveu ».

(3) Muse de Loret.

La Fronde touchait à son déclin; dès lors, splendidement traitées, entourées des hommages de la ville et de la Cour, Olympe et Marie-Anne attendirent, sous les lambris dorés du palais de nos rois, l'accomplissement de leur destinée.

C'est alors que fut repris un projet de mariage, ébauché en 1649, entre Anne Martinozzi et Candale, le héros de la capitulation de Bordeaux. La répugnance du père du jeune duc, l'indifférence du fiancé, les fluctuations de la politique avaient fait traîner les choses en longueur. « Monsieur de Candale a presté serment de la charge de colonel, écrivait, le 16 juin 1649, Lenet à Monsieur le Prince, on croit son mariage aussi avancé que celui de Monsieur de Mercœur, qu'on rompt, qu'on surseoit et qu'on conclut deux fois le jour par deçà et mesme à la Cour » (1). Les choses n'étaient pas plus avancées en 1653. Pendant le séjour en Guyenne, Langlade, dit Cosnac, avait pénétré le secret de Candale, « qui ne désirait rien tant que de rompre », et s'était chargé de l'étrange négociation « de ménager qu'il céderait à Monsieur le prince de Conti, Mademoiselle Martinozzi ».

En homme habile, il ne laissa pas de faire à Candale un grand mérite envers le prince du prétendu sacrifice, Candale en usa de même envers le cardinal, et Mazarin, ravi de se dégager, faisait savoir à la Grange des Prés que les pourparlers étaient ouverts. L'on n'oubliait qu'une chose, le sentiment très tendre, voué, dit-on, par Anne à son fiancé hypothétique, mais très séduisant et très beau (2). Pendant l'attente de Conti sur le résultat

(1) Lenet à M. le Prince. 16 juin 1649. Arch. de Chantilly.

(2) Cf. pour tous ces détails : *Mémoires de* COSNAC. T. I, p. 130 et suiv.

des négociations de ce mariage, dans lequel, — triste aveu, — il voyait plutôt une alliance avec le cardinal, qu'un mariage d'amour, se place cet épisode, si connu, du séjour du prince à Montpellier, chez le comte d'Aubijoux, gouverneur de la ville (1). On s'y amusa plus que de raison ; cette folle vie parut à Armand plus agréable que la solitude de la Grange, il prolongea son séjour, et tomba amoureux d'une demoiselle Rochette, qui n'était pas fâchée, dit-on, « de mettre un prince du sang au nombre de ses conquêtes » (2). Cette jeune personne, spirituelle et jolie, le fit songer à la femme médiocre et indolente qui l'attendait à la Grange des Prés, et qui l'accablait de plaintes sur son absence, et de reproches sur son infidélité. Par un de ses caprices habituels, il résolut sur l'heure de la renvoyer, et Cosnac reçut l'ordre de se rendre à la Grange pour cette singulière mission. L'abbé plaida pour la victime, mais, dit-il finement : « mes raisons et Madame de Calvimont furent trop faibles », et il partit le lendemain matin, muni d'un billet de 600 pistoles sur le trésorier du prince. Il arriva à midi à Pézenas ; il faut lire, dans ses Mémoires, cette page de psychologie féminine :

« Dès que Madame de Calvimont me vit, elle crut que je lui portais de bonnes nouvelles, me reçut avec un

(1) François d'Amboise, comte d'Aubijoux, lieutenant du roi en Languedoc et gouverneur de Montpellier, dernier descendant de la Maison d'Amboise, était fils de Louis d'Amboise et de Blanche de Lévis. Il mourut en 1656.

(2) Cosnac, qui a soin de faire savoir que cette liaison fut purement platonique, ajoute : « Mademoiselle Rochette est à présent Madame de Calvière ». S'agirait-il de Marthe de La Roche, qui épousa, le 26 août 1656, Antoine de Calvière, seigneur de Saint-Césaire, colonel d'infanterie ? (Louis de la Roque. *Armorial du Languedoc*. T. I, p. 117).

visage riant, et me demanda avec empressement quand arriverait Monsieur le prince de Conti. Je répondis d'un air fort sérieux que je venais lui parler de sa part; ensuite je la pris en particulier et je lui dis les ordres que j'avais. Elle ne s'y attendait pas; elle demeura d'abord interdite et immobile. Cette première surprise fut suivie presque aussitôt d'une si grande abondance de larmes, que je fus persuadé qu'elle aimait sincèrement ce prince; mais peu après, elle m'épargna toutes les paroles que je cherchais pour la consoler, et entra en conversation sur des choses avec autant de tranquillité, que s'il ne se fût rien passé dans son âme. Dès que ma commission fut faite, je lui dis que j'avais un ordre pour lui faire donner six cents pistoles; à ces paroles, ses pleurs recommencèrent avec tant d'abondance, que je crus qu'elle n'était pas contente d'une si petite somme. La compassion que j'en eus m'obligea de lui dire que je lui en ferais donner davantage, ne doutant pas que Monsieur le prince de Conti ne me sut fort bon gré de l'avoir fait plus libéral; et j'allai lui quérir mille pistoles. Dans le peu de temps que je fus dehors, sa philosophie opéra si bien et eut tant de pouvoir sur elle pour lui faire supporter son malheur, que je la trouvai qui jouait avec son hôtesse. Cela me surprit. M'étant approché, je lui dis que je n'interromprais que pour un moment son divertissement, et je lui donnai les mille pistoles. C'est le seul présent qu'il lui ait fait, excepté un diamant de deux mille écus qu'il lui avait donné à Bordeaux, le second jour qu'il l'avait vue. Comme je lui disais adieu, elle recommença à pleurer et me pria fort d'assurer Monsieur le prince de Conti que ses premières et secondes larmes ne venaient que de l'amour extrême qu'elle avait pour lui, et que pour le présent, elle n'y avait pas fait la moindre réflexion » (1).

Rentré à Montpellier, Cosnac rendit compte de sa mission au prince, et, dit-il, « quand il eût eu dans le cœur quelques restes de tendresse pour cette femme, elle se serait évanouie par le récit que je lui fis de l'inégalité de son humeur et de la légèreté de son esprit »; et il ajoute : « depuis ce temps, je ne me souviens point de lui avoir ouï nommer son nom ». Conti, cependant, devait se retrouver encore une fois en ce monde en face de Mme de Calvimont, alors que, converti et pénitent, il était prêt à une de ces héroïques expiations, que l'on a si bien appelées « les coups d'état de la grâce » (2).

Les divertissements organisés par M. d'Aubijoux avaient dégénéré en débauches; Conti quitta Montpellier avec une santé perdue et un désir plus vif d'une diversion, en pressant de tout son pouvoir l'affaire de son mariage (3).

(1) *Mémoires de* Cosnac. T. I, p. 135 et suiv.

(2) Un renseignement tiré de la *Vie manuscrite de Monseigneur Pavillon,* que nous aurons tant d'occasions de citer dans la suite, nous inciterait à croire que Madame de Calvimont ne quitta pas Pézenas, ou du moins la Province. L'auteur laisse en effet entendre que, lorsque, en 1657, pour obéir à l'évêque d'Alet, Conti partit pour Bordeaux, afin de demander pardon à Monsieur de Calvimont du tort qu'il lui avait causé, il y ramena la jeune femme et l'y enferma dans un couvent. (*Vie de M. d'Alet.* 2 vol. ms. Archives Gazier. P. R. 120).

(3) Serait-ce à ce moment que Sarrasin lui dédia cette épigramme :

« Monseigneur, puisque vous raillez
Du verd et du gris que je porte,
Souffrez au zèle qui m'emporte
De vous dire que vous faillez;

Désirant nous restreindre aux faits qui touchent particulièrement la Grange des Prés, nous passerons rapidement sur cette période de la vie du prince, pendant laquelle les événements le tinrent éloigné du Languedoc.

L'on sait que, rejoint à Montpellier par Sarrasin et par Langlade, qui apportaient de vagues réponses de Mazarin (1), Conti prit avec eux le chemin de la capitale, malgré la condamnation qui pesait toujours sur lui (2). Il s'arrêta dans sa propriété de Bagnols, puis à la chartreuse de Valbonne, où l'atteignit enfin l'amnistie du roi, il vint ensuite à Lyon, où il reçut de l'abbé d'Ainay les premiers hommages dus à son futur titre de neveu du cardinal. De Lyon, il gagna successivement ses abbayes de Cluny et de Saint-Germain à Auxerre, c'est là que lui furent remis les articles définitifs de ce mariage tant marchandé : toujours avare et fourbe (3), Mazarin avait, à la dernière heure, retiré tous les avan-

Le verd, cette couleur jolie,
Est un blason de la folie,
Comme le gris l'est des douleurs:
Puisque je n'ai point de maîtresse,
Et que je suis à Votre Altesse,
Dois-je pas porter ses couleurs ? »

Epigramme à un Grand qui s'estoit moqué d'un ruban gris et verd. (Au prince de Conti). Poésies de François Sarrasin.

(1) Ce qui était très explicite, c'était qu'il ne fallait pas compter sur le titre de connétable, ni sur la souveraineté de Brouage, en Saintonge, qui avaient été demandés par les négociateurs.

(2) Le 13 novembre 1652, Louis XIV avait fait enregistrer, dans un lit de justice, une déclaration de lèse-majesté contre les princes de Condé et de Conti, la duchesse de Longueville, La Rochefoucauld et le prince de Tarente.

(3) « On le tenait pour fourbe ». — M. Louis Battifol : *Anne d'Autriche et Mazarin étaient-ils mariés ?* » (*Revue hebdomadaire*. 23 décembre 1911).

tages qu'il avait fait entrevoir, et donnait chichement deux cent mille écus en cadeau de noces (1).

« Monseigneur, vous êtes trahi », s'était écrié Cosnac en lisant les articles : Conti était au moins joué. Il persévéra cependant dans son dessein, renvoya au cardinal le contrat revêtu de sa signature, résigna ses nombreux et riches bénéfices (2), et se dirigea vers Paris. Arrivé à Villejuif, il y trouva Mazarin, venu à sa rencontre avec une suite brillante. Le cardinal fit monter son futur neveu dans son carrosse, et le conduisit au Louvre, où il le présenta à Leurs Majestés. A ce moment (16 février 1654), le frère aîné de cet étrange fiancé, Condé, généralissime de l'armée de Philippe IV (3), installé au cœur de la France à la tête de trente mille hommes, rêvait au réveil des vieilles haines, et déclarait préférer *être Espagnol que Mazarin.* « Dieu veuille ramener Monsieur le Prince à son devoir », écrivait André d'Ormesson (4); Dieu devait écouter un jour la prière du noble magistrat.

Après avoir reçu « grand accueil du roi et de la

(1) Cosnac, en lisant ces maigres conditions, avait jeté le papier à terre et s'était écrié : « Eh ! Monseigneur, vous êtes trahi, on vous marie au denier deux ». En se mariant, Conti renonçait à ses abbayes et perdait de ce chef plus de cent mille écus de rente en bénéfices.

(2) Conti résigna tous ses bénéfices sauf l'abbaye de Cluny, où il allait, par ordre du roi, faciliter l'élection de Mazarin. Cette résignation eut lieu à Joigny, entre les mains de M. de La Marguerie, premier président de Dijon, envoyé dans ce but par le cardinal, qui, toujours avide, s'adjugea cette nouvelle et magnifique succession.

(3) Condé avait reçu le titre de généralissime des armées espagnoles peu de jours après que Louis XIV l'eut fait déclarer coupable de lèse-majesté. Novembre 1653.

(4) André Lefèvre d'Ormesson d'Amboile, maître des requêtes, fils d'Olivier d'Ormesson, rapporteur au procès de Fouquet. Nommé intendant de Lyon, il y mourut en 1684.

reine », Conti, définitivement rallié, comme nous dirions aujourd'hui, fit à Mlle Martinozzi sa première visite : Cosnac traduisit son impression par ce terme vague : « Il en fut assez satisfait » (1).

Le 21 février, on vit dans le Louvre, illuminé comme pour un mariage royal, se presser une foule en liesse pour la cérémonie des fiançailles. Anne, vêtue d'une robe de velours noir, qui disparaissait sous les diamants, reçut une première bénédiction des mains de l'archevêque de Bourges (2). Le lendemain, vêtue cette fois fois d'un habit de brocatelle enrichi de perles, elle fut conduite, ainsi que son fiancé, dans la chambre de la reine, puis dans la chapelle de Sa Majesté, où le même prélat donna aux époux la bénédiction nuptiale. Le soir, il y eut au palais Mazarin la représentation du *Cid*, suivie d'un bal et d'un souper.

Qu'était, à ce moment, la petite-fille du chapelier de Palerme (3), qui venait de prendre rang de princesse du sang à la cour de Louis XIV ? On a vu le charmant portrait tracé d'elle par Mme de Motteville ; quelques années plus tard, nous entendrons Mlle de Montpensier la déclarer « grande et bien faite, menant à vingt-cinq

(1) Cosnac avait quelques raisons d'en vouloir à Mademoiselle Martinozzi. Prévenue sans doute contre lui par Langlade, elle le « reçut avec une froideur incroyable, et lui fit à peine l'honneur de le regarder ». (*Mémoires de* COSNAC. T. I, p. 157).

(2) Le contrat de mariage du prince et de la princesse de Conti, signé au Louvre, le 21 février 1654, a été publié par E. BARTHÉLEMY : « *Une nièce de Mazarin* », p. 355.

(3) L'origine de la famille Mazarin est un point mal éclairci. Successivement soupçonné d'avoir été chapelier, bonnetier, boutonnier, banqueroutier, juif marchand de chapelets, le grand-père, né dans la petite ville de Mazzara delle Valle, en Sicile, était, disent les pamphlets du temps, « un très débauché malhonnête homme ».

ans la vie d'une femme de cinquante » (1). Le Père Rapin, peu suspect quand il la loue, la déclare « née avec peu de défauts et beaucoup de vertus » (2). Ces précieuses qualités ne devaient, il est vrai, se développer que plus tard, sous l'influence d'une piété ardente; Anne, à seize ans, promettait beaucoup, mais c'était le bouton, non la fleur. Il semble que l'on doit se la représenter à cette heure de sa vie, jolie, innocente, d'une éducation un peu négligée, fort ignorante en matières religieuses (3), et prête à recevoir l'empreinte, bonne ou mauvaise, qui viendrait d'abord l'impressionner (4).

Le jeune ménage passa les premiers temps du mariage à Chilly (5), un des châteaux de Mazarin, la sortie de Paris ayant paru convenable après la condamnation définitive de Condé (27 mars 1654) (6). Puis, Armand,

L'on n'a rien de bien sérieux à opposer à ces extraits des *Mazarinades* ; MORERI, si informé, est muet sur les origines des Mazarin ; SAINT-SIMON avoue n'avoir pu remonter plus haut que le père du cardinal, et il conclut : « On les a cru des manants ».

(1) *Mémoires de* MADEMOISELLE DE MONTPENSIER.

(2) *Mémoires du* P. RAPIN. T. II, p. 200.

(3) Tous les documents que nous possédons sur la jeunesse de la princesse appuient sur son indifférence religieuse à cette époque. Mondaine et irréprochable aux yeux du monde, elle vivait, — nous dit un abrégé de sa vie, que nous aurons plusieurs fois l'occasion de citer,— « fort éloignée de l'esprit du christianisme », et avouait, « que si elle fût morte à cet âge, c'eût été comme une bête, ne connaissant point encore Dieu ». (*Abrégé de la vie de Madame la princesse de Conty*. Ms du temps, in-4°. Archives de la Grange des Prés).

(4) Conti connaissait bien ce point faible de sa jeune femme, lorsqu'il répondait à Cosnac au sujet des galantes entreprises de Vardes : « Ma femme a comme toutes les autres la vanité de plaire et que sais-je, si elle éviterait d'être aimée ».

(5) Chilly-Mazarin, près Longjumeau.

(6) Le 27 mars 1654, Condé avait été condamné à souffrir la

qui se souvenait des troupes de Candale, ayant sollicité un commandement, le cardinal l'avait nommé chef de l'armée de Catalogne (1).

C'est au commencement de juin qu'Armand de Conti partit pour rejoindre ses troupes. La princesse l'accompagna jusqu'à Fontainebleau : la séparation fut douloureuse. Cosnac, rentré momentanément dans les bonnes grâces d'Anne (2), retourna avec elle à Paris. C'est, du reste, aux Mémoires de l'abbé qu'il faut renvoyer pour tous les faits qui remplirent la vie de la jeune femme, pendant que le prince se dirigeait vers le Midi. Par elles, nous savons que la princesse dut vaincre le chagrin très réel que lui causait ce départ, pour suivre la Cour, réunie à Reims pour le sacre du roi (3). Le jour même de cette auguste cérémonie commença cette correspondance qui permet de suivre pas à pas la petite princesse, de juin 1654 au mois d'août 1655. Hélas! cette Italienne, encore presque une enfant, ne possédait pas l'art de la description, pas plus que le sens de traduire l'intelligence des événements auxquels plusieurs de ses

mort, l'exécution faite par justice et publiée par la forme qu'il plaira au roi ». — Cf. DUC D'AUMALE. *Hist. des Princes de Condé.* T. VI, p. 389.

(1) MADAME DE MOTTEVILLE rapporte une très intéressante conversation, qui eut lieu quelques jours après le mariage, entre la reine et le prince de Conti. Anne d'Autriche prit, semble-t-il, l'innocent plaisir de se faire raconter la Fronde par un des chefs des frondeurs. — *Mémoires de* MADAME DE MOTTEVILLE. T. IV, p. 42.

(2) Cosnac, qui espérait obtenir de Mazarin un évêché par l'intervention de la princesse, n'avait rien négligé pour rentrer dans ses bonnes grâces; des différends plus graves devaient éclater entre eux, en 1656, au sujet de l'abbé de Ciron.

(3) C'est le lendemain du sacre, qu'Anne arracha à Mazarin la nomination de Cosnac à l'évêché de Valence.

contemporaines allaient devoir une immortelle célébrité. Ses lettres ressemblent à de sèches nomenclatures, on les dirait écrites sous une dictée, — Cosnac y fut-il pour quelque chose? — Il est vrai que la fin renferme toujours quelques paroles affectueuses, et, à mesure que l'on avance, le ton se fait plus tendre, il atteindra un jour celui de la plus brûlante passion. Cette correspondance, qui, si facilement, eût été riche en renseignements précieux, ne contiendra ni détails familiers, ni nouvelles du jour, ni appréciations personnelles, mais ces mots, qui reviennent à chaque ligne, et sous toutes les formes : « Je vous aime, ayez soin de vous, aimez-moi » (1).

De Reims, Anne suivit la Cour à Rethel et à Sedan, où l'on apprit la nouvelle de la prise de Stenay (2) ; puis à Charleville, à La Fère, à Péronne, et à Paris. Ces déplacements en société, dans la lenteur de la marche des lourds carrosses, facilitaient l'intimité. Durant les loisirs du voyage, le jeune roi se prit aux charmes de la princesse, et, pendant un bal à Péronne, lui manifesta ses sentiments avec une extrême vivacité. Anne le prit de haut, l'attitude de Mazarin fut singulière; renversant les rôles, il fit faire par la princesse des excuses au roi. Celui-ci, après des incidents, dont Cosnac a fait prudemment disparaître de ses Mémoires la relation compromettante (3), porta ses hommages aux pieds

(1) Cette correspondance a été publiée par M. E. de Barthélemy : *Une nièce de Mazarin*. 1 vol. Paris. Firmin Didot. 1875.

(2) Stenay, que défendaient Condé et les Espagnols, fut pris par les maréchaux de Turenne, de La Ferté, et d'Hocquincourt, le 6 août 1654.

(3) Quelques feuillets manquent dans les Mémoires de Cosnac à ce passage intéressant, mais les pages suivantes expliquent suffisamment les alinéas supprimés.

d'une autre « nièce », Marie Mancini : ce fut le début du roman du grand Roi (1).

Rentrée à Paris le 4 septembre, Anne n'aspirait qu'à rejoindre son mari. Ayant appris que ce dernier irait, en décembre, tenir les États de Languedoc à Montpellier, en qualité de commissaire du roi, elle le supplia de l'y appeler. Mazarin mit d'abord obstacle à ces tendres projets, mais le prince, qui avait eu, en Catalogne, les échos des galants propos du roi, écrivait impérieusement à Cosnac : « Je veux absolument que ma femme revienne... Que ma femme vienne promptement ». Le départ fut fixé au 12 octobre Un accident au cours d'une chasse royale le retarda : tombée de cheval et blessée à la tête, Anne se remit promptement, et, escortée par Cosnac, prit le chemin du Languedoc. Les deux époux se rencontrèrent à Remoulins, entre Avignon et Nîmes, et

(1) Marie Mancini, amenée de Rome par sa mère en 1653, avait été mise d'abord chez les Filles de Sainte-Marie de Chaillot, elle alla ensuite partager le logement de la famille Mazarin au Louvre. Là, elle s'empara du cœur du jeune roi, au point d'avoir, a-t-on prétendu, été une des causes de la rupture des négociations du mariage de ce prince avec Marguerite de Savoie, en novembre 1658. L'amour du roi pour Marie parut alors n'avoir plus de bornes, la jeune fille put se croire un instant destinée au trône. Mazarin exigea une séparation, et, nouvelle Bérénice, Mademoiselle Mancini quitta Louis XIV, en lui jetant ces mots si magnifiquement paraphrasés par Racine : « Vous m'aimez, vous êtes roi, et je pars ». Après le mariage du roi avec l'Infante d'Espagne, Marie épousa le connétable Colonna, prince romain, duc de Tagliacozzo. Cette union fut des plus malheureuses ; se croyant menacée dans sa liberté et sa vie, la Connétable s'enfuit de Rome et se réfugia en France, où le roi l'autorisa à se retirer dans l'abbaye du Lys. Après une bruyante aventure avec le duc Charles-Emmanuel de Savoie elle erra en Suisse, en Allemagne, en Flandre, en Espagne, enfin en Italie. La mort la surprit à Pise le 11 mai 1706; elle fut enterrée dans l'église du Saint-Sépulcre de cette ville.

le prince, dit l'abbé, « reçut madame sa femme avec mille caresses » (1).

Dès son arrivée à Montpellier (2), le prince reçut la nouvelle de la mort de Sarrasin, survenue le 5 décembre à Pézenas, où il avait précédé Leurs Altesses (3). La fin de cet homme intéressé, léger, mais spirituel et érudit, avait été profondément édifiante. « Étant près d'expirer, dit Poncet, il demanda au Père Talon, jésuite et confesseur du prince, qui l'exhortait à la mort, s'il aurait de la vie pour longtemps ». Ce Père, connaissant son état, lui répondit qu'il fallait penser à paraître bientôt devant le Souverain Juge : alors, il éleva les yeux vers Dieu, et expira en disant ces paroles du verset huitième, du psaume cinquante : « Vous m'arroserez avec l'hysope, et je serai purifié ; vous me laverez, et je deviendrai plus blanc que la neige » (4). Une absurde légende, qui s'était accréditée dans l'esprit de beaucoup de gens, rattachait la mort du poète, à un coup de pelle à feu que Conti lui aurait asséné dans un moment d'humeur. Cosnac réfute ce faux bruit ; le prince, affirme-t-il, — et Tallemant avec lui, — (5) « était incapable d'un tel

(1) Tous ces détails et les suivants sont tirés des *Mémoires de* Cosnac, p. 185 et suiv.

(2) Le 4 décembre, la princesse de Conti, partie de Paris le 30 novembre, arriva à Pézenas.

(3) Le prince apprit cette nouvelle par une lettre du père Talon qui lui fut portée à Montpellier par un de ses aumôniers nommé Berger.

(4) Poncet. *Hist ms. de Pézenas.* — L'auteur dit formellement que Sarrasin mourut à Pézenas. Amédée Renée dit, sans en fournir les preuves, que cet événement eut lieu à la Grange des Prés. (A. Renée. *Vie de Madame de Montmorency.* Appendice D., page 320).

(5) « Le prince de Conti, dit Tallemant, ne l'a jamais outragé que de paroles ; on a eu tort de dire qu'il l'avait frappé ». (*Historiettes*).

emportement ». La vraie cause aurait été la jalousie d'un mari trompé, et, l'*Amilcar* de la *Clélie* aurait succombé, empoisonné dans un potage (1). Le lendemain de la mort de son secrétaire, Conti donna cette charge à Guilleragues (2). C'est à ce moment qu'un grand nombre de moliéristes placent l'offre faite par Conti à Molière de la succession de Sarrasin. Cosnac, qui s'étend sur cet épisode et donne les noms proposés pour les charges de secrétaire et d'intendants de la Maison du prince, ne prononce pas le nom du poète : celui-ci, d'ailleurs, était-il en décembre à Montpellier, alors que nous le trouvons à Lyon le 3 novembre ? (3).

Promptement consolé de la mort de son secrétaire, car il se rendit le soir même à la comédie (4), Conti ouvrit les États le lendemain, 7 décembre.

Le prince arrivait à cette assemblée à une date importante : depuis l'édit de Béziers, les libertés locales et

(1) Ce fait, rapporté par TALLEMANT, l'est aussi par LE PÈRE TALON, mais avec quelques variantes. — Les funérailles de Sarrasin eurent lieu à Pézenas, dans la collégiale de Saint-Jean, le 6 décembre. Son tombeau, placé sous la stalle de l'archidiacre, ne reçut une épitaphe qu'en 1726 ; elle fut composée par M. de Juvenel de Carlencas, et fut détruite lorsque, quelques années plus tard, le clocher de cette église s'effondra. Elle a été publiée par M. A.-P. ALLIÈS dans « *Une Ville d'Etats* ». Le même auteur rapporte, d'après STRAAF (*Lectures choisies*), que, vers le milieu du dix-huitième siècle, l'on vit un jour, dans la collégiale, un étranger qui paraissait se livrer à de patientes recherches, et qui, interrogé par les chanoines, aurait répondu : « Je cherche la tombe de Sarrasin, je suis Arouet de Voltaire ».

(2) Le portrait qu'en a laissé Cosnac le montre peu propre à cet emploi. « Il avait, dit-il, beaucoup de penchant au plaisir, et peu aux affaires, bon, facile, croyant aisément les choses qu'il désirait ».

(3) *Chronologie Moliéresque*, par GEORGES MONVAL. Paris, Flammarion. M.DCCC.XCVII.

(4) *Mémoires de* COSNAC. T. I, p. 190.

traditionnelles avaient cessé d'être une réalité en Languedoc. Sous le nouveau régime administratif, œuvre de Richelieu, la loi de la Province avait peu à peu fait place à la loi de la monarchie, et lorsque, au mois d'octobre 1649, sous l'influence des troubles de la Fronde, l'édit de Béziers avait été révoqué, les États et le pays étaient domestiqués depuis longtemps. Cet édit qui avait atteint à tous les degrés la représentation du pays, n'avait laissé en réalité qu'un seul pouvoir debout, celui des Intendants; tout rentrait dans leur compétence: par leur initiative, l'autorité du gouverneur s'était trouvée réduite à un simple commandement militaire, ou même à une représentation purement honorifique. Sous leur surveillance inquiétante et soupçonneuse, il n'y avait plus d'indépendance pour les États. L'arrivée de Conti coïncidait avec celle de l'intendant Claude de Bazins de Bezons (1), qui allait achever l'œuvre de l'organisation administrative du Languedoc au bénéfice du pouvoir royal. Pendant vingt ans, il occupera cette charge, et nous le verrons préparer par son zèle l'envahissement de tous les pouvoirs dans l'Assemblée, et, en faisant perdre à la représentation provinciale tout caractère

(1) Claude Bazin, seigneur de Bezons, dont Tallemant a si spirituellement raillé, dans une de ses Historiettes, l'orgueilleuse suffisance, fut conseiller d'Etat ordinaire et avocat général au Grand Conseil en 1630. En 1655 il reçut la charge d'intendant de Languedoc, qu'il exerça pendant vingt ans. En 1673, ses nombreux désaccords avec le cardinal de Bonsi, archevêque de Narbonne et président des Etats, « dont l'autorité avait été développée outre mesure par les prévenances de l'Assemblée », lui firent renoncer à sa charge et demander de rentrer au Conseil d'Etat. Colbert lui donna pour successeur d'Aguesseau. Il mourut doyen de l'Académie Française, le 20 mars 1684.

politique, la transformer en instrument d'administration perfectionnée (1).

En 1654, le rôle du prince de Conti aux États fut restreint. En outre des délibérations sur les sommes demandées par le roi, les discussions se portèrent sur ces difficultés latentes, antagonismes entre les deux confessions toujours en présence, ou questions locales, querelles de clocher, si délicates et souvent plus difficiles à résoudre que des questions d'ordre général (2).

Pendant toute la durée de la session, Conti et sa femme résidèrent à Montpellier, le prince, courant, comme avant son mariage, les fêtes, les comédies et les bals masqués (3), insouciant à la dépense, au point que l'argent « vint à manquer », pour exécuter le règlement des dépenses arrêté par Cosnac, promu, pour une année, à la charge d'intendant. Il est vrai que ce dernier, s'étant rendu à Paris, agit si habilement auprès de Mazarin, qu'il en obtint des avantages qui permirent au prince de tenir désormais l'état exigé par son rang (4). Une pénible surprise attendait au retour le négociateur : il se crut supplanté dans la faveur de Leurs Altesses par un nouveau venu, « qui lui déplut tout d'abord » et qu'il soupçonna, dit-il, de s'être insinué « par l'esprit, qu'il avait assez agréable, et par sa fade complaisance ». Ce rival était Jacques Esprit, qui joua, en effet, à partir de ce

(1) Cf. Gachon. *Les Etats de Languedoc et l'Edit de Béziers*. Op. cit., et le T. XIII de l'*Hist. génér. de Languedoc*, p. 356 et suiv.

(2) Cf. *Hist. gén. de Languedoc*. T. XIII, p. 356 et suiv.

(3) *Mémoires de* Cosnac.

(4) Cosnac avait obtenu de Mazarin, pour Conti, une pension de prince du sang, la charge de grand-maître de la Maison du roi, l'autorisation de vendre le gouvernement de Berry au prix de deux cent mille livres, et des secours pour continuer la campagne de Catalogne.

moment, un rôle important auprès du prince. Né à Béziers, le 22 octobre 1611, ce personnage y avait fait de bonnes études chez les Jésuites (1). A dix-huit ans, il alla à Paris, et, penchant pour l'état ecclésiastique, il entra au séminaire oratorien de Saint-Magloire ; il en sortit avant la fin de ses études théologiques, et renonça à la cléricature (2). Il fréquenta dès lors l'hôtel de Rambouillet, où « un air de douceur, de civilité et de complaisance, qui le rendaient aimable aux gens de qualité » (3), lui obtinrent des succès. C'est à ce moment que le chancelier Séguier se l'attacha et le poussa à l'Académie (4). Tombé en disgrâce auprès de ce protecteur, pour un démêlé domes-

(1) Esprit eut deux frères : l'aîné entra à l'Oratoire. C'est à lui que M. Le Roi, abbé de Haute-Fontaine, célèbre par ses discussions avec l'abbé de Rancé, adressa, le 9 février 1656, une lettre dans laquelle il se défendait d'être l'auteur de la première Provinciale. « Il avait, dit TALLEMANT, de l'esprit comme un lutin ». Le second, familier comme ses deux frères de l'hôtel de Rambouillet, fut premier médecin de Philippe, duc d'Anjou, frère de Louis XIV, depuis duc d'Orléans et père du régent.

(2) Le PÈRE RAPIN s'obstine à nommer Esprit, « le Père Esprit de l'Oratoire », tout en disant : « qu'il était de l'Oratoire sans en être, c'est-à-dire sans aucun engagement dans les ordres, car il quitta depuis cette communauté par chagrin ». (*Mém. du* P. RAPIN. T. I, p. 102). — Esprit a été aussi appelé « de l'Oratoire », dans une dissertation littéraire de Sarrasin au sujet de la fameuse dispute sur le sonnet de Job de Benserade, et celui d'Uranie de Voiture.

(3) *Mém. du* P. RAPIN. Loc. cit.

(4) ESPRIT fut reçu à l'Académie Française, le 14 février 1639. Il succédait à Philippe Habert, commissaire des guerres, frère de l'abbé de Cerisy. Ses principaux ouvrages sont des *Paraphrases des Psaumes*, des *Lettres*, une *Traduction du Panégyrique de Trajan*, des *Maximes politiques* mises en vers, un *Dialogue sur le sujet de la paix*, et son ouvrage le plus connu : *La fausseté des vertus humaines*, que CORBINELLI avait loué devant MADAME DE SÉVIGNÉ. (Lettre du 5 février 1690).

tique (1), il trouva, par l'entremise de Mme de Sablé, un asile auprès de Mme de Longueville, qui, en 1646, l'amena à Munster, pendant le fameux voyage qui prépara la paix de Westphalie. Elle le garda auprès d'elle pendant la Fronde, et il coopéra, dit-on, à plus d'une *mazarinade*. Après la paix de Bordeaux et la retraite de sa protectrice, Esprit se rapprocha de La Rochefoucauld, et fut mêlé à l'illustre société qui entourait le fauteuil, où la goutte retenait, souvent, le souriant et railleur auteur des Maximes. Mais poursuivi par un renouveau de ferveur religieuse, il reprit le chemin de Saint-Magloire ; c'est là qu'il aurait rencontré Conti (2), qui se l'attacha (3).

L'Assemblée provinciale s'était séparée le 14 mars (1655). Le moment était venu pour Conti de reprendre la campagne de Catalogne. Le prince méritait les éloges

(1) La fille du chancelier, Madeleine, veuve du marquis de Coislin, s'étant remariée en 1644 avec le marquis de Laval à l'insu de son père, celui-ci accusa Esprit de s'être prêté à cette intrigue, et lui enjoignit de se retirer.

(2) C'est à tort que quelques biographes d'Esprit placent son entrée dans la Maison de Conti après la conversion du prince; il résulte de la lecture des *Mémoires de* Cosnac qu'il y était établi dès le mois de mars 1655 : la conversion n'eut lieu qu'en novembre et décembre 1655.

(3) Plusieurs années après son entrée chez le prince, Esprit épousa une riche héritière, Madeleine Rollain. Il fut doté par Conti, qui lui donna, d'après d'Olivet, une promesse de quarante mille livres sur le comté de Pézenas, et par Mme de Longueville, qui lui remit quinze mille livres comptant. Il partagea son temps entre son intérieur et la Maison du Prince, il suivit ce dernier en Languedoc en 1660, vécut à la Grange des Prés et y demeura jusqu'à la mort de Conti. Retiré à Béziers, partageant son temps entre l'étude et l'éducation de ses trois filles, il mourut dans cette ville, le 6 juillet 1678. (A. Soucaille. *Notice biographique sur l'académicien Jacques Esprit.* — *Bulletin de la Soc. arch. de Béziers*. T. IV, deuxième série, p. 45).

qui lui avaient été décernés par les États (1) : on l'avait vu, l'année précédente, ayant à ses côtés Bussy, le trop spirituel cousin de Mme de Sévigné (2), et Candale (3), l'ancien compétiteur à la main de Mlle Martinozzi, faire lever le siège de Prats-de-Mollo, s'emparer de Villefranche, faire reculer les Espagnols devant Roses, et, par la prise de Puicerda, se rendre maître de toute la Cerdagne (4). Bussy nous a laissé un court résumé de ces diverses opérations auxquelles il prit part en qualité de lieutenant général ; il s'étend sur son intimité avec le prince, et cite de lui deux lettres charmantes (5), les plus spirituelles et les plus gaies, qui, à notre connaissance, soient tombées de sa plume.

(1) Dans le discours de l'archevêque de Narbonne, président-né des Etats. Procès-verbaux des Etats de Languedoc. Arch. de la Haute-Garonne. C. 2307, f° 145 à f° 218.

(2) Bussy-Rabutin. *Discours à ses enfants*. Paris. Rigaud et Arnisson. M.DCCXXX, p. 203 et suiv. — C'est au cours de la première partie de cette campagne que Bussy, ayant accompagné le prince pendant un court séjour à Montpellier, écrivait à son illustre cousine : « Ne vous souvenez-vous point de la conversation que vous eûtes chez Madame de Montausier avec M. le prince de Conti, l'hiver dernier ? Il m'a conté qu'il vous avait dit quelques douceurs, qu'il vous avait trouvée fort à son gré, et qu'il vous le dirait plus fortement cet hiver ». De Montpellier, ce 16 juin 1654. (*Lettres de* Madame de Sévigné, éd. Régnier. T. I, p. 377). — M. Hippolyte Babou, dans *Les amoureux de Madame de Sévigné* (Paris, Didier, 1862), semble avoir beaucoup exagéré, en disant « que le prince s'essoufla... à la poursuite de la belle indifférente ».

(3) Après le départ du prince de Conti (automne 1654), Candale, colonel général de l'infanterie de France, prit le commandement de ses troupes.

(4) *Mémoires de* François de Paule de Clermont, marquis de Monglat, mestre de camp du régiment de Navarre, grand-maître de la garde-robe du roi et chevalier de ses ordres. — Ed. Michaud et Poujolat, p. 303 et suiv.

(5) Le prince de Conti à Bussy. De Villefranche, ce 21 juillet

La seconde campagne de Catalogne, qui allait commencer en mai, ne devait pas être moins honorable pour Conti : le 27 il s'empare de Cap-de-Quiers, et le 1er juillet de Castillon, mais il fut moins heureux devant Palamos, qu'il dut abandonner aux Espagnols à la fin de septembre.

Pendant que son mari se rendait à l'armée, Anne, accompagnée d'Esprit, quitta Montpellier; avec eux nous revenons enfin à la Grange des Prés.

D'une jalousie qui cadrait bien avec son impétuosité naturelle, le prince, éloignant la pensée d'envoyer, pendant la durée de la campagne, sa femme à la Cour (1), avait préparé son installation dans la Province. Dans le but de faire désormais de la Grange des Prés un séjour quasi-permanent, il y avait fait entreprendre de nombreux travaux. D'après Poncet, « il en augmenta d'un tiers les bâtiments » (2) ; dans la cour intérieure furent peintes ou sculptées les armoiries des Conti ; le mobilier

1654, et de Montpellier, le 2 mars 1655. (*Discours du* COMTE DE BUSSY. Loc. cit.).

(1) Le prince avait gardé une impression profonde de l'incident du bal de Péronne, il ne se lassait pas d'en parler à Cosnac et de s'en faire rapporter tous les détails. (*Mém. de* COSNAC. *Op. cit.*).— Il conserva cette tendance à la jalousie même après sa conversion; nous le verrons quelques années plus tard prendre ombrage de l'amitié de la princesse pour Madame de Mondonville. (*Lettres de* MADAME DE MONDONVILLE *à M. de Ciron.* Ms. non numéroté de la Bibliothèque de la Ville de Toulouse, p. 427, v°).

(2) Dans ses notes à son manuscrit traitant d'une « urne cinéraire », trouvée à Saint-Thibéry en 1723, PONCET dit : que « le prince de Conti fit augmenter le logement (de la Grange des Prés) pour y loger toute sa maison ». (*Chroniques de Lang.*, publiées par LA PIJARDIÈRE. T. IV, p. 248, col. 2). — Sur le plan que nous possédons des bâtiments de la Grange, d'après le rapport de M. de La Blottière, et en s'aidant du texte de l'acte de vente à la province de Languedoc, il est aisé de se rendre compte des bâtiments ajoutés par le prince de Conti. — PONCET ne donne pas la date de

du château fut renouvelé (1), les frais en embellissements de tous genres dépassèrent la somme de cinquante mille francs (2).

Dès son arrivée, la princesse reprit sa correspondance (3). Comme dans la partie que nous avons déjà analysée, pas de détails familiers, pas de notes personnelles nous révélant le milieu où elle vit ; pas un de ces renseignements sur ses occupations journalières, sur les gens et les choses qui l'entourent. On y sent cependant un tour plus personnel, le style est plus vivant, la phrase, plus longue, offre un semblant de construction ; Cosnac sans doute, ne dictait plus. Ce qui ressort de ces pages, à côté de cette tendresse qui touche à la passion, c'est l'ennui, un ennui profond, incommensurable, qui pèse sur cette enfant solitaire, presque abandonnée.

Jusqu'à trois fois par jour, les tendres missives partaient de la Grange pour la Catalogne. En essayant de relever dans ces pages si peu variées quelques détails sur cette vie monotone, nous voyons d'abord que la

l'exécution de ces travaux, mais il faut sûrement la placer avant l'époque de la conversion du prince, c'est-à-dire avant novembre 1655. Ce n'est pas lorsque tout occupé de ses restitutions il voulait se dépouiller de tout, qu'il aurait songé à des dépenses aussi importantes.

(1) La communauté d'Abeillan vota une imposition de 200 livres pour contribuer à l'ameublement de la Grange des Prés. (BALUFFE. *Le Moliériste*. Juillet 1884. T. VI, p. 121).

(2) On lit dans un rapport signé FRA TOMASO BERTONE dominicano : « In che modo alla Grange di Pezenas, il Seg. Principe Conty con circa 50 mille franchi di spesa se ne possa for altre tanti d'annua sicura entrata ». (Aff. Etrangères. France, 1636. F[os] 340-341). — A cette époque, le prince passa accord au sujet des dîmes avec le Chapitre de Lodève. (Acte du 15 mars 1655. Arch. de l'Hérault. Série G, fonds du Chapitre de Lodève, reg. I, f° 229 v°).

(3) Publiée par E. DE BARTHÉLEMY. *La Princesse de Conti*. Op. cit.

santé de la princesse est précaire : un jour elle s'évanouit pendant la messe (1), de grands maux de tête lui ôtent le sommeil (2), le mal s'aggrave de fièvre et de rhume (3), il exige la saignée (4), et cependant elle se réjouit de ces maux, qui lui valent des témoignages d'intérêt de son mari, et elle écrit cette phrase délicieuse : « Je suis bien aise d'avoir été malade, puisque cela m'a procuré de nouvelles preuves de votre amitié » (5). Nous y voyons aussi qu'Esprit fait de grands progrès dans la faveur d'Anne ; il se préoccupe de cette santé chancelante. « Je ne puis assez vous dire quel soin a eu de moi, depuis que je me suis trouvée mal, M. Esprit », écrit-elle le 17 juin (6) ; et le soir du même jour : « M. Esprit me dit que cela me fait mal d'écrire après souper, c'est pourquoi vous vous en prendrez à lui, si ma lettre n'est pas plus longue » (7). Enfin, on y lit, le 23 mai, qu'elle fera le lendemain un pèlerinage à Notre-Dame du Grau, afin d'y prier pour le prince, dans cette église, sanctuaire de famille, puisqu'il avait été fondé par le connétable Henri de Montmorency, qui y reposait sous les marches de l'autel (8).

La Grange allait cependant s'animer pour l'arrivée d'intéressants visiteurs : Un mois plus tôt, s'était passé à la Cour un événement qui touchait de très près la

(1) De la Grange, 19 mai 1655, à 4 heures. La princesse de Conti à son mari.

(2) De la Grange, 10 juin 1655. *Ibid.*

(3) De la Grange, 19 juin 1655, à 10 heures du matin. *Ibid.*

(4) De la Grange, 24 août 1655. *Ibid.*

(5) De la Grange, 17 juin 1655. *Ibid.*

(6) *Id.*

(7) Il y eut ce jour-là trois lettres. Ce dernier détail est renfermé dans la seconde.

(8) Madame de Conti a écrit : Notre-Dame des Gros.

princesse. Le 30 mai, sa sœur Laure avait épousé, à Compiègne, Alphonse IV d'Este, prince héritier de Modène (1). Les fêtes de ce mariage avaient été aussi brillantes « que s'il se fût agi d'une sœur du roi ». Il y avait eu chasse royale, collations et un ballet, dans lequel Louis XIV avait daigné paraître, sous les traits de la Renommée (2). Anne n'avait pu être témoin de ces merveilles ; retenue à la Grange des Prés, autant par sa santé ébranlée et ses premières espérances de maternité (3) que par la jalousie conjugale, elle désirait cependant dire adieu à cette jeune sœur qui allait reprendre le chemin de l'Italie (4). Elle lui en exprima par lettre le désir, et elle écrivait, le 19 juin, à son mari : « Je crois que ma mère et ma sœur viendront ici, car je les supplie de vouloir bien prendre cette peine, craignant

(1) La cour de Modène avait recherché cette alliance, ayant besoin de l'appui de la France contre l'Espagne. Alphonse IV de Modène, né le 13 février 1634, mourut le 16 juillet 1662. MORERI dit par erreur que son père l'avait amené en France, en 1655, pour épouser Mademoiselle Martinozzi ; ce voyage n'eut lieu que l'année suivante. Le prince Alphonse fut représenté aux cérémonies du mariage par le prince Eugène de Savoie.

(2) Le récit de la *Gazette* officielle a été publié par AMÉDÉE RENÉE : *Les Nièces de Mazarin.* Appendice H, p. 453. Il y eut chasse royale dans la forêt de Compiègne, suivie d'une collation. Le lendemain la bénédiction nuptiale fut donnée par l'évêque de Soissons, en présence de Louis XIV et de toute la Cour ; le soir, un dîner magnifique fut donné par la princesse de Carignan. A dix heures fut dansé le ballet des Bien Venus, dont l'ouverture fut faite par le roi, qui figurait la Renommée.

(3) Dans la *Vie inédite de M. Pavillon* nous relevons ce détail, que, le 8 décembre 1655, l'évêque d'Alet, prêchant à Pézenas dans la chapelle de l'Oratoire devant le prince de Conti, fit une allusion aux prochaines couches de la princesse.

(4) « Madame de Martinozzi, après le mariage de la princesse de Conti et de Madame de Modène, était retournée en Italie ». (Mme DE MOTTEVILLE. *Mémoires.* T. IV, p. 78).

pour ma santé de voyager par les grandes chaleurs; elles seront ici dans huit jours » (1). Mme Martinozzi et Mme de Modène, avant de se rendre à Marseille, lieu de leur embarquement, firent donc un détour vers la Grange des Prés. Elles y avaient été vraisemblablement précédées par la duchesse de Mercœur, car Anne termine sa lettre du 19 juin à son mari par ces mots : « Madame de Mercœur m'a priée de vous faire ses compliments » (2).

Nous connaissons les trois nouvelles visiteuses de la Grange : la duchesse de Mercœur, Laure Mancini, qui faisait, avec la princesse de Conti, un si frappant contraste avec les autres nièces de Mazarin, avait épousé, nous le savons, l'héritier des Vendôme, en 1651, pendant l'exil à Bruhl. A son retour en France, le marié

(1) De la Grange. Le 19 juin 1655.

(2) La lettre d'Anne datée du premier juin nous apprend que ce même jour était arrivé à la Grange des Prés l'abbé Gabriel de Roquette. Ce personnage, qui joua un grand rôle dans la vie d'Armand de Conti, s'était établi, par son esprit « d'intrigue, de médiation ou de manège », dans les bonnes grâces de Condé. Il devint ensuite grand vicaire de Conti pour ses nombreuses abbayes, et, après le mariage du prince, fut attaché à Michel Le Tellier, alors secrétaire d'Etat à la guerre, et fut un des principaux correspondants de Conti. Nous avons sous les yeux ces nombreuses lettres, auxquelles nous ferons de considérables emprunts, et dont les originaux sont conservés aux archives de Chantilly. Après la mort d'Armand, Roquette fut nommé à l'évêché d'Autun, dont il se démit en 1702 en faveur d'un de ses parents, Bertrand de Senaux, et mourut le 30 avril 1707. — Les contemporains ont été généralement défavorables à l'abbé de Roquette; on l'a accusé de prêcher les sermons d'autrui, et Saint-Simon, qui le traite « d'homme de peu » (*Mémoires de* Saint-Simon), l'a désigné comme ayant servi de modèle à Molière pour Tartufe. Cependant Madame de Sévigné s'honorait de son amitié (Lettre à Madame de Grignan du 12 avril 1680), Bussy-Rabutin goûtait « son grand talent » (*Correspondance*, éd. Lalanne, t. II, p. 69), et Bossuet a loué comme « une pièce de

avait essuyé de cruels déboires (1); mais, à la rentrée du cardinal, il avait obtenu d'amples dédommagements, entre autres le gouvernement de Provence, et, en 1656, un commandement dans l'armée d'Italie. Pendant ce temps, Laure, pieuse et charitable, partageait son temps entre la Cour, son gouvernement (2), et la merveilleuse résidence d'Anet, propriété des Vendôme. L'on connaît la fin prématurée de la jeune duchesse : en décembre 1655, elle était à la veille de donner le jour à son troisième fils, lorsque Mme Mancini, sa mère, mourut après quelques jours de maladie (3). « Bien que sensiblement touchée de cette mort », elle accoucha heureusement, mais, quelques jours plus tard, elle fut frappée de paralysie et succomba, le 6 février, « regrettée, ajoute

piété et d'éloquence » son Oraison funèbre de la princesse de Conti (*Correspondance de* BOSSUET, éd. des Grands Ecrivains de France. T. I, p. 268).

(1) Le Parlement avait exigé que le contrat lui fût présenté, et défense avait été faite « à la dite Mancini » d'entrer dans le royaume ou d'y séjourner sous prétexte de cette union ». Après la mort de sa femme, Mercœur, dont le seul lien avec l'Eglise était d'avoir eu pour oncle Mazarin, brigua le cardinalat. Cette nomination fut une de celles que la politique despotique de Louis XIV envers Alexandre VII, et sa haine contre les Chigi, arrachèrent à ce pape. Après quatre ans de résistance, Mercœur fut promu dans le Consistoire du 7 mars 1667, et prit le nom de cardinal de Vendôme. La même année il fut envoyé par Clément IX à la Cour de France, pour représenter, avec le titre de légat, le Saint-Père au baptême du Dauphin. Il mourut en 1669. — Cf. CH. GÉRIN. *Louis XIV et le Saint-Siège*. T. I, p. 484 et suiv.

(2) C'est à Aix qu'elle reçut, en mai 1653, Madame Martinozzi, sa fille Laure et Philippe, Marie et Hortense Mancini, lorsqu'ils vinrent de Rome par Gênes et Marseille sur l'ordre de Mazarin.

(3) *Mémoires de* MADAME DE MOTTEVILLE. T. IV, p. 78. — Son mari lui avait prédit qu'elle mourrait à l'âge de 42 ans. L'astrologie était fort en honneur dans la famille de Mazarin.

Mme de Motteville, de ses proches et de toute la Cour » (1).

Quant à la mère de la princesse de Conti, Mme Laure-Marguerite Martinozzi, qui fut, comme sa belle-sœur, traitée de « vertueuse femme » par les contemporains, elle était belle, s'était mariée à Rome vers 1624, et avait été passablement dotée (2). Il résulte des Mémoires de sa nièce Marie, la trop célèbre connétable Colonna, qu'elle était d'un caractère élevé et d'une scrupuleuse délicatesse : Lorsque Mazarin lui enjoignit de venir à Paris, elle manifesta de la répugnance, « n'aimant pas les habitudes et les mœurs françaises » ; à son arrivée à Marseille, le Corps de ville ayant sollicité l'honneur « de lui faire sa révérence », elle résista longtemps à l'usage de se laisser baiser la main par des hommes ; enfin, lorsque, avant de se rendre à Paris, elle séjourna à Aix, dans le gouvernement de son gendre (3), elle refusa d'y vivre aux dépens de ce dernier, et n'accepta d'être défrayée que par la bourse de Mazarin. La gloire d'avoir pour filles deux princesses ne parut pas l'éblouir ; elle regagna Rome, où elle vécut au palais Mancini, construit par Mazarin, et conserva jusqu'à un âge avancé sa vigueur et sa gaîté (4).

(1) La duchesse de Mercœur eut trois fils, dont l'aîné fut le célèbre maréchal de Vendôme. Le second fut le grand prieur de Vendôme, en qui s'éteignit cette Maison.

(2) *Mémoires de* MADAME DE MOTTEVILLE. T. IV, p. 78.

(3) Elle y séjourna huit mois avec sa fille et ses trois neveux. — Cf. LUCIEN PEREY. *Le Roman du Grand Roi.* Paris, Calmann-Lévy. 1889.

(4) La connétable Colonna raconte, dans ses Mémoires, que lorsqu'elle se fut retirée à Rome, auprès de sa tante Martinozzi, pour fuir le domicile conjugal, celle-ci lui offrit, un jour, pour la distraire, « de danser *Les Matassins,* au son de la guitare ». — Cf.

La jeune duchesse de Modène, moins connue que sa sœur, puisqu'elle ne fit qu'apparaître en France, n'a pas laissé de profonds souvenirs, les Mémoires du temps sont sobres sur ses qualités morales et ses charmes physiques. Devenue veuve en 1662, et tutrice de son fils (1), elle montra une âme virile, et fut citée pour « sa justice, sa douceur et sa piété ». Elle se maintint fidèle alliée de la France, et c'est Louis XIV qui conclut le mariage de sa fille Béatrice avec le duc d'York, le futur Jacques II, en 1673. Mais découragée par l'attitude de son fils, prince faible d'esprit et de corps, et que gouvernait son frère bâtard, Don César d'Este, elle se retira à Rome auprès de sa mère, et y mourut avant la catastrophe qui devait précipiter sa fille de ce trône d'Angleterre, sur lequel la politique de Louis XIV l'avait forcée de monter (2).

Mais le visiteur le plus brillant de la Grange des Prés, pendant cet été de 1655, fut le futur duc de Nevers, Philippe Mancini. « Mon cousin est arrivé aujourd'hui (3),

LUCIEN PEREY. *Une princesse romaine au XVIIe siècle.* Paris, Calmann-Lévy, 1896.

(1) Alphonse d'Este, tourmenté depuis longtemps par les infirmités, mourut à 28 ans, en 1662.

(2) La jeune princesse voulait se faire religieuse; il fallut l'inflexible volonté de Louis XIV pour vaincre sa résistance. A l'instigation du roi, le mariage de cette princesse catholique avec un prince hérétique fut célébré à l'insu du Pape et sans les dispenses nécessaires. Ce fut une des causes de conflit entre Louis XIV et Clément X.— Cf. CH. GÉRIN. *Louis XIV et le Saint-Siège.* T. second, p. 515 et suiv.

(3) La princesse de Conti à son mari. De la Grange. 21 juin 1655. — Bien que Anne ne nomme pas son cousin, il ne peut y avoir d'hésitation à cet égard; le visiteur de la Grange est bien Philippe Mancini, car, à cette date, ce dernier était le seul neveu de Mazarin alors en France : Paul Mancini avait été tué en 1652 au combat du Faubourg Saint-Antoine, et Alphonse, son frère, qui

écrivait, le 21 juin, Anne à son mari, — je crois qu'il n'est pas nécessaire de l'envoyer auprès de vous, puisque vous m'assurez que vous reviendrez bientôt. Je serais fort aise que vous le trouviez à votre gré, et qu'il fût assez heureux pour vous plaire ». On a dit du prince de Conti, « qu'ayant beaucoup d'esprit, il savait bien choisir ceux qui en étaient pourvus » (1) ; dans cette circonstance, il dut justifier l'éloge et apprécier celui qui devait être un des hommes les plus aimables et les plus lettrés de son temps.

Né à Rome, en 1641, Philippe-Julien Mancini avait été amené en France à l'âge de quatorze ans. Il fut placé, comme ses deux frères, au collége de Clermont, mais l'élève s'étant montré indolent et même paresseux, Mazarin décida d'en faire un soldat : il lui donna un brevet d'officier et l'incorpora dans l'armée du Nord, sous le commandement de Turenne. Le jeune homme prit part à la campagne contre les Espagnols, commandés par Monsieur le Prince, fut présent à la prise de Condé, et reçut une blessure durant le siège. C'est après ce glorieux début qu'il arriva à la Grange des Prés. L'ère des grandeurs ne commença toutefois pour Philippe Mancini que quelques années plus tard. Il n'avait jamais été beaucoup aimé de Mazarin, et se l'aliéna gravement, en assistant à la partie de plaisir, tristement célèbre à l'époque, sous le nom de « débauche de Roissy » (2).

mourut le 6 janvier 1658, au collège de Clermont, d'un accident de jeux, était encore en Italie.

(1) Le P. Rapin, dans l'éloge de l'esprit et du goût de Conti, a appuyé sur son « discernement pour le mérite ». — *Mémoires du P. Rapin*. T. II, p. 197.

(2) Pendant la Semaine Sainte de l'année 1659, quelques jeunes gens de la Cour se rendirent au château de Roissy, propriété de

Le cardinal acquit cependant pour lui, en 1658, le duché de Nevers de Charles III, duc de Gonzague (1), et lui légua à sa mort la moitié de son palais et tous les tableaux, meubles et statues qui n'avaient pas été donnés aux La Meilleraye et au roi (2). Il eut sa part, sans que nous en sachions exactement le chiffre, de cette immense fortune que Fouquet estimait à plus de cinquante millions.

Il avait reçu, en outre, le gouvernement de La Rochelle, de Brouage, de l'Ile de Ré et du pays d'Aunis, fut capitaine des mousquetaires, et eut le régiment d'infanterie du roi, « auquel, disent les Mémoires du temps, Louis XIV s'affectionna toute sa vie et qu'il s'appropria comme un simple colonel, pour en faire tout le détail par lui-même » (3). Enfin, en 1661, il reçut le cordon bleu (4); mais ni les charges ni les honneurs ne

la famille de Mesme. « Ils furent accusés, dit Madame de Motteville, d'avoir choisi ce temps-là par dérèglement d'esprit, pour faire quelques débauches ». (*Mémoires*. T. IV, p. 148). — Bussy, qui donne sur ce voyage à Roissy des détails plus circonstanciés, assure que Mancini et l'abbé Le Camus s'enfermèrent dans une chambre, n'assistèrent pas au fameux banquet, et repartirent le jour du Vendredi Saint, de grand matin, pour Paris.

(1) Le duché de Nevers était le dernier duché féodal ; le duc était nommé par le roi gouverneur du Nivernais, pour concilier l'autorité royale avec ses droits seigneuriaux.— Cf. Lucien Perey. *Un petit neveu de Mazarin*. Op. cit.

(2) « Le cardinal laissa au grand-maître, en ses gouvernements, en sa maison de Paris toute meublée, et en argent des sommes innombrables ». (*Mémoires de* Madame de Motteville. T. IV, p. 238 et *passim*).

(3) Saint-Simon. *Mémoires*.

(4) Nevers obtint une dispense pour sa réception à l'Ordre du Saint-Esprit : En 1661 il n'avait pas l'âge requis, « mais il avait porté la queue du manteau du roi au jour de son sacre, et ceux qui avaient eu cet honneur avaient le privilège d'être reçus che-

pouvaient retenir cette nature indépendante, « si difficile à ferrer », selon l'expression de Mme de Sévigné (1) ; il préférait promener en Italie sa nature de poète indolente et rêveuse. C'est à cette époque que s'applique le portrait qu'en fait Saint-Simon : « C'était un Italien, très Italien, de beaucoup d'esprit, facile, extrêmement orné, qui faisait les plus jolis vers du monde, qui ne se souciait de quoi que ce fût » (2).

En 1670, à la surprise de toute la Cour (3), Nevers annonça son mariage avec Mlle de Thianges (4), nièce de Mme de Montespan, « belle comme le jour, et qui brillait sans qu'on en soit en peine » (5). Dès lors, le duc partagea son existence entre l'hôtel de Nevers, à Paris, et son admirable palais de Monte Cavallo, à Rome, cultivant la poésie, composant des pièces légères et des chansons d'actualité, fort goûtées des contemporains, et qui lui valurent une sorte de célébrité (6).

valiers n'importe à quel âge. » (MORERI. *Grand Dict.*, Art. Mancini. T. IV, p. 481, col. 2).

(1) MADAME DE SÉVIGNÉ. Lettre du 10 décembre 1670.

(2) SAINT-SIMON. *Mémoires*.

(3) MADAME DE SÉVIGNÉ se fit l'écho de cet étonnement : « Ce Monsieur de Nevers, si extraordinaire, qui glisse dans les mains alors qu'on y pense le moins, il épouse enfin, devinez qui ? Ce n'est point Mademoiselle d'Houdencourt, ni Mademoiselle de Grancey : c'est Mademoiselle de Thianges, jeune, jolie, modeste, élevée à l'Abbaye-aux-Bois. Madame de Montespan en fait la noce dimanche ». (Lettre du 10 décembre 1670).

(4) Gabrielle de Damas était fille de Claude Léonor, marquis de Thianges, et de Gabrielle de Rochechouart-Mortemart, sœur de Madame de Montespan.— On trouve dans les *Mémoires de* MADAME DE CAYLUS quelques détails intéressants sur la duchesse de Nevers.

(5) Madame de Sévigné à Madame de Grignan. Lettre du 22 juillet 1676.

(6) Dans le discours de réception du duc Louis de Nivernais, petit-fils du duc Philippe de Nevers, à l'Académie Française, en

On trouve dans la correspondance du duc de Chaulne (1) avec les Sévigné, les La Fayette, les Grignan, les La Rochefoucauld, les Corbinelli, les Coulanges, l'écho du charme de sa conversation, de ses réceptions, peu nombreuses mais choisies, des soupers exquis que la duchesse présidait avec tant de grâce (2). Le duc de Nevers eut cependant un tort impardonnable, dans une célèbre querelle littéraire, méchante affaire, qui, dit Sainte-Beuve, pèse encore sur son nom : après la première représentation de Phèdre, un sonnet, sanglant pour Racine, fut imputé au duc. Le poète, en collaboration avec Boileau, se vengea par un autre sonnet, injurieux pour l'auteur présumé et pour sa sœur Hortense. Celui-ci répondit par des menaces telles, que Racine et Boileau purent craindre, un instant, pour leur vie. Cette guerre à coup de plume dura longtemps et fit du bruit : Phèdre en sortit victorieuse, mais par le dégoût du monde, qu'elle lui avait inspiré, cette querelle fut, dit-on, une des causes de

1743, l'archevêque de Sens, Languet de Gergy, s'exprimait en ces termes : « Le talent de la poésie n'est pas nouveau dans votre Maison, Monsieur le Duc; dans ma jeunesse j'entendais parler avec éloge de Monsieur le duc de Nevers votre aïeul, dont les vers coulants et naturels faisaient les délices de la Cour ».

(1) Charles d'Albret d'Ailly, duc de Chaulne, marié en 1655 à Elisabeth Le Ferron, fut trois fois ambassadeur extraordinaire à Rome ; c'est pendant son troisième séjour, qui commença en juin 1690, qu'il se lia intimement avec les Nevers, dont le palais était voisin de celui de l'ambassadeur. — Cf. les *Mémoires de* COULANGES, p. 161 et suiv.

(2) La chère y était aussi exquise que la conversation : « Je m'en vais de ce pas, écrivait Madame de Sévigné à sa fille, le 27 février 1696, dîner à Montmartre, où Monsieur et Madame de Nevers m'ont donné rendez-vous. Je crois que je n'aurai pas beaucoup faim quand j'en reviendrai ».

la retraite de Racine et l'origine de sa définitive conversion (1).

Une des preuves de l'irréductible insouciance de Nevers fut sa négligence à faire enregistrer le brevet de duc, qui lui fut octroyé en 1678, ce qui eut pour conséquence de priver sa descendance de ce titre (2).

Recherché jusqu'à la fin par les sociétés les plus choisies, surtout par celle qui, à Sceaux, formait la petite cour de la duchesse du Maine, Philippe Mancini mourut le 8 mai 1707, à l'âge de soixante-six ans (3).

Tel est le personnage qui arriva à la Grange des Prés le 21 juin 1665. Conti averti, y vint en hâte et y resta

(1) Cf. SAINTE-BEUVE. *Causeries du Lundi.* T. XIII, et, du même, *Port-Royal.* T. VI, p. 128. — M. AMÉDÉE RENÉE, dans « *Les Nièces de Mazarin* », a donné un résumé très documenté de cet épisode.

(2) « Nevers voulut faire enregistrer après coup son titre de duc. Louis XIV s'y opposa. Toutefois son fils fut appelé toute sa vie : duc de Nevers, et son petit-fils : duc de Nivernais ». (SAINT-SIMON. *Mémoires*).

(3) Philippe Mancini eut trois fils et deux filles. Philippe-Jules-François, héritier du nom par la mort de ses frères, duc de Nevers, pair de France, prince de Donziois, de Verdagne, du Saint-Empire, et grand d'Espagne, était né à Paris le 4 octobre 1676 et avait épousé, en juin 1709, Marie-Anne Spinola. C'est de lui que BACHAUMONT a laissé ce gracieux témoignage : « Le duc de Nevers était un seigneur aimable, galant et de beaucoup d'esprit, mais le présent qu'il a fait à la France du duc de Nivernais est le plus beau trait de sa vie ». Ce fils ainsi célébré, Louis Barbon, duc de Nivernais, pair de France, grand d'Espagne, doyen de l'Académie Française et de celle des Inscriptions, fut l'ornement de la société française du XVIIIe siècle. CHATEAUBRIAND a résumé son éloge en disant : « qu'il était l'homme de la bonne compagnie ». (*Essai sur les Révolutions*). Il traversa sans émigrer l'époque de la Terreur, fut détenu dans les cachots de la Convention, et fut sauvé par Thermidor. Il mourut à Paris le 25 février 1798. Il avait épousé en 1730, Hélène de Ponchartrain, fille de Jérôme de Pontchartrain, et demi-sœur du comte de Maurepas. Avec son fils, le petit

jusqu'au 23 août (1). Ce dut être un des moments les plus brillants de la Grange : animée par la présence de ces aimables visiteurs, par tous ses familiers ordinaires, par les innombrables officiers, pages, maîtres d'hôtel, écuyers vêtus de l'élégante livrée abricot, couleur de Conti (2), elle jeta alors ce dernier éclat, que la conversion de ses princes allait bientôt éteindre sans retour.

Nous ignorons le jour où la famille de la princesse prit la route de la Provence ; ce fut probablement après le départ de Conti, c'est-à-dire le 23 août. Le chagrin qu'Anne éprouva de ces différentes séparations fut tel, que sa santé déjà ébranlée s'altéra au point de donner de sérieuses inquiétudes (3). Cosnac nous apprend qu'elle dut rester une partie de l'été alitée ; c'est ce qui explique l'interruption de sa correspondance pendant le troisième séjour de son mari à l'armée. Nous savons seulement que, vers le milieu de septembre, le prince fit à la Grange une courte apparition, puis, ayant entrepris le siège de Palamos, dont il dut abandonner les opérations, par suite de mésintelligences avec le duc de Vendôme, il partit pour la France, à la fin d'octobre (4), et rentra à la Grange des Prés, où l'attendait l'heure de Dieu.

duc de Nevers, mort à Paris à huit ans, en 1753, s'était éteinte sa lignée. — Cf. SAINTE-BEUVE. *Causeries du Lundi.* T. XIII. — L. PEREY. *Un petit-neveu de Mazarin* et *La fin du XVIIIe siècle.* 2 vol. Paris, Calmann-Lévy. 1890.

(1) La princesse de Conti à son mari. De la Grange. 24 août 1655.

(2) PONCET. *Histoire ms. de Pézenas.*

(3) *Mémoires de* COSNAC. T. I, p. 217 et suiv.

(4) Les Etats devant s'ouvrir le 4 novembre, à Pézenas, il est probable que le prince arriva dans les derniers jours d'octobre.

CHAPITRE SEPTIÈME

La Conversion du Prince de Conti

Une fois de plus, Pézenas s'agitait dans les préparatifs d'une réunion des États. Ces apprêts, l'animation qui en était la suite, pouvaient passer inaperçus lorsque l'Assemblée avait lieu à Montpellier ou dans quelque autre ville importante de la Province ; il n'en était pas de même dans cette petite cité, qui semblait alors se réveiller d'un véritable sommeil, et offrait pendant quelques mois autant de bruit et de mouvement qu'elle était, en temps ordinaire, calme et silencieuse.

Le 4 novembre, selon la coutume en pareille circonstance, Pézenas se para en l'honneur de l'ouverture de la session. En face de la Collégiale, l'hôtel des Commandeurs de Malte hissa au sommet de son élégante tourelle l'étendard blanc et noir de Beau-Séant, et revêtit sa façade de tapis lamés d'or, rapportés d'Orient. Dans les rues que devait parcourir le cortège, les maisons étaient également tendues de tapisseries précieuses ; les fleurs effeuillées jonchaient le sol, une foule impatiente et bruyante se pressait aux balcons, et la procession, que fermaient, avec l'archevêque-président, Conti et les deux autres commissaires du roi, se déroula dans les étroites et pittoresques rues des Orfèvres, de la Foire, du Château, parvenues jusqu'à nous presque intactes (1).

Après la messe du Saint-Esprit, les députés se réunirent dans la grande salle de l'Hôtel de ville ; il s'agissait de demander des subsides pour la campagne de Flandre : Conti le fit avec dignité et ménagement pour la Province (2). C'était la seconde passe d'armes entre le prince et l'intendant ; autant le discours de Conti fut modéré, autant l'on sent, dans celui de M. de Bezons, passer de sourdes menaces (3). Après l'intendant, l'archevêque de Toulouse, Pierre de Marca (4), prit la parole ; dans ce prélat ambitieux, Conti devait aussi trouver un adversaire dans la manière de comprendre le rôle des États.

Quelques jours plus tard, le 9 novembre, les députés chargés de saluer le prince se rendirent à l'hôtel d'Al-

(1) M. A.-P. Alliès, dans : *Une Ville d'Etats,* a tracé, d'après Charles Ponsonailhe, un charmant tableau de Pézenas pendant les sessions des Etats au XVIIIe siècle.

(2) Procès-verbaux des Etats de Languedoc. Arch. de la Haute-Garonne. Registre C. 2308, f°s 1 à 8.

(3) Après avoir vanté la sagesse de Richelieu : « Le roy est en état, dit-il, de donner la loy au dedans, aussi bien qu'au dehors, et de faire respecter partout sa présence légitime, et craindre son autorité. »

(4) Pierre de Marca, né à Pau le 24 février 1594, fut président au Parlement de cette ville, entra dans les ordres après la mort de sa femme et fut nommé, en 1642, à l'évêché de Couserans, en Gascogne. Intendant de Catalogne en 1644, il fut archevêque de Toulouse en 1652, ministre d'Etat en 1658, et archevêque de Paris, par la renonciation du cardinal de Retz à ce siège, en 1662. Il mourut cette même année, le jour de saint Pierre, avant d'avoir pris possession. Pierre de Marca avait temporairement présidé les Etats de Languedoc pendant la maladie de Mgr de Rebé, archevêque de Narbonne, il l'avait fait en homme politique : à son nom se lie étroitement la diminution du rôle des Etats.

phonse (1), où celui-ci s'était installé pendant la session. C'est l'épisode si connu, un des irrécusables documents de la vie insaisissable de Molière : les députés, lit-on dans le procès-verbal de ce jour, rapportèrent que le prince, qui les attendait dans le vestibule, vint à eux, et leur dit qu'il était forcé de les recevoir en cet endroit, parce que sa chambre était en un extrême désordre, à cause de la comédie (2). Ces comédiens, c'étaient Molière et sa troupe qui, pour une fois encore, la dernière, se trouvaient en présence du prince, qui, quelques semaines plus tard, ne voudra plus les voir et se reprochera de les avoir connus.

Comme en 1653, Molière venait de Lyon par le Rhône ; grâce à Charles d'Assoucy, musicien-poète ambulant, personnage du roman comique, spirituel, gai, gourmand et joueur, depuis peu adjoint à la troupe, quelques renseignements sont parvenus jusqu'à nous sur ce nouveau séjour à Pézenas ; mais, malheureusement bornés à des souvenirs gastronomiques, ils sont muets sur la vie artistique de nos comédiens et de leur chef (3).

Le prince de Conti continua à prendre part aux travaux de la session ; c'est alors qu'au milieu des délibérations et des discussions de l'Assemblée, pendant que son crédit s'affermissait dans la Province, que tout dans

(1) L'hôtel d'Alphonse, qui prit le nom de son propriétaire, Monsieur d'Alphonse, baron de Clairac et d'Entraigues, grand prévôt de Guyenne, fut acquis, en 1668, par M. de La Valette, intendant de Louis-Armand de Bourbon, fils aîné du prince Armand de Conti. L'Abbé d'Expilli en a laissé une brillante description, dans laquelle il vante la beauté des appartements, des parterres, des terrasses, des citronniers, des orangers, et des jets d'eau.

(2) Arch. de la Haute-Garonne. Procès-verbaux des Etats de Languedoc. Registre C. 2308, f°s 1 à 88.

(3) *Aventures de* d'Assoucy. 1677. T. I, p. 309 et suiv.

l'avenir lui souriait, et que l'attente prochaine d'un héritier semblait devoir assurer l'avenir de sa race, c'est alors que, touché par la grâce, il vit s'ouvrir devant lui la voie étroite où il devait marcher jusqu'à la mort.

Parmi les évêques réunis à ce moment à Pézenas, l'on en voyait un qui, depuis longtemps, n'avait point paru aux Assemblées provinciales : c'était l'évêque d'Alet, Nicolas Pavillon.

Nicolas Pavillon, « l'isolé dans son siècle », était né à Paris, en 1597 (1). Ses parents, bourgeois de la meilleure souche, appartenaient à la noblesse de robe ; la sévérité des mœurs, le goût des lettres, une piété grave, les caractérisaient. De ce milieu austère, dont il emportait l'empreinte, l'enfant passa au collége de Navarre, où se manifesta sa vocation religieuse, et à la sortie duquel il reçut les ordres mineurs. Ce fut pendant les années qui suivirent, alors que retiré dans sa famille il suivait en Sorbonne les cours de théologie, que saint Vincent de Paul, ayant été mis en relation avec le pieux étudiant, l'attacha à son œuvre naissante des Missions, et lui fit recevoir la prêtrise. Il fit plus : l'évêché d'Alet étant devenu

(1) *Vie ms. de M. d'Alet.* Arch. Gazier. — Ainsi que nous l'avons dit dans notre Introduction, ce manuscrit a été composé des Mémoires écrits par M. d'Angiers, vicaire général de Mgr Pavillon, en 1643, par M. Ragot, archidiacre d'Alet, par M. Bourdin, bénéficier dans l'église de Noyon, puis vicaire d'Alet, et par M. du Vaucel, théologal d'Alet; il fut augmenté d'une volumineuse correspondance, et fut confié à un compilateur, que l'on croit être M. Paris, prêtre, sous-vicaire de Saint-Etienne-du-Mont, à Paris, mort le 17 octobre 1618. L'œuvre terminée fut examinée et corrigée par M. du Vaucel, et a été la source de tout ce qui a été depuis publié sur Nicolas Pavillon. Elle renferme tout ce qui a pu être réuni sur le prince de Conti, en vue d'une Vie de ce prince, que devait écrire Mgr de Choiseul, évêque de Comminges, projet qui ne fut pas réalisé.

vacant par la mort de Monseigneur Étienne de Polverel (1), saint Vincent signala, pour ce siège, Pavillon à l'attention de Richelieu. L'humilité du candidat repoussa avec effroi les honneurs de l'épiscopat, mais les instances de Vincent de Paul triomphèrent des humbles résistances de celui qui n'aspirait qu'à être « curé de village » ; malgré une fièvre persistante, causée par l'appréhension d'un si redoutable fardeau, le nouvel évêque, sacré le 22 août 1639, quitta Paris, où il ne devait jamais revenir, pour aller trouver, au fond des Basses-Corbières, « cet îlot de sauvagerie médiévale » qu'était le misérable diocèse que Dieu lui confiait (2).

Pendant quarante ans, le pasteur allait consacrer ses jours et ses nuits à la conversion de son lamentable troupeau et à la pratique de cette vie ascétique et intransigeante, dont le souvenir palpite encore dans les ruines tragiques de l'évêché d'Alet (3).

(1) Etienne de Polverel, vingt-huitième évêque d'Alet, prit possession de son siège en 1607. Il était maître de la chapelle du roi et grand aumônier de Marie de Médicis. Il mourut le 26 avril 1637, au château de Cornanel, propriété des évêques d'Alet.

(2) Cf. « *Recherches historiques sur la ville d'Alet et son ancien diocèse* », par l'ABBÉ LASSERRE, curé d'Alet : « *Description générale et statistique du département de l'Aude* », par le BARON TROUVÉ. 2 vol. Paris. Firmin Didot, 1818. — Alet, petite ville sur la rivière d'Aude et sur la route de Paris à Mont-Louis, au sud de Limoux, est située dans un vallon très resserré entre des montagnes nommées gorges d'Alet, dont les sommets sont couverts de bois. Au commencement du dix-neuvième siècle, elle renfermait trois cents maisons, et sa population, en y comprenant deux hameaux voisins, était de 950 individus. Vers l'an 813, la femme du comte de Barcelone y avait fait construire une abbaye, qui fut érigée en évêché, en 1318, par Jean XXII. Les eaux thermales d'Alet étaient connues au temps de l'occupation romaine.

(3) Bien que la forme et le fonds de cette âpre nature se rapprochent singulièrement de l'esprit de Messieurs de Port-Royal, ce

L'on sait quel prestige Nicolas Pavillon exerça sur ses contemporains : c'est Boileau lui décernant un délicat éloge au premier chant du *Lutrin* (1); c'est Racine, à vingt ans, parlant, dans une lettre à M. Vitard, de « l'évêque qui est adoré en Languedoc (2) »; c'est Fléchier, qui rappelle, dans ses souvenirs des *Grands Jours d'Auvergne*, la sévérité de la morale de l'évêque d'Alet et ses répressions contre les danses dissolues de ses diocésains (3); c'est Mme de Sévigné, qui, peu avant sa mort, parle avec vénération de « l'ombre du saint prédécesseur de Mgr de Valbelle (4) »; c'est enfin Tallemant, dans un portrait, le seul peut-être de sa galerie que ne ternisse aucune ombre, qui écrit avec son rude langage : « Il n'a ni cheval ni mule, et donne tout son revenu aux pauvres. Il apaise les querelles, il court après les gentilshommes qui ont pris la campagne. Ce n'est point un cagot (5) ».

A côté de la restauration religieuse de son misérable diocèse, Pavillon se préoccupa, avec une invincible énergie, de la défense de ses intérêts matériels. Désigné par sa charge à le représenter dans l'Assemblée provinciale, il s'était fait une loi de le faire alléger du lourd fardeau que les guerres du règne faisaient peser sur lui,

ne fut qu'en 1665, que, « port-royaliste antérieur », Pavillon se déclara et lutta directement de concert avec eux. — Pour le rôle de Pavillon dans les luttes pour le Formulaire et la Régale, cf. E. Déjean. *Un prélat indépendant au XVIIe siècle*, p. 162 et suiv.

(1) Boileau. *Le Lutrin*. Chant I, str. 185.

(2) Racine. Lettre à M. Vitard. D'Uzès, le 30 mai 1662.

(3) Fléchier. *Mémoires sur les Grands Jours d'Auvergne*, en 1665, p. 243. Paris. Hachette. 1856.

(4) Lettre de Madame de Sévigné à Madame de Grignan, du 17 juillet 1680.

(5) Tallemant. *Historiettes* : M. Pavillon.

par suite du passage des troupes, et de faire réprimer les abus dans la répartition défectueuse des impôts.

C'est dans ce but que, en 1640, il s'était rendu aux États réunis à Pézenas (1); avec lui y entrait un sentiment nouveau de sévère équité : le prince de Condé, qui assistait à la session en qualité de commissaire du roi, ayant désiré favoriser et le faire nommer à la députation un gentilhomme de Toulouse, alla trouver l'évêque pour solliciter son vote. A la grande surprise du prince, Pavillon répondit que sa résolution inébranlable était de ne donner sa voix à quiconque pour la députation, qu'il fallait, pour les nominations, s'en rapporter aux lumières de l'Esprit-Saint, invoquées durant la messe d'ouverture, et qu'il priait Son Altesse « de trouver bon qu'il observât la loi d'abstention qu'il s'était imposée ». Condé renouvela ses instances, mais, en présence d'un nouveau refus, « il quitta tout court l'évêque, et s'en alla si vite, dit le manuscrit, que M. d'Alet ne put le suivre pour le reconduire (2) ».

Deux ans plus tard, Pavillon s'était rendu aux États tenus à Béziers (3) ; c'est vers la fin de cette session, qu'à la prière de l'évêque Clément de Bonsi, il consentit à prêcher dans cette ville, et à organiser, dans le diocèse, une mission générale, dont un grand nombre de conversions furent le fruit (4).

(1) De novembre 1640 à septembre 1641.

(2) *Vie ms. de M. d'Alet.*

(3) De novembre 1641 à septembre 1642.

(4) On lit dans la *Vie manuscrite de M. d'Alet :* « En 1642, les Etats se tinrent dans la ville de Béziers, et notre saint prélat s'y trouva. M. de Béziers, ayant su par lui-même le merveilleux fruit que ses prédications avaient fait les deux années précédentes pendant la tenue des Etats, où il avait assisté, le pria et le pressa non pas seulement de prêcher, mais de faire une mission générale

Enfin, en 1643, il s'était rendu aux États tenus à Montpellier (1), mais ses réclamations en faveur de ses diocésains n'ayant pas été mieux écoutées, et reconnaissant qu'aux États une lutte contre la fiscalité royale était vaine, il avait cessé de paraître aux assemblées (2).

Ce ne fut qu'en 1655 que l'évêque d'Alet se départit

et entière dans Béziers, lorsque la fin de l'Assemblée commencerait à s'approcher et que les plus grandes affaires seraient expédiées. M. d'Alet s'y étant engagé, il accepta un appartement que M. de Béziers lui offrit et le pressa de prendre dans l'évêché; la difficulté était de trouver des ecclésiastiques autant qu'il en fallait de propres pour ces missions, mais le zèle, le courage et la ferveur de notre saint prélat était au-dessus de toutes difficultés quand il s'agissait de travailler pour la gloire de Dieu et pour le salut du prochain. Il trouva autant d'ecclésiastiques qu'il en désirait, et quoique ils ne fussent pas accoutumés aux missions, néanmoins il les instruisit si bien, et par ses entretiens et par ses écrits, que cette mission eut un très bon succès. On peut même dire qu'elle changea toute cette ville, qui est une des plus belles et des plus délicieuses de la province. M. d'Alet y fit réimprimer les feuilles de l'Exercice du chrétien et des catéchismes, et il y établit la prière du matin et du soir dans toutes les familles, et il y fit ce qu'il a toujours fait dans toutes les autres missions, et même celle-ci, qui fut des premières, eut un tel éclat, à cause de tous ceux qui étaient aux Etats en furent les témoins, qu'elle fut comme l'occasion à toutes les autres missions que M. d'Alet fit depuis dans les autres diocèses de la province. Après cette mission, M. l'évêque de Béziers envoya à M. d'Alet un très beau crucifix de bronze qui venait d'Italie; mais il le refusa, car c'était une règle dans sa famille de ne recevoir aucun présent; et, néanmoins, après un long refus, il l'accepta, voyant que cela contristait trop M. de Béziers, et d'aillleurs il crut que cela ne porterait aucune conséquence ».

(1) Du 21 octobre au 26 novembre 1643.

(2) Pour suppléer à son absence, Pavillon adressait à l'Assemblée, à l'ouverture de chaque session, des « lettres fortes pour la décharge de sa conscience ; elles y étaient lues avec vénération, et il obtint souvent par elles ce qu'il demandait ». — *Vie ms. de M. d'Alet.*

de cette résolution. Dans son diocèse, deux concussionnaires, les frères Aosthène, pressuraient au nom et sous le couvert du fisc les malheureux paysans et leur arrachaient, appuyés par les plus hautes autorités de la Province, les redevances les plus abusives. Pour dénoncer ces malversations et réclamer des dédommagements pour les communautés opprimées, l'évêque reprit le chemin de l'Assemblée provinciale, où l'attendait une autre mission (1).

Dès son arrivée à Pézenas, Pavillon alla saluer le prince de Conti ; cette visite est ainsi racontée dans la Vie manuscrite :

« Le prélat trouva M. le Prince dans son lit, et ce prince le fit asseoir dans un fauteuil auprès de lui. Il y avait déjà quelque temps que Son Altesse avait eu quelques mouvements de conversion, et comme elle était d'un tempérament extrêmement vif, elle avait fait venir exprès de Montpellier le Père de Saint-Pé de l'Oratoire, auquel elle fit une confession générale dans un grand secret, avec des résolutions de se convertir tout de bon, mais qui n'eut aucun effet ; il lui revenait néanmoins de temps en temps des remords pressants et de forts mouvements de changer de vie. Mais ce prince a avoué que rien n'avait été pareil à l'état où il se trouva à l'arrivée de M. d'Alet dans sa chambre ; car il se sentit saisi de crainte et de respect envers lui. Tous ses péchés se présentèrent à lui dans ce moment et l'épouvantèrent, et il se dit à lui-même : voilà l'homme auquel il faut que tu t'abandonnes, pour te convertir à Dieu tout de bon (2) ». Un protestant de génie a écrit : « Si on a peine à trouver

(1) *Hist. génér. de Languedoc.* T. XIII, p. 357 et suiv.
(2) *Vie ms. de M. d'Alet.*

sur la terre quelque chose de plus excellent qu'un ami fidèle, quel bonheur n'est-ce pas d'en trouver un, qui soit obligé, par la religion inviolable d'un sacrement divin, à secourir les âmes ». Ce trésor que Leibniz déclarait plus excellent qu'un « ami fidèle », le prince de Conti venait de le trouver.

Le soir du jour où avait eu lieu leur première rencontre, Armand envoya vers le soir Esprit vers l'évêque d'Alet « pour lui demander une conférence à l'entrée de la nuit ». Elle se tint dans sa chambre et dura environ deux heures. Le prince ouvrit son âme au prélat, lui exposa ses désirs de conversion et sa résolution de remettre désormais en ses mains toute sa conduite. Prudent et circonspect, Pavillon « répondit peu de choses », et se contenta « de s'offrir à Son Altesse pour lui rendre ses services dans l'exécution de ses bons désirs, il la supplia de l'envoyer avertir quand elle voudrait lui parler, parce qu'il n'était pas à propos qu'il s'ingérât de la venir voir que lorsqu'elle lui aurait fait témoigner qu'elle le désirait (1) ».

Quelques jours plus tard, le 8 décembre, fête de la Conception immaculée de la Vierge, Conti envoya demander à M. d'Alet « dans quelle église il ferait le sermon ». L'évêque répondit qu'il ne devait pas prêcher ce jour-là, mais qu'il le ferait si le prince en exprimait le désir. Il monta donc dans la chaire de la chapelle des Pères de

(1) Nous n'avons pu savoir si cette première entrevue eut lieu à la Grange des Prés, à l'hôtel de Conti à Pézenas, ou à l'hôtel d'Alphonse. Il est certain que, pendant la session des Etats, Conti s'installait à Pézenas, du moins pendant la journée, le fait est prouvé par la correspondance du prince : toutes les lettres écrites pendant l'Assemblée de 1663 et de 1664 sont datées de Pézenas et non de la Grange des Prés. — Lettres du 7 décembre 1663 au premier février 1664. Arch. de Chantilly. O. VI, f° 807 et suiv.

l'Oratoire, et prit pour sujet le désir de la conversion (1).

L'église de l'Oratoire est parvenue jusqu'à nous telle que le jour où retentit sous ses voûtes la parole énergique de Nicolas Pavillon (2). Chaque fois que nous y entrons, nous croyons revoir cette scène, point de départ d'une vie d'expiation.

Pendant les quatre mois que dura la session, les rencontres de Pavillon et de Conti se multiplièrent. L'évêque avait reconnu dans son nouveau pénitent un de ceux « qui ne retournent pas en arrière » (3), et qui, à l'encontre du jeune homme de l'Évangile, ne s'en vont pas tristes parce qu'ils ont de grands biens : il s'empara de cette âme ardente, pour la refondre et la renouveler. Sous sa dictée, Conti rédigea un règlement de cette vie nouvelle (4), et, malgré l'indifférence de la princesse, « fort

(1) Pavillon avait pris un de ces sujets que l'on n'hésitait pas à aborder à cette époque; il parla de la conception spirituelle et des désirs de la conversion. « Il y montra les dangers qu'il y a de perdre son fruit avant le terme, quand on ne prend pas un grand soin de le nourrir et de le conserver ». Allusions à la conversion du prince et à l'état de la princesse. (*Vie ms. de M. d'Alet*).

(2) La chapelle de l'Oratoire, construite en 1611 par Granjon, bourgeois de Pézenas, sur les dimensions « de douze canes de long sur quatre de large », existe encore, mais l'élégante ornementation intérieure a disparu. Elle consistait en un rétable exécuté par un artiste, nommé Sabatier, et composé de six colonnes ornées de pampres, de deux niches renfermant les statues de la sainte Vierge et de saint Joseph, de groupes d'anges placés sur les entablements, et d'une « gloire », où le Père Eternel planait dans des nuages d'or. Le chœur était entouré d'une galerie en pierre et de tentures de haute lisse représentant la Passion de N. S. Un certain nombre de tableaux complétaient la décoration. — Arch. mun. de Pézenas. Layète 7, liasse 1, charte 2. (PONCET. *Hist. ms. de Pézenas*).

(3) *Vie ms. de M. d'Alet.*

(4) E. DE BARTHÉLEMY a publié, à la page 297 de son livre : *La Princesse de Conti*, un règlement de vie du prince de Conti, « tou-

en réserve sur toute cette conduite (1) », avant la clôture des États, le prince avait avancé dans la voie de la dévotion, « par laquelle, dit saint François de Sales, la charité fait ses actions en nous ».

Cette conversion, source de tant de réparations, de restitutions et d'aumônes, ne fit qu'une victime : Molière !

Le « changement » du prince avait eu lieu dans les premières semaines de la tenue des États, il est donc certain que non seulement Conti cessa d'assister aux représentations qui suivirent celle du 9 novembre, mais qu'il rompit toute relation avec ses protégés : pour ces derniers, les conséquences allaient être graves.

A la fin de la session, le prince se refusa, par scrupule, à récompenser la troupe sur sa cassette privée, mais, tourmenté peut-être par cette retenue d'un salaire (2), il fit remettre à Molière une assignation de cinq mille livres sur les fonds des Étapes de Languedoc (3). L'on

chant les choses qu'il vouloit estre observées dans sa famille et dans ses terres, tant à l'égard du christianisme que des affaires temporelles ». — L'auteur de la *Vie de M. Pavillon* (3 vol. Utrecht, M.DCC.XXXIX) dit n'avoir pu découvrir le règlement de vie dressé par M. d'Alet pour le prince de Conti. (T. I, p. 210, note).

(1) *Vie ms. de M. d'Alet.*

(2) Il ne faut pas oublier que Molière reçut au même moment, pour le compte particulier des Etats, la somme de six mille livres. — Cf. *Hist. génér. de Languedoc.* T. XIII, p. 394, note 5.

(3) Pressé de tirer de l'argent de sa lettre de change, Molière passa, le 3 mai 1656, un accord en présence du viguier de Narbonne, par lequel un étapier, Melchior Dufort, bourgeois de Sijean, petit village des Corbières, et Joseph Cassaignes prenaient à leur compte l'assignation du prince, et s'engageaient à en fournir le montant en trois paiements. A l'échéance du deuxième acompte, les trésoriers de l'Etat élevèrent des doutes sur la validité de l'assignation et défendirent à MM. du Bureau des Comptes de payer à la troupe aucune somme, « à peine de pure perte et d'en répondre en son propre et privé nom ». En présence de ces difficultés, Dufort refusa de faire honneur à sa signature, et ne se

connaît la suite de cette aventure, qui fut pour le poète l'origine de cruels soucis. A la poursuite du paiement de cette dette contestée par les États, nous le retrouvons l'année suivante à Béziers, où, malgré les succès de son premier chef-d'œuvre, *Le Dépit amoureux*, les trésoriers restent sourds, et l'argent est si rare, que d'Assoucy est forcé, pour satisfaire son appétit légendaire, de s'inviter à la table des officiers de l'évêque, le doux Clément de Bonsi (1).

Cette aventure, qui n'eut son épilogue qu'après la mort de notre grand Comique, a fait dire que Molière a payé un peu de la pénitence du prince de Conti. Nul doute que ce dernier n'ait pensé que l'assignation était valable, et que, s'il eût été présent à la session, les États n'eussent payé ; mais il est certain qu'à travers les tribulations qui assaillirent le poète pendant l'année 1656, et dont *Tartufe* et *Don Juan* devaient être la revanche (2), il faut voir passer l'ombre sévère de Nicolas Pavillon.

décida que sous le coup d'un jugement et prise de corps que Madeleine Béjart obtint de la Bourse de Toulouse. En vain essaya-t-il de présenter une requête au prince de Conti, il n'obtint pas de réponse; en vain aussi, poursuivit-il Cassaignes afin d'en obtenir la moitié des fonds déjà versés; ce n'est qu'en 1684, onze ans après la mort de Molière, que Dufort obtint gain de cause par un jugement de la Cour des Comptes de Montpellier.— M. E. RAYMOND a traité à fond ce curieux épisode des rapports de Molière et du prince de Conti (*Pérégrinations de Molière en Languedoc*. Paris. Dubuisson. 1858).

(1) On lit dans « *Les Aventures de* D'ASSOUCY » : « Pierrotin et moi, nous eussions eu beau chanter, beau palinodiser, et faire des vers, hors de M. l'évesque de Béziers, qui nous faisait manger presque tous les jours à sa table, nous n'aurions pas tiré de la quinte essence de tous les Etats, seulement un plat d'olives ». (*Aventures*, p. 163).

(2) Cf. A. GAZIER. *Pavillon, Molière et Conti. Mélanges de Littérature et d'Histoire*, p. 14. Loc. cit.

Après la clôture des États, Conti devait se rendre à Paris ; l'évêque d'Alet ne pouvait l'y suivre. Il lui désigna un directeur qui serait le continuateur de son œuvre, l'élu fut M. de Ciron, chancelier de l'Université de Toulouse, qui désormais devait être aussi pour le prince un guide, un confident et un ami.

Issu d'une de ces familles de haute bourgeoisie parlementaire, « dans lesquelles le Jansénisme avait trouvé ses disciples les plus fervents et ses apôtres les plus zélés », Gabriel de Ciron était fils d'un président à mortier au Parlement de Toulouse et neveu d'Innocent de Ciron, chancelier de l'Université de cette ville à partir de 1631 (1). Il entra tout jeune chez les Chartreux et y demeura un peu plus d'une année ; sa santé délicate l'ayant forcé d'en sortir, il se rendit à Alet et y séjourna auprès de Pavillon, qui le décida à embrasser l'état ecclésiastique et lui transmit ses sévères principes, qui s'unirent chez le disciple à une mysticité plus tendre et à une spiritualité plus exaltée (2). Rentré à Toulouse, il reçut les Ordres en 1647, fut pourvu d'un canonicat à la métropole, et fut, un an plus tard, nommé à la Chancellerie, où il succédait à son oncle. Enfin, en 1655, il fut élu député du second ordre à l'Assemblée du clergé (3) ; c'est pendant ce séjour à Paris que, malgré

(1) La date de la naissance de M. de Ciron est inconnue ; il mourut en 1676. — Lettre de l'évêque de Chalons sur la mort de M. de Ciron. Ms fs. 19347. Bibl. nat.

(2) Ces différences de caractère entre l'évêque d'Alet et M. de Ciron engendrèrent plus tard entre eux « beaucoup de refroidissement », soit au sujet de l'Institut de l'Enfance, dont Pavillon n'approuvait pas l'organisation en communauté, soit pour certains points de la direction du prince de Conti. (*Vie ms. de M. d'Alet*).

(3) Ces assemblées avaient pour objet de déterminer la contribution que fournirait le clergé aux charges de l'Etat. Cette con-

une résistance opiniâtre, il dut se charger de la direction spirituelle de l'illustre pénitent de M. d'Alet (1).

Il n'entre pas dans notre cadre de suivre pas à pas le prince de Conti pendant ce séjour à Paris et toutes les étapes de cette conversion célèbre (2). Nous savons que sous la conduite de M. de Ciron, conduite qui s'exerçait en même temps auprès de Mme de Longue-

tribution était un véritable impôt, déguisé sous le nom de don volontaire. Les assemblées s'occupaient en même temps des diverses affaires qui intéressaient l'Eglise; elles se tenaient en fait tous les cinq ans, afin de vérifier les comptes du receveur général. Chaque province députait à la réunion deux évêques et deux membres du clergé inférieur. — C'est pendant l'assemblée de 1657 que fut rédigé le Formulaire, que beaucoup de jansénistes refusèrent de signer.

(1) Des détails inédits sur M. de Ciron ont été récemment mis à jour par la découverte des *Lettres et Mémoires de* MADAME DE MONDONVILLE, manuscrit acquis par la Bibliothèque de Toulouse, en 1909, et auquel nous ferons un grand nombre d'emprunts. — Au sujet de la répugnance de l'abbé de Ciron à se charger de la direction du prince de Conti, on y lit : « M. de Ciron reçut une lettre d'un évêque de ses amis qui lui marquait que S. A. S. le prince de Conti voulant se donner à Dieu et ayant consulté des personnes capables de luy donner conseil, on luy avait conseillé de le prendre pour son directeur. Cette lettre lui fut rendue par un gentilhomme de la part de M. le prince de Conti. Je ne me souviens pas ce qu'il dit à ce gentilhomme, mais je sçay qu'il fut se prosterner à terre et se prit à pleurer; ce qui m'a esté dit par un prêtre qui, l'estant venu voir, l'avait trouvé en cette posture, et qu'il luy avoit dit : « Qu'est-ce que ceci ? Est-ce que vous êtes fou ! »; car estant fort son ami, il lui parlait avec cette liberté. M. de Ciron lui répondit : « Mes amis me veulent perdre, en me contraignant d'accepter la conduite de M. le prince de Conty, moy qui ne suis propre qu'à conduire les pauvres ». — Cf. LÉON DUTIL. *Lettres inédites de Mme de Mondonville*. Paris. Hachette. 1911.

(2) Cf. SAINTE-BEUVE. *Port-Royal*. T. V, p. 25 et suiv. — A. GAZIER. *Mélanges de Littérature et d'Histoire*. — A. HALLAYS. *Le pèlerinage à Port-Royal*. Paris. Perrin. 1909. — E. DÉJEAN. *Un prélat indépendant au XVIIe siècle.*

ville et d'un nombre considérable de personnages du grand monde (1), il se plia à toutes les conditions imposées : réparations des dommages faits par ses troupes pendant la Fronde, profession publique de la religion, sage règlement de sa maison, retranchement du superflu, paiement de toutes ses dettes, et, enfin, cet abandon de quarante mille écus de rente, amassés sur les revenus de ses abbayes, qui parut à Mazarin une preuve irrécusable et lui fit dire : « qu'il ne fallait plus douter que la conversion de son neveu ne fût véritable et sans dissimulation » (2).

Après avoir accompli « toutes ces règles de pénitence », le prince fut admis aux sacrements et continua, « bien que vivant à l'extérieur en prince, à marcher dans la voie des réformes et des réparations ». L'occasion de l'une de ces dernières, — elle se rapporte à la Grange des Prés, et nous la citons à ce titre, — se présenta bientôt : Cosnac a longuement raconté, dans ses *Mémoires*, la nomination de Conti au commandement des armées de Louis XIV, qui guerroyaient en ce moment en Italie (3); avant d'entrer en campagne, le prince résolut de se rendre à Bordeaux, témoin, en 1653, de sa rébellion contre l'autorité royale et de ses désordres privés. Dans un de ses élans d'immolation, plus méritoires que les cilices et les disciplines dont il usait journellement (4), il se rendit, dès son arrivée, chez M. de

(1) Sainte-Beuve. *Port-Royal.* T. VI, p. 361. Appendice. — Voir les extraits des Journaux de Des Lions, doyen de Senlis, le rôle influent de M. de Ciron pendant ce séjour à Paris, 1655-1657, et les dispositions réelles de Mazarin à l'égard du Jansénisme.

(2) *Vie ms. de M. d'Alet.*

(3) *Mémoires de* Cosnac. T. I, p. 247 et suiv.

(4) Non seulement le prince usait de la discipline, mais il portait, et sa femme le fit aussi dans la suite, une ceinture de fer.—

Calvimont, et, se mettant à genoux, il sollicita son pardon. D'après la *Vie manuscrite* de M. d'Alet, il aurait amené de Pézenas à Bordeaux Mme de Calvimont, « malgré sa peine de l'avoir à sa suite », et, ne voulant pas la laisser « à la direction de son mari justement irrité contre elle », il l'aurait placée dans un monastère, après avoir payé pour elle une pension (1).

Ce rude devoir accompli, le prince se rendit à Toulouse, puis se dirigea vers Pézenas. Dès son arrivée à la Grange des Prés, « il envoya un de ses aumôniers à Alet pour prier l'évêque d'aller l'y trouver ». Pavillon se mit aussitôt en route et fut reçu par le prince « avec le même respect et la même tendresse qu'un bon fils aurait reçu son père ». Conti rendit compte au prélat de tout ce qui s'était passé en lui depuis son départ de Pézenas, prit de nouveau ses avis pour toute sa conduite, en particulier pour le commandement de l'armée d'Italie, et lui demanda un règlement « pour s'en acquitter chrétiennement ». Il lui parla enfin du sujet qui lui tenait le plus à cœur, la conversion de sa femme, et de son désir de l'entraîner après lui dans la voie du

Extraits des lettres de la princesse de Conti à M. de Ciron. Ms fs, 19347. Bibl. nat.

(1) Le récit que MADAME DE MONDONVILLE fait de cet événement dans ses Mémoires diffère de celui de l'auteur de la *Vie manuscrite de M. d'Alet.* « Ce gentilhomme, dit-elle, fit faire compliment à ce prince sur ce qu'il ne lui allait pas rendre ses devoirs. Ce prince, devenu saint, lui écrivit une lettre dans laquelle il lui demandait pardon et l'assurait qu'il le lui demanderait, il me semble qu'il dit à genoux, s'il le voyait, et se soumettait à tout ce qu'il voudrait pour réparer l'injure qu'il lui avait faite ». (*Mémoires de* MADAME DE MONDONVILLE, p. 10). — La lettre dont parle Madame de Mondonville est conservée au Ms fs. 19347, f° 35, à la Bibl. nat. Elle a été intégralement citée par F. DE BARTHÉLEMY: *La Princesse de Conti*, p. 75.

bien. Pavillon, toujours prudent, conseilla au nouveau Polyeucte « de se contenter de donner bon exemple à cette princesse, de faire ses exercices de piété et de pénitence en sa présence, et de prier pour elle sans lui beaucoup parler ni la presser sur ce sujet, en attendant les mouvements de la grâce » (1). Ces entretiens austères, entre ces deux personnages au visage émacié, au maintien réservé et grave, prolongés sous les arbres du parc ou dans une des chambres du château, les fenêtres ouvertes sur les mélancoliques coteaux d'Aumes ou de Marennes, auraient pu tenter le pinceau de l'illustre peintre du Jansénisme, Philippe de Champagne.

Le prince, en quittant la Grange, se rendit à Montpellier (2), puis à Paris. Là, avant son départ pour l'armée, il eut la joie la plus grande de sa vie : la conversion de la princesse.

Nous avons vu qu'Anne, loin d'imiter l'empressement de son mari à se placer sous la direction sévère de M. d'Alet, pendant l'assemblée des États à Pézenas, s'était tenue « sur la réserve » ; l'exemple du prince n'avait fait naître en elle qu'un découragement et un dégoût qui la portèrent, dit-on, à des efforts pour éteindre complètement les restes de sa foi. M. de Ciron s'était

(1) Tous les détails qui précèdent sont tirés de la *Vie ms. de M. d'Alet.*

(2) On lit dans la *Vie manuscrite de M. d'Alet* à ce passage : « Le lendemain de son arrivée en cette ville, M. le Prince, en achevant d'entendre la messe dans une église paroissiale, vit que l'on allait porter Notre Seigneur à un malade, et il l'accompagna avec beaucoup de piété et d'édification. Il dit même, à son retour, que l'on avait porté le Saint Sacrement dans une rue où il avait autrefois donné occasion de scandale, et qu'il avait eu de la consolation d'y pouvoir donner cette marque d'édification, comme une espèce d'amende honorable à Dieu ».

rendu compte de la tiédeur de la jeune femme « pour tout ce qui regardait Dieu »; et, dans son impuissance, il avait demandé pour elle des prières à celle qu'il regardait comme la plus pieuse de ses filles spirituelles : Mme de Mondonville (1).

L'histoire et le roman ont fait connaître la fondatrice du célèbre Institut de l'Enfance, le Port-Royal Toulousain. « Elle fascine après deux siècles », a écrit un de ses historiens (2), mais cette puissance d'emprise sur les âmes s'exerça surtout, et d'une façon singulière, sur le prince et la princesse de Conti, mis en relation avec elle par M. de Ciron.

C'est à cette personne, à laquelle l'unit depuis une

(1) Jeanne de Juliard, fille de Gilles de Juliard et de Jeanne de Puimisson, était de souche parlementaire et janséniste ; l'on croit qu'elle était née en 1629. Elle avait épousé, en 1649, M. de Turles, seigneur de la terre de Mondonville; mais veuve cinq ans plus tard, sans enfants et suffisamment riche, la jeune femme résolut de se consacrer aux bonnes œuvres, sous la conduite de M. de Ciron, auquel la liaient depuis sa jeunesse des relations de famille, où quelques-uns ont cru voir un roman de cœur. Ses historiens, ses détracteurs même, la reconnaissent comme une personne de tête et de capacité, ferme, altière, joignant à la noblesse des sentiments une pénétration et une éloquence naturelles auxquelles l'on ne pouvait résister. (Cf. SAINTE-BEUVE. *Port-Royal.* T. V, p. 617. Appendice. — *Hist. de la Congrégation des Filles de l'Enfance de N. S. J. C. établie à Toulouse en 1662.* 2 vol. Amsterdam, chez François Gérardi. M.DCC.XXXIV. T. I, p. 3 et suiv.) — Nous avons sous les yeux un portrait de Madame de Mondonville, dont nous devons la communication à la bienveillance de M. Gazier. C'est une belle personne, au visage ovale, aux traits réguliers, aux beaux yeux, dans lesquels se lit la fermeté; les lèvres sont épaisses, mais la bouche est pleine de distinction; les mains, un peu fortes, révèlent l'action plutôt que la pensée. Dans son costume demi-religieux, simple, calme et froide, elle donne bien l'impression de ce caractère absolu, qui lui donna une si haute autorité sur ceux qui l'approchèrent.

(2) Cf. HENRY JAUDON. *Port-Royal à Toulouse ou le Jansénisme au Parlement.* Toulouse. Imp. Lagarde et Sebille. 1900.

amitié si spéciale (1), qu'Anne confia les circonstances de son retour à Dieu (2).

« Elle m'a eu dit, a écrit Mme de Mondonville dans son style assez incorrect, qu'estant sur une machine a un bal ou autre divertissement de la Cour vetue en ange, et cette machine etant fort élevée, et pensant que si elle venait à tomber elle serait brisée, elle faisait cette réflexion qu'elle verrait alors si ce que l'on enseignait de la religion était vrai. Cette princesse s'entretenait de cela avec Mme de Gamaches (3), qui avait été placée en même temps sur une autre machine, qui raconta aussi ce qu'elle

(1) Non seulement la princesse lui voua une inaltérable amitié, mais elle se faisait suivre par elle dans ses voyages, la soignant même pendant ses maladies (elle était attaquée d'un cancer au sein) et lui confiant ses pensées les plus intimes.

(2) On peut suivre dans les lettres de MADAME DE MONDONVILLE à M. de Ciron les progrès de la conversion du prince : 25 août 1656: « Je ne manque pas de prier Dieu pour votre noble (*sic*), c'est une consolation de voir Dieu honoré dans la Cour, où je crois qu'il est bien souvent déshonoré ». — 29 septembre 1656: « Je n'oublie pas M. le Prince, il est bien juste de prier pour lui ». — 6 octobre 1656 : « Je n'oublie pas de prier Dieu pour cette âme nouvelle et pour son mari ». — 10 novembre 1656 : « Je ne m'étonne pas que M. le Prince ait des croix, ce sont les marques de bon chrétien, comme il est, et comme il veut estre. Je le recommande, et surtout Madame au Saint Enfant Jésus... Le jour de sainte Thérèse j'eus un mouvement particulier qui me faisait souhaiter que Madame la Princesse fît quelques communications avec les filles de cette sainte, et j'ai une croyance que cette grande sainte lui a esté favorable dans ses couches pour sa santé ».

(3) Il s'agit probablement de Marie-Antoinette, fille de Henri-Auguste de Loménie, comte de Brienne, un des ministres de Louis XIII et de la reine Anne. Elle épousa, en 1642, Nicolas-Joachim Rouault, marquis de Gamaches, qui devint lieutenant général. Amie intime de la princesse de Conti et de la duchesse de Saint-Simon, première femme du grand mémorialiste, elle mourut en 1704, à l'âge de 80 ans.

pensait et qui était plus pieux. » « Son état, lit-on dans un autre passage, était alors une tristesse infinie, parce que, voyant les dispositions des chrétiens au-dessus de ses forces, elle s'était figurée qu'il lui serait impossible de les remplir et qu'elle serait damnée (1) ». Grandes furent donc la surprise et la joie du prince, lorsqu'un jour, ayant mis sous les yeux de sa femme une lettre adressée à M. de Ciron, où Mme de Mondonville déclarait qu'elle était certaine que la princesse « serait un jour toute à Dieu », d'entendre Anne s'écrier : « Puisque cela est ainsi il faut travailler à me donner à Dieu tout de bon (2) ». Elle fit aussitôt appeler M. de Ciron, et, se plaçant sous sa conduite, s'engagea sans retour dans la voie où son mari l'avait précédée.

Dès lors, nous assistons à ce que nous pourrions appeler une course dans la voie du bien : sous les noms emblématiques de Fabiole (3) et de Paulin (4), ce ne sont

(1) *Mémoires de* Madame de Mondonville, fos 414 et 415. — D'autre part, on lit dans les *Escrits de Madame la princesse de Conti* (Manuscrit du temps. Arch. de la Grange des Prés) : « Madame la princesse de Conti a passé sa vie, jusqu'à l'âge de dix-neuf ans, dans une honesteté mondaine et irréprochable aux yeux du monde, mais néantmoins fort éloignée de l'esprit du christianisme ».

(2) *Mémoires de* Madame de Mondonville, fo 416.

(3) Fabiole, sainte veuve, née au IVe siècle, dans l'illustre famille des Fabiens, se plaça sous la direction de saint Jérôme, vécut dans la pénitence, les œuvres de charité, et mourut à Ostie, où elle avait fondé un hôpital, en l'an 400.

(4) Saint Paulin de Nole, né à Bordeaux vers l'an 353, d'une illustre famille, et marié à une femme savante et riche nommée Théresie, préféra renoncer à tous les honneurs et se retira en Espagne, partageant ses biens entre l'Eglise et les pauvres. Il embrassa, après son veuvage, l'état ecclésiastique, fut promu à l'évêché de Nole, en Italie, et mourut sur ce siège en 431.

plus, en effet, que deux athlètes luttant de vitesse dans l'arène sacrée. Anne, douce et sereine (1), vivra à la Cour comme n'en faisant pas partie ; elle consacre ses journées à la lecture spirituelle, à la méditation, à l'examen, elle renonce à tous les plaisirs profanes, l'argent de ses plaisirs est employé aux œuvres pieuses, elle visite les pauvres, soigne les incurables, et retranche tout le superflu de sa toilette, sauf un seul diamant, qu'elle tient du prince, « et qu'elle portera jusqu'à la mort pour l'amour de lui (2) ». Quant à Conti, véritable exception en ce temps où les scandaleux abus engendrés par la commende et la cupidité organisaient, autour de Louis XIV, la curée aux charges, aux bénéfices, aux honneurs et aux profits, il pourrait être, lui aussi, appelé « un isolé dans son siècle ». Sa piété prend de plus en plus la forme douloureuse qu'elle conservera pendant le peu d'années qui lui restent à vivre ; attaché chaque jour davantage à ses devoirs, il recevra, dans une sorte de sainte indifférence, les marques éclatantes d'estime que lui prodigue Louis XIV, et il mourra sur la brèche, en travaillant au bien de sa Province, et en méritant le titre de modèle des gouverneurs.

(1) Un trait caractérise les différences qui existaient à cette date dans la compréhension de la piété entre les deux époux : le 15 mai, Conti étant à Lyon en même temps que Molière et sa troupe, écrivait à M. de Ciron : « Il y a des comédiens ici qui portaient mon nom autrefois. Je leur ai fait dire de le quitter, et vous croyez bien que je n'ay eu garde de les aller voir ». (Ms fs 19347, Bi f° 36 v°. Bibl. nat.).— Deux mois plus tard, la princesse, rencontrant à Reims la grande Mademoiselle qui « lui fit la guerre de ce qu'on disait qu'elle n'allait point à la comédie tant elle était dévote », lui répondait « qu'elle irait avec elle quand elle voudrait ». (*Mémoires de* MADEMOISELLE DE MONTPENSIER).

(2) *Escrits de Madame la princesse de Conti,* f° 2. Op. cit.

Le prince partit pour la campagne d'Italie dans les premiers jours de mai, observant dans les camps son austère règlement de vie, et faisant une sorte de monastère ambulant de ses carrosses (1). Nous ne le suivrons pas dans cette expédition d'ailleurs médiocre, d'où ses lettres à son directeur, empreintes du plus profond dégoût de lui-même et de l'horreur rétrospective de ses fautes, ont fait dire que « ce général était capable de se faire battre par humilité (2) ».

De son côté, la princesse a laissé dans sa correspondance avec son mari, pendant cet été de 1657, un reflet de tout ce qui l'occupe (3). Ces pages, empreintes de la plus vive tendresse, sont tempérées par ces mots qui reviennent à chaque page : « Aimons-nous en la crainte de Notre-Seigneur... Il faut être à lui sans réserve ». Elle y parle de la campagne de Flandre (4), du mariage

(1) « Elle (Son Altesse) faisait mettre dans chacun des carrosses de sa suite des personnes de piété pour y empêcher les discours et les entretiens mauvais et inutiles, pour y faire de bonnes lectures et les prières mentales et vocales, qu'il faisait lui-même avec ceux qui étaient près de sa personne dans son carrosse, et, le soir, il s'informait d'une manière agréable sur la manière dont on avait passé la journée ». (*Vie ms. de M. d'Alet*).

(2) Sainte-Beuve. *Port-Royal*. T. V, p. 33. — Le prince écrivait à M. de Ciron, aussitôt après la levée du siège d'Alexandrie : « Vous apprendrez par le bruit commun la levée du siège d'Alexandrie. Dieu m'a fait la grâce de recevoir cela de sa main. Il y a même une particularité là-dedans que je n'ai pas le loisir de vous mander, quoiqu'il soit à mon avantage, non de moi, mais de J.-C. en moi ». — De Moncalvo, du 24 août 1657. Ms fs 19347, f° 37 v°. Bibl. nat.

(3) Cette correspondance a été publiée par E. de Barthélemy : « *La Princesse de Conti* », p. 84 et suiv. Elle fait partie des pièces du Ms fs 19347. Bibl. nat.

(4) L'on comprend l'importance qu'avaient pour Conti les détails sur ces opérations militaires, puisque son frère, le grand Condé,

de M. Esprit (1), de la persécution de Mazarin contre M. de Ciron (2), et de cette neuvaine de la Sainte-Épine, qu'elle entreprenait en fidèle amie de Port-Royal (3). Entre temps, elle sollicitait sans relâche du cardinal le retour du prince : le siège inutile d'Alexandrie fut levé le 30 août, et, le 21 septembre, Anne annonçait à son mari l'envoi de son congé. Ils furent réunis le 26 octobre à Mailly, terre des Condé ; elle lui avait écrit la veille : « Vous serez bien aise d'embrasser votre femme, venez la faire mourir de joie (4) ».

Le prince et la princesse passèrent à Paris l'hiver 1657-1658. Leur correspondance à cette époque avec l'abbé de Ciron et l'abbé de La Vergne, devenu le confesseur d'Anne, après le retour du premier à Toulouse (5), témoigne d'une recrudescence dans la piété, la pénitence

qui commandait les Espagnols, était vaincu à la bataille des Dunes par Turenne, le 14 juin, défaite qui, en désarmant le grand capitaine, prépara sa rentrée en France.

(1) Esprit se maria à ce moment avec Geneviève Rollain. Le prince de Conti et Madame de Longueville fournirent la dot, le premier par une promesse de quarante mille livres sur le comté de Pézenas, l'autre par un don de quinze mille livres comptant.

(2) Mazarin et la reine-mère eurent un moment l'intention d'envoyer à la Bastille M. de Ciron, suspect de jansénisme ; Cosnac prétend que c'est d'après ses conseils que le cardinal se contenta de le renvoyer à Toulouse, et de l'y confiner.

(3) La guérison de la petite Marguerite Périer, nièce de Pascal, par l'intercession de la Sainte-Epine, dans la chapelle de Port-Royal de Paris, avait eu lieu le 24 mars 1656.

(4) D'Essone, le 25 octobre 1657.

(5) Pierre de La Vergne de Tressan, issu d'une noble et ancienne famille du Languedoc, naquit en 1618. Elevé dans la religion protestante, il abjura à vingt ans, passa quelques années à la Cour, et retourna en Languedoc à l'âge de trente-six ans ; il se mit alors sous la conduite de Mgr Pavillon. Après un voyage en Palestine, il prêcha des missions et convertit un grand nombre de réformés. Retourné à Paris, vers 1658, il connut, chez Madame de Longue-

et le renoncement. « Le plus grand de mes souhaits... est que toutes les choses du monde me soient amères », écrit la princesse le 2 janvier (1) ; quant au prince, violemment atteint de rhumatismes, il note ses actes d'impatience (2) et se plaint des remèdes, « qui lui rendent la tête trop faible pour l'oraison (3) ». C'est en effet à cette époque que la santé de Conti commença à décliner sans retour, et ses lettres, durant le printemps de 1658, ne sont qu'un long cri de souffrance (4).

Après un séjour à Saint-Maur, il résolut cependant de se rendre en Guyenne, pour y faire enfin son entrée solennelle, retardée par la campagne d'Italie ; en même temps, il écrivait à M. de Ciron l'ordre d'aller le rejoindre à Bordeaux (5).

C'est le 6 août, après avoir parcouru son gouvernement, que Conti fit son entrée à Toulouse : réception par les capitouls aux portes de la ville, arcs de triomphe, revues de troupes, harangues de MM. de l'Université et du présidial, tout fut réuni pour rendre cette fête magni-

ville, la princesse de Conti, et se chargea de sa direction spirituelle; il mourut en 1684, noyé dans une rivière de Languedoc, près du château de Térargues, où il fut inhumé.

(1) *Escrits de Madame la princesse de Conti.* Lettre du 2 janvier 1658, f° 16. *Op. cit.*

(2) Le prince de Conti à M. de Ciron. 16 janvier 1658. Ms fs 19347, f° 40. Bibl. nat.

(3) Le prince de Conti à M. de Ciron. 11 février 1658. Ms fs 19347, f° 42. Bibl. nat.

(4) « Jugez, écrit-il le 11 février de Saint-Maur à M. de Ciron, ce que peut devenir un vaisseau pourri et appesanti par ses propres poids, dont les voiles sont rompues, les mâts brisés, dont le pilote n'a même pas la liberté de regarder la boussole, et qui voit devant lui les écueils qu'il a beaucoup à craindre ». — Ms fs 19347, f° 42 v°. Bibl. nat.

(5) *Mémoires de* MADAME DE MONDONVILLE, f° 425 r°.

fique (1). Le prince logea chez le président de Ciron, frère de l'abbé, et édifia la ville par ses pèlerinages aux principaux sanctuaires toulousains, entre autres par celui qu'il fit aux reliques conservées dans la crypte de Saint-Sernin et dont Mme de Mondonville, qui était présente, nous a laissé le récit (2). Il pria même « la Charitable », c'est ainsi qu'il désignait la fondatrice de l'Institut de l'Enfance, de se rendre à la chapelle des Saintes-Camilles, au diocèse de Mirepoix (3), et d'y prier pour les prochaines couches de la princesse, ce que Mme de Mondonville exécuta avec empressement et non sans une secrète complaisance, en compagnie de quelques ecclésiastiques dont faisait partie M. de Ciron.

Pendant ce pèlerinage, le prince s'était rendu à la Grange des Prés ; M. de Ciron l'y rejoignit, et, ensemble, ils partirent en hâte pour Paris, afin d'y arriver avant les couches de la princesse. Le 4 septembre (4), en entrant dans la capitale, Conti apprit la naissance d'un fils (5). Cette grande joie fut de courte durée : malade,

(1) *Hist. génér. de Languedoc*. T. XIII, p. 366 et suiv.

(2) *Mémoires de* Madame de Mondonville, f° 427 r°.

(3) *Id.*, f° 427 v°. — Ce lieu de pèlerinage, appelé aujourd'hui Sainte-Camelle, est situé près de Salles-sur-l'Hers, dans l'Aude.

(4) *Mémoires de* Madame de Mondonville, f° 428 r°.

(5) « Dès que la nouvelle de la naissance de ce prince fut venue, a écrit Madame de Mondonville, M. le prince de Conti et M. de Ciron se mirent à genoux pour remercier Dieu ». — Comme Madame de Mondonville avait présumé que ce serait un garçon, le prince ajouta, en riant : « Voilà *la Charitable* reconnue prophétesse ». (*Mémoires*, f° 429 r°).— Dans ses *Mémoires*, Mademoiselle de Montpensier dit, au sujet de cet événement : « M. le Cardinal... s'en alla à Paris pour voir Madame la princesse de Conti, qui était accouchée d'un fils, qui ne vécut que neuf jours. Il était venu au monde tout couvert d'ulcères depuis les pieds jusqu'à la tête ». — Coll. Michaud et Poujolat, p. 303.

couvert d'ulcères, l'enfant, pour lequel on avait réclamé un titre digne de sa naissance (1), ne vécut que neuf jours. La douleur de nos princes fut immense, Mme de Longueville et le grand Condé lui-même s'y associèrent (2), pour la troisième fois leurs espérances étaient déçues (3).

Est-ce le chagrin qui influa sur la santé déjà minée du prince ? Deux mois plus tard il se rendait à Saint-Maur pour y subir une opération. C'est du moins ce qui ressort de ces lignes, adressées à ce moment à M. de Ciron : « Je n'ai que huit jours pour songer à mon unique affaire, qui est de me mettre bien avec Dieu, car les médecins disent que nous serons en danger » (4). La maladie dura jusqu'aux premiers jours de 1659, et, le 7 janvier, l'on relève dans sa correspondance ce billet significatif : « Je suis au fond de l'abîme, ma femme est

(1) Dans une lettre sans date, adressée par Conti à l'abbé de Roquette, nous relevons ces lignes : « Sachez un peu de M. le Cardinal comme il jugerait à propos qu'on appelât mon fils ; nous croirions, ma femme et moi, qu'il faudrait que ce fût prince de Bourbon, ne trouvant pas de nom plus convenable ». — Arch. de Chantilly, O. VI, f° 815 v°.

(2) Conti, touché des condoléances de son frère, lui adressa ses remerciements par l'entremise de Madame de Longueville, et terminait sa lettre par ces mots : « Ma femme luy rend (à Condé) très humbles grâces de la part qu'il prend à notre affliction en cette rencontre ». — Pendant la maladie, que l'on crut mortelle, de Condé, au mois de décembre précédent, le prince de Conti avait montré « une douleur touchante, dont l'écho parvint jusqu'à Gand ». (Duc d'Aumale. *Hist. des Princes de Condé.* T. VII. p. 69).

(3) La première grossesse d'Anne, en 1655, est mentionnée dans la *Vie ms. de M. d'Alet.* Il est parlé de la seconde, en 1656, par Madame de Mondonville dans une lettre à M. de Ciron du 10 novembre de cette année.

(4) *Escrits de Madame la princesse de Conti,* f° 18 v°.

dans un état contraire au mien, elle voit les cieux ouverts, chacun a ce qu'il mérite » (1).

Cette année allait cependant les ramener en Languedoc et à la Grange des Prés : la guerre d'Espagne touchait à son terme; le 4 juin 1659, Mazarin et Pimentel, ministres de Sa Majesté catholique, avaient signé le traité de Paris. Les difficultés soulevées réclamaient une ratification; il fallait aller à la frontière. A la fin de juillet, Mazarin arriva à Saint-Jean-de-Luz, où l'attendait le premier ministre d'Espagne don Luis de Haro, et, le 13 août, les deux plénipotentiaires entamèrent les célèbres conférences destinées à conclure le traité des Pyrénées. A cette même date, la Cour s'était mise en marche pour rejoindre Mazarin, le prince et la princesse de Conti la suivaient (2). Anne, toujours indulgente et bonne, trouva moyen d'exercer dans ce voyage un consolant ministère auprès de sa cousine Marie Mancini, à ce moment au plus fort de son royal roman (3). Elle invita aussi Mme de Mondonville à la rejoindre à Bordeaux; cette dernière s'y rendit, et nous a laissé dans ses Mémoires les détails de ces journées d'une intimité qui ne laisse pas de surprendre (4).

(1) Le prince de Conti à M. de Ciron (*Escrits de Madame la princesse de Conti*, f° 18 v°).

(2) Le 2 juillet 1659 Conti écrivait de Ruel, à Ciron: « Nous nous en allons trouver la Cour à Fontainebleau, et, de là, en Guyenne ». (Citée par E. DE BARTHÉLEMY. *La Princesse de Conti*, p. 143).

(3) Marie Mancini écrivait à Mazarin, le 23 août 1659 : « La princesse de Conti... a pour moi toute la tendresse d'une sœur ». (L. PEREY. *Le Roman du grand Roi*, p. 258. *Op. cit.*).

(4) La princesse s'abaissa à de puériles scènes de jalousie et à des soins indignes d'elle, jusqu'à faire chauffer les serviettes que réclamaient son état de santé. (*Mémoires de* MADAME DE MONDONVILLE, f° 440 r°).

Les négociations traînaient en longueur, le roi « s'ennuyait fort à Bordeaux », et son mariage avec l'infante d'Espagne était ajourné au printemps. Il fut décidé que la Cour ne rentrerait pas à Paris, mais parcourrait les provinces du Midi pour en achever la pacification. Le roi se rendit à Toulouse et y résida deux mois, pendant lesquels Mazarin termina le traité qui a été appelé « l'un des plus beaux monuments de la diplomatie française ». Dans les derniers jours de l'année, la Cour partit pour la Provence; un événement d'importance y attendait Conti : le 29 décembre précédent, Condé, devant lequel se rouvraient les portes de la France, quittait Bruxelles et s'avançait par Soissons et Coulommiers, où l'attendait Mme de Longueville. Le 10 janvier, il partit en relais pour la Cour, et, le 27, entrait à Aix, et se présentait chez le roi. Le prince de Conti avait justement appréhendé cet instant : quittant l'antichambre de Mazarin, il s'était avancé jusqu'à Lambesc à la rencontre de son frère; l'entrevue eut lieu par les chemins, ils s'embrassèrent, et aucune explication ne vint réveiller les souvenirs de Bordeaux (1).

(1) Duc d'Aumale. *Hist. des princes de Condé.* T. VII, p. 124. — La réconciliation entre les deux frères fut plus apparente que réelle. Les lettres conservées à Chantilly témoignent du reste d'aigreur, que le moindre incident faisait éclater.

CHAPITRE HUITIÈME

Armand de Conti, gouverneur de Languedoc

Le second événement qui marqua pour le prince de Conti son séjour en Provence fut sa nomination au gouvernement de Languedoc (1). Louis XIV ajoutait à cette faveur des paroles flatteuses dans les lettres patentes, et y déclarait : « avoir fait choix d'une personne d'éminente qualité et recommandable par ses vertus » (2). Le 24 février, Armand avait annoncé en ces termes la nouvelle à M. de Ciron : « Je vous écris pour vous dire que l'affaire du gouvernement de Languedoc est tout à fait finie en ma faveur, dont je ne crois pas que vous soyez fort marri » (3).

La Cour repassa le Rhône à Villeneuve-lès-Avignon le 1er avril 1660 ; Conti l'avait précédée. En qualité de gouverneur, il reçut Sa Majesté à Nîmes, et l'accompagna à Pézenas, où l'entrée eut lieu le 6 avril (4), et

(1) Il succédait à Gaston d'Orléans, mort à Blois, le 2 février 1660.

(2) Les Lettres patentes furent données à Aix, le 26 février 1660.

(3) Ms fs 19347, f° 45 v°. Bibl. nat. Citée par E. DE BARTHÉLEMY. *La Princesse de Conti*, p. 144.

(4) PONCET place le passage de Louis XIV à Pézenas au 7 mai. Cette assertion est démentie par l'examen des dates : le roi, poursuivant sa route vers Toulouse, était à Carcassonne le 17 avril, et c'est justement le 8 mai que la Cour arriva à Saint-Jean-de-Luz.

où la réception fut particulièrement chaleureuse. Tous les habitants s'étaient portés auprès du pont de l'Observance, les consuls haranguèrent le roi sur la promenade du Pré; dans le cortège flottaient ces drapeaux des corporations de métiers, que Pézenas a conservés jusqu'à nos jours comme de vénérables reliques attestant la prospérité séculaire de la jolie cité (1). On y voyait aussi « le Poulain », ce palladium de la ville, dont nous avons expliqué l'origine : l'on dit, qu'à la vue de cet objet étrange, les chevaux des gendarmes royaux se précipitèrent dans le lit de la Peyne (2); ajoutons que cette jolie rivière rappelle, dès qu'arrivent les mois chauds, les rivières d'Espagne, et que la gendarmerie royale y trouva moins d'eau que de galets.

Le roi alla chasser au parc, dans les tirés du prince de Conti, et ce dernier traita Louis XIV dans le magnifique hôtel du baron de La Coste. Le cadre s'y prêtait merveilleusement : son monumental escalier gothique, ses vastes salles voûtées, ses galeries d'où l'on découvrait un panorama splendide, le rendaient digne d'une visite royale. Jusqu'en 1871, les descendants du baron de La Coste ont possédé et habité cette demeure princière; le dernier, le baron Louis-César de Lasserre, montrait avec orgueil, — et que de fois nous les avons visités, guidés par lui, — les salons immenses où, dans

(1) Le 5 juillet 1912, jour où « l'entrée » solennelle à Pézenas du cardinal de Cabrières put donner dans cette ville une idée des fêtes d'antan, les drapeaux des corporations de métiers composèrent à la Collégiale Saint-Jean la plus imposante et la plus intéressante des décorations et furent le sujet de la magnifique péroraison du discours du cardinal.

(2) Poncet. *Hist. ms. de Pézenas.*

tout l'éclat de sa royale jeunesse, Louis XIV avait ouvert le bal (1).

Après le départ de la Cour, Conti resta quelques jours encore à la Grange, sa présence y est attestée par deux lettres : la première, adressée le 10 avril à Pavillon, est particulièrement intéressante, par rapport aux dispositions du prince pour son nouveau gouvernement :

« La Grange de Pézenas, 10 avril 1660.

« Monsieur et très honoré Père,

« J'ai reçu deux de vos lettres en même temps, il y a déjà trois semaines, mais la multitude des occupations que j'ai eues depuis que j'ai été fait gouverneur de Languedoc, m'a ôté la commodité d'y faire réponse. La première de vos lettres me marquait la satisfaction que vous avez reçue de ma promotion à ce gouvernement, de laquelle je vous rends mille grâces ; mais voici un grand sujet de trembler pour moi, et le mal est que je ne tremble pas. Au nom de N. S. J.-C., Monsieur et très cher Père, assistez-moi dans de si pressants besoins et par vos prières et par vos conseils, afin que je puisse remplir mon ministère. Je vous supplie donc très humblement, lorsque votre loisir vous le permettra, vouloir bien me dresser un mémoire de mes obligations comme gouverneur de province, qui contienne premièrement les avis généraux, ensuite comment je dois faire sur ma résidence en ce pays, sur la visite des lieux de mon gouvernement, comment je dois me comporter à l'égard

(1) Louis-César de Lasserre de Fondouce, baron de La Coste, qui unissait à une bonté et une charité inépuisables l'éducation d'un gentilhomme de l'ancien régime, est mort à Pézenas le 23 février 1889.

de la Cour dans les États. Comment je dois me prendre pour les rectifier et les assiettes pareillement. Comment je dois me comporter touchant l'amplification de l'Église et l'extirpation des hérétiques. Enfin ce dont je suis responsable devant Dieu afin que cela me puisse servir de règle. Comment je dois faire pour n'être pas dissipé dans les emplois extérieurs. J'espère de vous que l'amour que vous avez pour la Province et la charité que vous avez pour mon âme vous porteront à prendre cette peine. Je vous demande votre sainte bénédiction, et suis, Monsieur et très honoré Père, votre très obéissant fils.

Armand de Bourbon » (1).

La seconde était adressée à M. de Ciron. « On a bien fait des œuvres importantes, disait-il, depuis que je suis entré dans mon gouvernement; mais au lieu de les reporter à leur principe et de voir clairement qu'on est un obstacle à leur perfection, la nature s'y est épanouie, on y a pris un plaisir si terrible, que quoique vous connaissiez le vieil Adam vous ne l'avez jamais vu en votre

(1) *Vie ms. de M. d'Alet*. T. II, ch. x.— En réponse à cette lettre, Pavillon rédigea un long Mémoire, sorte de règlement pour toutes les circonstances de la vie d'un prince, et qui servit plus tard à Conti pour composer son Traité sur « le Devoir des Grands ». Le prince joignit la pratique à la théorie : on a pu dire de lui que jamais gouverneur n'eut plus de soin, plus de zèle, plus d'application aux affaires de sa province. Mourant, nous le verrons répondre au médecin qui lui ordonne de se rendre aux eaux de Sainte-Reine, alors que les Etats durent encore : « Ma santé n'est point mon affaire, en comparaison de mon devoir, qui m'oblige, comme je le crois, à demeurer dans mon gouvernement ». (*Témoignage de Madame la princesse de Condé. A Madame sa Tante, abbesse de Maubuisson, en faveur de M. l'évêque d'Alet, contre la lettre de M. de la Trappe*).

vie si content de lui-même, et par conséquent si digne d'être mortifié. Priez pour sa destruction et préparez-vous, s'il vous plaît, à lui bien donner sur les doigts, car il en a grand besoin » (1).

Parmi les œuvres importantes dont parle le prince, il faut sans doute placer la fondation de l'église de l'hôpital de Pézenas, dont il posa la première pierre le 14 avril (2). Ce devoir accompli, Conti quitta la Grange pour aller retrouver la Cour à Toulouse (3), et la suivre à Saint-Jean-de-Luz, où allait être célébré le mariage du roi. Anne n'assista pas à ces fêtes. Malade, elle avait regagné Paris dans les premiers jours de mai. Mais elle y arriva, — une lettre de Mme de Venel à Mazarin nous l'apprend, — le 30, « en parfaite santé » (4). C'est là que les époux se retrouvèrent, et que, le 3 septembre, le prince prit part à l'entrée solennelle du roi (5). Quelques jours plus tard, il se rendait à Fontainebleau, où Anne allait faire

(1) Le prince de Conti à M. de Ciron. De la Grange, le 12 avril 1660. Ms fs 19347, f° 27. Bibl. nat.

(2) « Le prince, dit Poncet, fit mettre, le 14 avril 1660, la pierre fondamentale de leur église (des Dames hospitalières) dans le terrain d'un moulin à huile appartenant aux héritiers de M. Savy, qui confrontait l'Hôtel-Dieu ». (*Hist. ms. de Pézenas*).

(3) Ce séjour ne fut pas inutile à la ville de Toulouse: grâce à l'intervention de Conti, les capitouls obtinrent le rétablissement de « l'abonnement des tailles et celui du droit de subvention », que le roi avait voulu leur vendre deux cent quarante mille livres. — Cf. *Hist. génér. de Languedoc*. T. XIII, p. 389.

(4) Madame de Venel, gouvernante des demoiselles Mancini. — Lettre à Mazarin, de Paris, 30 mai 1660. Citée par L. Perey. *Le Roman du grand Roi*, p. 484.

(5) Il y était déjà le 4 août, et écrivait ce jour-là à M. de Ciron une lettre dans laquelle il se reproche une fois de plus « la joie qu'il éprouve en faisant le bien ». De Paris, 4 août 1660. Ms fs 19347, f° 47 v°. Bibl. nat.

une retraite (1) ; de nouvelles espérances de maternité redoublaient sa ferveur.

Les premiers jours de 1661 ramenèrent le prince à la Grange des Prés. Tandis qu'Anne restait à Paris, retenue par ses couches prochaines, Armand se disposa à ouvrir les États. Le 24 janvier, dans l'église des Pénitents Noirs de Pézenas, il présida, pour la première fois, en qualité de gouverneur de la Province ; son discours d'ouverture en emprunta une émotion touchante : « C'est pour la troisième fois, dit-il, que le commandement du roi m'oblige de venir en cette Assemblée. J'avoue, toutefois, que j'y viens aujourd'hui d'une manière bien différente des autres, car il y a beaucoup de disproportion entre l'esprit par lequel on s'acquitte d'une commission passagère et l'alliance que contracte un gouverneur avec le pays qui est commis à son administration... avec lequel il entre dans une communication si intime des biens et des maux, qu'on peut dire qu'il est heureux de son bonheur et malheureux de ses adversités » (2). Pendant la session, deux événements amenèrent une députation de l'Assemblée auprès du prince : le 9 mars, Mazarin expirait à Vincennes (3), et Messieurs des États se rendirent à la Grange des Prés pour y complimenter le neveu du défunt. Un mois plus tard, ils s'y rendirent encore, mais pour un plus joyeux motif, le 4 avril la princesse avait mis au monde, à Paris, un petit

(1) *Escrits de Madame la princesse de Conti*, f° 18 : « Le 16 septembre 1660, à Fontainebleau, j'ai fait une espèce de retraite ».

(2) Arch. de la Haute-Garonne. Procès-verbaux des Etats de Languedoc. Série C, f° 161 et suiv.

(3) La princesse de Conti héritait de son oncle « à peu près deux cent mille écus ». (*Mémoires de l'*ABBÉ DE CHOISY).

prince (1) : c'était le futur Louis-Armand de Bourbon, celui dont Mme de Sévigné devait dire un jour : « Il ne dit rien qui ne soit à écrire » (2).

Les États, pendant lesquels Conti avait éloquemment plaidé les intérêts du Languedoc (3), se terminèrent le 10 avril. Quelques semaines plus tard, Anne vint retrouver son mari à la Grange des Prés ; ils allaient réaliser le pieux projet d'une retraite à Alet, auprès de Monseigneur Pavillon.

Le plus récent des historiens de Monseigneur Pavillon (4), n'a rien laissé à dire sur ces retraites de nos princes, dans cet évêché d'Alet, dont Lancelot a fixé, en 1667, la physionomie si spéciale (5). Par des chemins et des moyens qui n'avaient rien de commun avec ceux de

(1) C'est par erreur que PONCET (*Hist. ms. de Pézenas*) fait naître les deux fils d'Armand de Conti à la Grange des Prés. Aucune indication sur ces événements n'a pu être relevée sur les registres de Pézenas, conservés depuis 1626. — D'après le P. ANSELME : *Hist. générale de la Maison de France* (1726), ces deux princes sont nés à Paris, le premier le 4 avril 1661 (la date est facile à identifier par le procès-verbal de ce jour des Etats de Languedoc) ; il fut baptisé dans la chapelle du Louvre le 28 février 1662, et tenu sur les fonts par Louis XIV et Anne d'Autriche. Le second, né le 30 avril 1664, aurait été baptisé à Saint-Sulpice le jour de sa naissance, et tenu par Madame de Longueville et le grand Condé. — GEORGES MONVAL, dans sa *Chronologie Moliéresque,* place le baptême du second fils d'Armand de Conti au 28 mars 1664.

(2) Lettre à Madame de Grignan. Du 26 janvier 1674.

(3) « Vous voyez l'impossibilité que nous trouvons à porter les Etats à donner douze cent mille livres, et cela par impuissance et non par mauvaise volonté ». — Conti à l'abbé de Roquette. Pézenas, 27 mars 1661. Arch. de Chantilly. C. VI, f° 794.

(4) E. DÉJEAN. *Un prélat indépendant au XVIIe siècle.* Op. cit.

(5) *Relation d'un voyage d'Alet, faite par* M. CLAUDE LANCELOT. *Adressée à la Mère Angélique de Saint-Jean-Arnault, depuis abbesse de Port-Royal.* En France. Chez Théophile, imprimeur : A la Vérité.

nos jours, Conti et sa femme atteignirent « la petite cité dressée sur les débris dorés de ses remparts ». Le premier fut logé au palais épiscopal, la seconde dans la maison « des Régentes » (1), et, sous la direction de l'évêque, ils se mirent à l'œuvre.

Nous avons voulu aller aussi à Alet, et y suivre pas à pas les deux illustres pénitents, dans ce lieu élu de leur âme. Nous avons visité la demeure épiscopale et sa longue terrasse, suspendue sur les flots bruissants de l'Aude, la cathédrale, — en ruine depuis la Réforme, — plus vermeille que les tours de l'Alhambra, l'église paroissiale, où le prince était admis « en dehors du chœur au rang des pénitents » (2), et cette maison des Régentes où Pavillon, dans sa vigilance à y entretenir les bonnes mœurs et les règlements rigoureux, faisait des inspections, même la nuit (3). Nous avons parcouru les rues étroites, « bordées des logis d'autrefois », la jolie petite place, qui, sous ses vieux ormes, « semble faite pour un décor de comédie », et le cimetière, où la tombe du « prélat indépendant » disparaissait, — on était en avril, — « sous les trèfles et les menthes sauvages » (4). Sur toutes ces choses, l'ombre de l'évêque planait.

(1) Les Régentes, fondées par Nicolas Pavillon, étaient des jeunes filles séculières, qui, sous la direction d'une pieuse veuve, faisaient l'école et le catéchisme aux fillettes des paroisses et remplissaient à la fois le rôle d'institutrice et de sœur de charité. Elles ne faisaient point de vœux, tout en étant astreintes à un règlement minutieux et sévère.

(2) *Relation d'un voyage d'Alet*, par LANCELOT. *Op. cit.*

(3) Nous tenons ce détail du représentant d'une des plus anciennes familles d'Alet, M. Niveduab, qui a bien voulu nous servir de guide, et auquel nous renouvelons ici l'expression de notre gratitude.

(4) Mgr Pavillon avait demandé d'être enseveli au pied de la

Il faudrait consacrer tout un chapitre aux journées de recueillement et de prières du prince et de la princesse de Conti à Alet (1). Un règlement quasi-monastique divisait les journées (2) ; les heures étaient successivement consacrées à la lecture, la méditation, l'audition des instructions de l'évêque, et la rédaction des notes, réflexions et résolutions. Le résultat de cette retraite fut l'élaboration d'un règlement pour toute la maison du prince « pour le général et le particulier » (3), et les résolutions prises au sujet des restitutions à faire et les dommages à réparer (4). Conti proposait de vendre tous

croix qui s'élève au centre du cimetière de la paroisse Saint-André. Seule cette croix sert actuellement à désigner la tombe de l'évêque, car la dalle, profondément enfoncée dans le sol, disparaît sous une épaisse couche de terre, que recouvre toute une flore sylvestre. Au pied de cette tombe est celle de Mgr Taffoureau, trente-deuxième évêque d'Alet, mort en 1708 en odeur de sainteté.

(1) Cette retraite dura trois semaines, du dimanche des Rameaux au deuxième dimanche après Pâques.

(2) Le règlement pour le prince était : « Se lever à six heures, et, ensuite, faire la prière du matin en commun. A sept heures, une lecture spirituelle, écrire ce qu'il lisait de plus touchant. A huit heures, la messe, suivie de l'entretien spirituel. A dix heures, écrire les remarques que l'on aura faites dans la méditation. A midi, dîner et récréation. A deux heures, dire le chapelet, et ensuite la lecture spirituelle. A trois heures, une conférence particulière ; mettre ensuite par écrit ce qui aura été proposé et résolu. A quatre heures, assister aux offices et faire une demi-heure de méditation ; ensuite, faire une lecture spirituelle. A sept heures, la collation ; ensuite, la prière du soir ; se retirer dans sa chambre et se coucher, au son de la cloche ». — Un règlement à peu près semblable ordonnait les journées de la princesse et celle des domestiques.

(3) Il semble bien que c'est le règlement qui, avec quelques légères modifications, a été publié, en 1667, chez Barbin, à la suite du « *Mémoire de Mgr le prince de Conty touchant les obligations des Gouverneurs de Province* »,

(4) Il s'agissait des restitutions sur les biens ecclésiastiques,

ses biens, de rendre son gouvernement au roi, et de se retirer dans une vie obscure. Anne voulait renoncer à la succession de Mazarin et fonder un Carmel pour s'y retirer à loisir. Pavillon modéra ces excès : pour les restitutions, il exigea que la question fût soumise à quelques docteurs de Sorbonne ; puis, dans un long mémoire rédigé après le retour des princes à la Grange des Prés, il conseillait à Anne de renoncer aux fondations extraordinaires, et de se borner à donner le bon exemple aux femmes de sa province, à fonder des écoles, des confréries de dames de charité, à réprimer autour d'elle le luxe et la vanité, à renoncer aux bals, aux comédies, et à retrancher tout superflu : véritable plan de vie de la femme chrétienne de tous les temps. Il n'en parut pas moins « un peu dur » à la princesse ; « elle en fut tout consternée, dit la relation, et reçut avec tristesse son mari, qui venait le lui lire plein de joie » (1). Portée, comme toutes les âmes généreuses et vibrantes, aux extrêmes en dévotion comme ailleurs, elle trouvait peut-être les conseils de M. d'Alet trop communs et trop simples. Elle devait bientôt en reconnaître la sagesse (2). Quant à la direction du prince, Pavillon résumait ses conseils dans ces courtes maximes : « Il faut vous rendre attentif et affectionné à l'établissement du royaume de Dieu en vous et en tous ceux que vous avez en charge,

dont Conti avait indûment usé par la possession de ses riches abbayes, et des dommages causés par ses troupes pendant les guerres de la Fronde.

(1) *Vie ms. de M. d'Alet.*

(2) Après la mort de son mari, la princesse entretint avec M. d'Alet une correspondance de direction spirituelle. Les lettres de ce dernier peuvent prendre place parmi celles des grands conducteurs d'âmes de ce temps. Elles sont insérées dans la *Vie ms. de M. d'Alet.*

avec un esprit doux et tranquille, et en la manière dont vous pouvez le faire, bonnement, sans tant subtiliser, pointiller, chicaner sur la disposition de votre cœur, car tout cela n'est qu'une pure production d'orgueil, d'estime de soi-même et d'amour-propre » (1). Subtiliser, pointiller, c'était bien là le mal sublime de ces belles âmes du grand siècle, perdues dans ces raffinements de l'analyse intérieure, dont l'excès étonne, tout en imposant le respect.

Sans doute, par suite des résolutions prises à Alet, la princesse, à son retour à la Grange, refusa la charge de surintendante de la maison de la reine-mère, que Mazarin, avant sa mort, avait sollicité pour elle, et à laquelle elle venait d'être nommée le 25 mai (2).

Pendant l'été, les princes ne quittèrent pas le Languedoc. En mai, nous trouvons Armand tenant dans l'évêché du Puy une sorte d'audience souveraine (3), le 6 août il était à Nîmes, occupé des sommes à voter aux prochains États et des intérêts de la Province, où le manque de récolte et la perte des oliviers faisaient craindre la disette (4). A l'automne, ils reçurent à la Grange des Prés la visite de Mme de Mondonville : celle-ci, à la veille de la fondation officielle de son institut (5), venait y intéresser plus particulièrement le

(1) *Vie ms. de M. d'Alet.*

(2) *Mémoires de* MADAME DE MOTTEVILLE. T. IV, p. 237, et Arch. nat. Série K, carton 608.

(3) Le prince de Conti était chargé par le roi d'y terminer quelques graves difficultés, dont les domaines de l'Hôtel-Dieu du Puy étaient l'origine. — Cf. *Hist. génér. de Languedoc*. T. XIII, p. 397.

(4) Conti à l'abbé de Roquette. De Nîmes, le 6 août 1661. Arch. de Chantilly.

(5) L'Institut de l'Enfance fut fondé à Toulouse en 1661 ; approuvé en 1662 par l'archevêque Pierre de Marca, et confirmé

prince et sa femme, et poser, dans ce voyage, les premiers jalons de la fondation de la *Maison de l'Enfance*, qui devait s'ouvrir à Pézenas quelques années plus tard (1).

Le 3 janvier de l'année suivante, Conti ouvrit, à Béziers, la session des États (2). Il fit tous ses efforts pour contenter les désirs du roi, tout en ménageant les ressources du pays. Un témoin peu suspect, l'évêque de Béziers, Pierre de Bonsi (3), qui exerçait à l'Assemblée une sorte d'espionnage au profit de Colbert, lui rendait témoignage, et apprenait au ministre que les États avaient « voté tout d'une voix », ce qui était « sans exemple », et que ce succès est dû à « l'application que M. le prince de Conti a eu pour persuader tout le monde » (4).

Après la clôture de la session, Conti rentra à la Grange

le 9 novembre de la même année par un bref du pape Alexandre VII.

(1) L'Institut de l'Enfance ouvrit à Pézenas, en 1665, une maison, qui fut supprimée par Louis XIV le 12 mai 1686.

(2) Du 3 janvier 1662 au 11 mars de la même année.

(3) Pierre de Bonsi, né le 5 avril 1631, de François de Bonsi, sénateur de Florence, et de Christine Riaria. Dernier prélat de ce nom sur le siège de Béziers, qui avait été occupé depuis 1576 par cinq membres de sa famille. Il jouit de la faveur de Mazarin, fut ambassadeur à Venise, en Pologne, et en Espagne; reçut la pourpre en 1672, fut archevêque de Toulouse la même année, et archevêque de Narbonne l'année suivante. Ses services dans la diplomatie ne compensèrent pas aux yeux de Louis XIV le relâchement de ses mœurs. Il mourut à Montpellier, le 11 juillet 1703.

(4) Pierre de Bonsi à Colbert. De Béziers, le 20 janvier 1662. (DEPPING. *Correspondance administrative sous Louis XIV*. T. I, p. 63. Paris. Impr. nat. 1850). — On lit dans un *Rapport du marquis de Castries*, daté de Béziers le 20 janvier 1662, et conservé aux Mélanges Colbert, 107 *bis*, f° 791 : « Le prince de Conty y a agi admirablement bien ».

des Prés. Le 18 mars, il assista, ainsi que la princesse, à la bénédiction de la chapelle de l'hôpital (1), puis il se prépara à la grande solennité de sa réception de chevalier du Saint-Esprit.

C'est dans les premiers jours de mars que le prince avait appris sa promotion (2). Retenu par les affaires de la Province, il avait obtenu la dispense d'aller recevoir le cordon bleu de la main du roi, le duc d'Arpajon fut député pour porter à Pézenas les insignes, et l'on décida que la cérémonie aurait lieu dans la collégiale Saint-Jean (3).

L'éclat de cette fête laissa dans Pézenas de profonds souvenirs : longtemps on y parla du somptueux cortège, auquel assistait toute la noblesse réunie quelques jours plus tôt aux États de Béziers, et de la décoration de l'église, dont le chœur « avait été tendu par le tapissier du prince de tapisseries de hautes lisses et de damas de Gênes ». L'autel était chargé de cierges énormes flanqués des armes du roi, deux chaises vides « pour Sa Majesté » étaient placées sous un dais de velours, l'une à l'entrée du chœur, l'autre devant l'autel, du côté de l'évangile. Du côté de l'épître, sur un siège élevé de vingt pieds, et surmonté de tentures précieuses, Anne, entourée des dames de la noblesse, « faisait, dit le chroniqueur de la fête, le plus bel ornement, attirait les

(1) PONCET. *Hist. ms. de Pézenas.*

(2) Pierre de Bonsi écrivait de Béziers à Colbert, le 10 mars 1662 : « M. de Conty va à Pézenas pour la cérémonie des chevaliers, qui se fera le 25 mars ». (Mélanges Colbert. Vol. 107, f° 242. Bibl. nat.).

(3) Les autres nouveaux chevaliers étaient : M. de Lude, évêque d'Albi, le vicomte de Polignac, le comte de Mérinville, le comte de Rieux, le marquis de Castries, le comte de Cadilhac, le comte de Beauvoir et le comte de Roure.

yeux et l'admiration des spectateurs et les divertit, une fort grande partie du temps, de l'attention qu'ils eussent porté, sans elle, à tout ce qui se passait en ce lieu » (1).

« Rien ne fut épargné, dit l'auteur local de la relation, pour rendre cette cérémonie plus conforme et plus approchante à celles de Paris », et il ajoute : « Heureux ceux qui ont eu le bonheur de la voir et d'avoir été les témoins de l'honneur que notre grand monarque a fait à un prince, qui l'a mérité par tant de glorieux avantages et de services signalés qu'il a rendus à l'État et qu'il lui rend continuellement (2) ».

Aussitôt après ces fêtes, le prince et la princesse quittèrent la Grange des Prés pour se rendre une seconde fois à Alet ; ils amenaient à leur suite plus de cent cinquante personnes, qui allaient comme eux s'y retirer dans la solitude et le recueillement. A ce moment, Racine, âgé de vingt-trois ans, sorti depuis peu du studieux séjour de Port-Royal, écrivait du fond du Gard à M. Vitard, son oncle : « On parle beaucoup d'un évêque qui est adoré dans cette province ; M. le prince de Conti va faire ses Pâques chez lui » (3).

Soumis au même règlement que pendant la retraite précédente, nos princes reprirent avec l'évêque les conférences dont les sujets leur tenaient tant à cœur. Ils sollicitèrent à nouveau la permission de « vendre leur fonds

(1) *Pièces détachées pour servir à l'histoire de Pézenas.* Arch. de M. A.-P. Alliès.

(2) L'on peut lire la relation de la réception des Chevaliers du Saint-Esprit, à Pézenas, le 25 mars 1662, dans *Une ville d'Etats*, par M. A.-P. ALLIÈS. *Op. cit.*

(3) Lettre de Racine à M. Vitart, d'Uzès, le 30 mai 1662. (*Lettres de* RACINE *et Mémoires sur sa vie.* T. I, p. 68. A Lausanne et Genève, chez Marc-Michel Bousquet et Cie. M.DCC.XLVII).

et de se réduire à dix mille livres de rentes », et d'employer tout le reste en aumônes et en restitutions. Tout en renouvelant ses conseils de prudence, Pavillon autorisa le commencement des réformes ; M. Jasse, l'intendant du prince, reçut des instructions précises « pour tous les retranchements à faire » (1). De plus, Anne ayant apporté ses pierreries à Alet, dépêcha un garde à Paris, pour vendre et en distribuer le prix aux pauvres, un collier de perles d'une beauté admirable, sacrifice qui « lui arracha, dit délicieusement Fontaine, un petit soupir, que sa foi étouffa bientôt » (2).

Parmi les réformes demandées à l'intendant, figurèrent le payement des tailles de la Grange des Prés. Le prince avait toujours cru celle-ci bien noble et exempte d'impôts. L'examen des titres prouva le contraire, et l'on découvrit que les habitants de Pézenas payaient tous les ans à la Province deux mille livres pour cette terre, « par complaisance et considération pour les seigneurs » ; ces deux mille livres étaient affectées à l'hôpital. M. d'Alet déclara que les habitants de Pézenas devaient cesser de payer cette imposition injuste, que le prince s'en acquitterait à l'avenir, et que, pour dédommager l'hôpital, on lui octroierait « ce que l'on devait restituer des arrérages des tailles et que l'on établirait, avec la permission du roi, un léger impôt sur la viande en faveur de cet établissement » (3). En même temps, une instance fut déposée à la Cour des Aydes de Montpellier au sujet de

(1) *Vie ms. de M. d'Alet.*

(2) *Mémoires pour servir à l'Histoire de Port-Royal, par* FONTAINE. 4 vol. A Cologne. M.DCC.LIII. T. IV, p. 267.

(3) *Vie ms. de M. d'Alet.* La question fut encore agitée entre le prince et son directeur en 1665, mais le testament de Conti fait en août 1664 prouve qu'elle avait été résolue antérieurement.

la notabilité de la Grange ; l'arrêt ne devait être rendu qu'après la mort du prince de Conti (1).

Après trois semaines de séjour à Alet, les princes rentrèrent à la Grange des Prés et, ainsi que l'atteste leur correspondance (2), y passèrent l'été, en dépit d'une température torride, qui leur faisait écrire à Roquette : « On ne saurait vous mander autre chose, sinon qu'on rôtit de chaud » (3).

A la fin de septembre, le prince se rendit à Nîmes ; là, encore tout occupé de la prochaine ouverture des États et des sommes à faire voter par la Province, il suppliait Roquette d'obtenir une réduction dans les prétentions de la Cour, ajoutant plaisamment : « Si l'affaire réussit,

(1) 25 octobre 1667 : Arrêt de la Cour des Aydes de Montpellier rendu entre dame Anne-Marie Martinozzi, veuve du prince de Conti, et la communauté de Pézenas. Cet arrêt déclare nobles par provision l'église et ancienne maison claustrale de la paroisse de Notre-Dame des Prés, le moulin d'Aumes et ses dépendances, contenus et désignés au contrat de bail fait au Chapitre de l'église-cathédrale de Lodève le 4 des ides de may 1290, de même que la quantité de cent sétérées de terre faisant partie des 400 sétérées du fief de Loubatières, et déclare roturiers tous les biens contenus aux reconnaissances faites par le Chapitre au roi en 1496 et 1590. (Arch. mun. de Pézenas. Layète 2, liasse 2, charte 20). — 17 juin 1690 : Arrêt de la Cour des Aydes, rendu entre Messire Louis-François de Bourbon prince de Conti, le Chapitre de Lodève et les consuls et communauté de Pézenas, qui ordonne que le précédent aura son plein et entier effet, et, sur la demande en *quanti minoris* formée par le prince de Conti contre le Chapitre de Lodève à raison des biens de la Grange des Prés vendus nobles, met les parties hors de procès.— Arch. mun. de Pézenas. Layète 2, liasse 2, charte 21.

(2) Arch. de Chantilly. O. VI, f° 801 et suiv.

(3) Conti à l'abbé de Roquette. De la Grange, le 12 juin 1662. Arch. de Chantilly O. VI, f° 801.

je ne me contenterai pas seulement de faire votre statue, mais je la ferai faire par le cavalier Bernini » (1).

En dépit de sa santé, qui empirait sous l'influence de nouvelles et douloureuses crises (2), le prince ouvrit la session à Pézenas, le 24 novembre, dans l'église des Pénitents Noirs (3). Il assista régulièrement aux séances, et, comme à la dernière assemblée, il s'acquitta de sa mission à la satisfaction du roi et au bien du pays. Quelques jours après la clôture, il prenait, seul cette fois, la route d'Alet, et, le 14 février, Anne écrivait de la Grange des Prés à l'abbé de La Vergne : « J'ai appris avec joie que Monseigneur soit arrivé en bonne santé à Alet, et je vous remercie du soin que vous avez pris de me l'apprendre... Je m'ennuie de ne point voir Monseigneur, et cela me déplaît qu'il ait retardé son retour » (4).

Ce n'était pas pour y faire une retraite, que Conti se rendait cette fois auprès de Nicolas Pavillon ; c'est du moins ce qui ressort de l'étude des rapports du prince et de l'évêque à cette date, et dans ce détail qu'il s'y

(1) Conti à l'abbé de Roquette. De Nîmes, le 29 septembre 1662. Arch. de Chantilly. — Le cavalier Bernin était alors dans toute sa gloire; l'on sait qu'il arriva en France au mois de mai 1665, se rendant au désir de Louis XIV, qui voulait lui confier certains travaux, entre autres la colonnade du Louvre, dont le projet ne fut pas réalisé, et dont l'exécution fut plus tard confiée à Claude Perrault. — Cf. *Le Journal du cavalier Bernin en France*, manuscrit publié par LUDOVIC LALANNE. *Gazette des Beaux-Arts*. Année 1877, p. 180 et suiv.

(2) Conti à l'abbé de Roquette. Nîmes, 10 octobre 1662. Arch. de Chantilly.

(3) Elle prit fin le 3 février 1663.

(4) La princesse de Conti à l'abbé de La Vergne. De la Grange des Prés, le 14 février. Citée par E. DE BARTHÉLEMY. *La Princesse de Conti*, p. 202. Appendice I. — Barthélemy place à ce moment, dans son récit, une retraite à Alet du prince et de sa femme. La lettre de cette dernière prouve que Conti y alla seul.

rend seul et n'y reste que peu de jours (1) : Le 21 juin 1661, l'évêque d'Alet avait adressé à Louis XIV la lettre fameuse, dans laquelle il dénonçait comme usurpation de pouvoir les décisions de l'Assemblée du clergé, au sujet de la signature du Formulaire, et, le 1er mai 1662, le roi avait rendu un arrêt, pour presser les évêques qui n'avaient pas encore signé, « de faire leur mandement pur et simple à ce sujet ». Pavillon avait reçu l'arrêt sans faire de réponse ; c'est alors que ses meilleurs amis et Conti à leur tête, effrayés des conséquences que ce silence pouvait faire surgir, avaient supplié le prélat de consentir à la signature (2). Le voyage d'Alet ne devait pas avoir d'autre but.

En avril, Conti partit pour Paris, où Louis XIV allait lui donner une nouvelle et extraordinaire marque d'estime. Écoutons Mme de Motteville : « A la fin de mai 1663, la reine Marie-Thérèse avait été atteinte de la rougeole ; dès que le mieux se fut déclaré, le roi la fit porter à Versailles, mais celui-ci, qui ne l'avait pas quittée

(1) Rentré à la Grange, le prince assista, le 6 mars, à Pézenas, au service funèbre de Madame Bazin de Bezons, morte dans cette ville le 3. (PONCET. *Hist. ms. de Pézenas*).— On lit également dans le Ms. Poncet : « Le 3 mars 1663, Madame Marie de Vergé, femme de M. Bazin, seigneur de Bezons, conseiller ordinaire du roi, intendant de justice, police et finances de la province de Languedoc, décéda en cette ville.

(2) M. DÉJEAN, qui a pu consulter les Archives d'Utrecht, y a vu les lettres adressées en 1662 et 1663 par M. Ferret au prince de Conti pour le presser de décider M. d'Alet à la signature. — 21 juillet 1662 : Lettre de M. Ferret à Conti pour l'engager à faire signer le Formulaire à M. d'Alet. — 30 novembre 1663 : M. d'Alet à Conti : Pavillon annonce la rédaction de son Formulaire. — 4 décembre 1663 : M. Ferret à Conti : Pavillon doit aller conférer sur la signature avec M. de Comminges, puis se rendre à Pézenas auprès du prince, afin d'y prendre une définitive résolution. (E. DÉJEAN. *Un prélat indépendant au XVIIe siècle*, p. 179 et suiv.).

durant toute sa maladie, n'y fut pas plutôt arrivé, que la rougeole se déclara, et, au jugement de Vallot, son premier médecin, on la jugea en danger. Alors, faisant l'examen des personnes à qui il pouvait laisser la régence, écartant la Reine-mère, Monsieur et M. le Prince, le Roi dit qu'il jetait les yeux sur M. le prince de Conti, parce qu'il était vertueux et homme de bien » (1). Qu'eût dit celui dont l'humilité n'osait gouverner le Languedoc, s'il se fût vu à la tête des destinées de la France !

En novembre, le prince rentra à la Grange des Prés, et, le 6 décembre, ouvrit les États à Pézenas (2). Nous avons sous les yeux les lettres quotidiennes qu'il adressa pendant la session à l'abbé de Roquette (3) ; rien de plus touchant que sa sollicitude pour cette province, « où, par suite de l'hiver rigoureux, les oliviers sont perdus pour quatre ou cinq ans, où la grêle a ruiné la récolte en plusieurs lieux, et où la récolte ne sera partout que de moitié moindre que les années communes ». On y lit ailleurs : « Plutôt que de mettre le don gratuit sur le pied de l'année dernière, et ruiner deux mille familles, je supplie très humblement le roi de me permettre de ne pas tenir les États, ne pouvant me résoudre de surmonter sur ce point les reproches de ma conscience » (4).

Un de ces incidents de préséance, qui étaient comme la conséquence obligée de toute cérémonie officielle à cette époque, marqua les sessions du commencement de janvier : le marquis de Grignan (5), nommé lieutenant géné-

(1) *Mémoires de* MADAME DE MOTTEVILLE. T. IV, p. 333.

(2) Du 6 décembre 1663 au 5 février 1664. Dans l'église des Pénitents Noirs de Pézenas.

(3) Arch. de Chantilly. O. VI, f° 805 et suiv.

(4) *Id.*, f° 805.

(5) François Adhémar de Monteil, comte de Grignan, gendre de Madame de Sévigné.

ral en Languedoc, étant arrivé à Pézenas, les tapissiers des États avaient placé, selon la coutume, ses armes à droite de celles de l'archevêque de Toulouse, président. Ce dernier réclama hautement contre ce qui lui paraissait une usurpation. M. de Grignan alla se plaindre à Conti ; la mansuétude de ce dernier apaisa la querelle, « mais, écrit-il de sa main à la suite du rapport sur ce beau démêlé, outre un grand mal à la tête qu'il m'a procuré, il m'a empêché de proposer l'affaire de Leucate, comme je devais le faire : ce sera pour demain, si les esprits sont un peu calmés » (1).

Après la clôture des États, Conti repartit pour Paris ; mais, avant son départ, il désira conférer une fois de plus avec M. d'Alet, et lui demanda une entrevue à Ginestas, petit village de l'Aude, entre Béziers et Carcassonne (2) ; puis il reprit le chemin de Paris, où, le 30 avril, naissait son second fils (3).

La dernière session avait beaucoup fatigué le prince ; dès son arrivée, de vives douleurs se déclarèrent, faisant craindre, au dire des médecins, la pierre ou un ulcère intérieur : une nouvelle opération fut jugée nécessaire. Appréhendant que ses forces ne lui permettraient plus de remplir ses devoirs de gouverneur, Armand écrivit, la veille de Pâques, à Pavillon pour lui demander, au sujet d'une résignation, un suprême conseil (4). L'évêque, qui vou-

(1) Rapport adressé à l'abbé de Roquette. De Pézenas, 11 janvier 1664. Arch. de Chantilly. O. VI, f° 812, et Procès-verbaux des Etats de Languedoc, série C, f° 192. Arch. de la Haute-Garonne.

(2) *Vie ms. de M. d'Alet.*

(3) François-Louis de Bourbon, prince de La Roche-sur-Yon, 1664-1709.

(4) Conti à Pavillon. (*Vie ms. de M. d'Alet*). — Cette lettre a été publiée dans la *Vie de M. Pavillon*, 3 vol. Utrecht. M.DCC.XXXIX. T. I, p. 229.

lait que son pénitent mourût à son poste, lui répondit « que cette tentation venait du démon, et lui proposa l'exemple de Jérémie, qui servit Dieu jusqu'à sa mort et y persévéra aux dépens de sa vie jusqu'au martyre » (1). Pressé par le mal, Conti fit, le 24 mai, son testament (2), puis se remit aux mains des médecins. L'opération ne réussit pas, « ayant été faite avec trop de précipitation », et, quelques jours plus tard, Pavillon écrivait encore au prince pour compatir à ses maux, lui recommander la prudence et l'encourager dans les épreuves de la mala-

(1) Pavillon au prince de Conti. (*Vie ms. de M. d'Alet*).

(2) Le prince instituait pour exécuteurs testamentaires la princesse sa femme, la duchesse de Longueville et le premier président Lamoignon. Il interdisait pour ses funérailles tout luxe de cérémonies inutiles, prescrivait de continuer le système d'épargnes qu'il avait adopté et de réduire la dépense de ses deux enfants, afin de poursuivre les restitutions jusqu'à la réparation complète des dommages de guerre. Dans le cas où ses enfants mourraient sans lignée, leurs biens devaient être distribués aux provinces foulées par sa faute. Après quelques autres recommandations touchant le Languedoc, on lisait, au sujet de la Grange des Prés : « Je reconnais estre, en conscience, de payer à la décharge de la communauté de Pézenas la taille des biens roturiers que je possède à la Grange, suivant l'arrest qui interviendra sur la question de la notabilité, et je désire que tout ce que la communauté a payé de la taille que lesdits biens roturiers doivent porter, suivant ledit arrest qui interviendra en la Cour des Aydes de Montpellier où la cause est pendante, soit restitué à la dite communauté, à compter du jour de l'acquisition desdits biens faite par mes prédécesseurs, sans qu'on puisse alléguer la prescription en ma faveur, qui ne doit point avoir lieu dans le for intérieur pour un seigneur contre ses vassaux, qui, selon les apparences, n'ont pas eu la liberté nécessaire pour oser faire les choses qui eussent empêché la dite prescription ». (Testament de M. le prince de Conti. A Paris. M.DCLXVII, p. 137). — Le testament du prince a été publié à la suite du *Traité sur le devoir des Grands*, chez Denis Thierry, rue Saint-Jacques.

die (1). Pendant ces événements, la nouvelle session des États se préparait en Languedoc, et cette question agitait tous les scrupules du gouverneur. « Les médecins déclarent, écrivait-il le 10 août à M. d'Alet, qu'il y a du danger à me rendre aux États » (2). L'évêque, toujours inflexible, lui conseilla « de s'y faire porter par eau » si la santé de Son Altesse ne pouvait supporter la fatigue des routes (3). Mais Pavillon n'était pas le seul à désirer voir Conti à la tête de l'Assemblée : « Le roi, dit le Père Rapin, le pria de faire encore le voyage pour y tenir les prochains États, l'assurant que pour ce gouvernement qu'il voulait lui rendre, il lui en donnerait un autre dont il aurait sujet d'être content ». Cette charge de confiance n'était autre que l'éducation du Dauphin ! Louis XIV s'en ouvrit au prince, et lui déclara « qu'il pensait à lui confier ce qu'il avait de plus cher au monde » (4). Ainsi Louis XIV aurait confié au prince de Conti ce qu'il avait le plus aimé : la France et le Dauphin.

Les docteurs, consultés, avaient déclaré qu'il fallait renoncer au voyage de Languedoc, et Louis XIV, ayant mis à la disposition du prince le château de Noisy, situé sur la lisière de la forêt de Marly et renommé pour son air salubre, celui-ci s'y retira, partageant son temps entre la lecture des auteurs ecclésiastiques et l'étude des questions de controverse qui passionnaient à ce moment les théologiens. Ayant reçu, au mois d'août, la visite de son

(1) Pavillon au prince de Conti. D'Alet, le 23 juin 1664. (*Vie ms. de M. d'Alet.* T. II, ch. VIII).

(2) Conti à Mgr Pavillon. 10 août 1664. (*Vie ms. de M. d'Alet.* T. II, ch. XIV).

(3) Pavillon au prince de Conti. 1er septembre 1664. (*Vie ms. de M. d'Alet.* T. II, ch. XIV).

(4) *Mémoires du* P. RAPIN. T. III, pp. 236 et 353.

ancien maître, le Père Étienne De Champs, jésuite, alors recteur au collége de Clermont, il résulta de leur conversation dix-huit lettres sur l'accord de la grâce et de la liberté, « où le prince manœuvrait avec une étrange dextérité au milieu des subtilités les plus ardues », et qui, précédées d'une introduction écrite par Conti, furent publiées en 1690 (1). Peut-être est-ce à ce moment qu'il composa son *Traité de la Comédie et des Spectacles selon la tradition de l'Église* » (2). Bussy-Rabutin, « à qui on l'avait envoyé le trouvait beau (3) ». Les critiques

(1) *Lettres du prince de Conti, ou l'Accord du libre arbitre avec la grâce de Jésus-Christ, enseigné par Son Altesse Sérénissime au Père Deschamps, jésuite.* A Cologne. Chez Nicolas Schouten. 1690. — Etienne Agard De Champs, issu d'une bonne famille du Berry, entra au Noviciat des Jésuites et ne sortit plus de la Maison, où il remplit plusieurs charges de l'Ordre, fort considéré de tous par sa doctrine et son caractère. Désigné pour être confesseur de Louis XIV, il déclina cet honneur, ne pouvant accepter un emploi auquel sa rigidité le rendait impropre. Cependant le P. de La Chaise étant tombé malade pendant le carême de 1678, De Champs fut appelé auprès du roi, mais se retira, ne croyant pas pouvoir donner l'absolution à son royal pénitent. C'est lui qui, en 1685, appelé à Chantilly par le grand Condé, reçut la confession du prince et aida à cette conversion sincère, graduelle et longuement méditée. A l'instigation du P. De Champs, M. le Prince affecta par son testament des sommes considérables pour la réparation des dommages causés par les guerres civiles dans le Midi et dans l'Est.

(2) *Traité de la Comédie et des Spectacles, selon la tradition de l'Eglise tirée des Conciles et des Saints Pères.* A Paris, chez Pierre Prome, rue de la Vieille-Bouclerie : A la Charité. M.DC.LXVII.

(3) On se rappelle les représentations des pièces de Corneille données chez Mazarin pour les noces de ses nièces, la fameuse comédie de « Mirane » et le ballet « de la Prospérité des Armes de France », pour lesquels Richelieu avait composé un parterre d'ecclésiastiques; les représentations du Prince d'Ithaque, d'Othon et de l'Œdipe de Corneille, données à Fontainebleau en l'honneur du cardinal Chigi, venu en France en qualité de légat du Pape, en

modernes ont été plus sévères. Ce désavœu éclatant de la passion qu'il avait autrefois manifestée pour ce divertissement (1) semblera toujours, bien que le nom de Molière n'y soit pas prononcé, — comme dans un traité sur le même sujet et plus célèbre (2), — dirigé contre celui que le prince avait un jour accueilli et protégé à la Grange des Prés, et produira perpétuellement l'effet de l'expression d'un remords personnel (3).

Au printemps de 1665, ayant retrouvé quelques forces et pressé par le désir d'une nouvelle retraite à Alet, Armand, accompagné de la princesse, partit pour le Languedoc.

Dès son arrivée à la Grange des Prés, il se fit rendre compte de ce qui s'était passé aux États en son absence, puis il se rendit auprès de Pavillon.

1664. Ces exemples, venus de haut, étaient suivis par le clergé de province. Par deux ordonnances, du 3 octobre 1684 et du 16 juin 1689, Mgr Charles de Pradel, évêque de Montpellier, défendait à tous les ecclésiastiques de son diocèse d'assister aux comédies et opéras, sous peine d'excommunication. (*Chroniques de Languedoc*. Publiées par M. DE LA PIJARDIÈRE. T. IV. Recueil ms. des Ordonnances de Mgr de Pradel).

(1) *Discours du* COMTE DE BUSSY-RABUTIN *à ses enfants sur le bon usage des adversités et les divers événements de la vie.* — A Paris. Du fonds de MM. Rigaud et Anisson. M. DCC.XXX, p. 320.

(2) BOSSUET. *Maximes et réflexions sur la comédie.* Paris. Desprez de Boissy. 1694. In-12.

(3) Ne dirait-on pas que Conti s'adresse des reproches personnels lorsqu'on lit dans le Traité : « Donner son bien aux comédiens est un crime énorme. — Celui qui donne aux comédiens ne considère pas en eux la nature de l'ouvrage de Dieu, il ne regarde que l'iniquité de l'ouvrage de l'homme. Il leur donne parce qu'ils le divertissent par leur impiété. — On estimerait un homme impudique et de mauvaise vie qui tiendrait des comédiens en sa maison ». — N'est-ce pas là l'ami de Madame de Calvimont, et le créancier qui fait payer par les Etats ses dettes envers Molière ?

Dans cette retraite, qui devait être la dernière, les conférences entre le prince et le prélat portèrent surtout sur les affaires de la Province, devenues plus épineuses depuis que Colbert avait succédé à Fouquet, et que les exigences de la Cour au sujet du don gratuit devenaient plus excessives. A ces questions d'ordre général, Conti ajouta celles qui troublaient directement sa conscience : démission de son gouvernement, obéissance à certains ordres de la Cour, paiement des tailles, etc. L'évêque répondit sur tous ces points délicats, mais confirma l'obligation pour le prince de rester à la tête du Languedoc, en s'appuyant sur ces paroles de saint Bernard : « Malheur à vous si vous refusez d'être en place, lorsque vous pouvez être utile au prochain » (1).

Après avoir assisté à Pézenas à la fondation de la Maison de l'Institut de l'Enfance, qui ne devait pas survivre à ses illustres protecteurs (2), nos princes partirent pour les eaux de Sainte-Reine. Ils y arrivèrent au commencement de mai, et, le 16, Conti écrivait au grand Condé : « Vous avez trop de bonté, mon cher frère, d'être en peine de l'état de ma santé ; elle a été assez mauvaise au commencement de mon voyage, j'ai été mieux depuis, mais depuis deux ou trois jours je recommence à être un peu plus incommodé » (3). Les eaux ne produisirent qu'un soulagement momentané ; mais le Languedoc réclamait son gouverneur : les soucis de l'administration y devenaient chaque jour plus graves, les récoltes manquaient, les sommes réclamées pour la construction du canal des deux mers menaçaient « de

(1) *Vie ms. de M. d'Alet.*

(2) *Mémoires de* Madame de Mondonville. L. Datil, p. 9. *Op. cit.*

(3) Le prince de Conti au grand Condé. De Sainte-Reine, 16 mai 1665. Arch. de Chantilly, P. XXXIII, f° 63.

fouler la Province outre mesure » (1); accablé, découragé, le prince se détermina à reprendre la route du Midi. Il allait mourir héroïquement à son poste, ayant rempli sa mission jusqu'aux limites du devoir !

Il arriva à la Grange des Prés au commencement de novembre, mais il fut obligé d'en sortir aussitôt, la petite vérole s'étant déclarée parmi ses pages (2), et se rendit à Béziers, où allaient s'ouvrir les États. Dès lors, ses lettres révèlent un vrai martyre : « Je suis accablé de harangues et de visites », écrivait-il le 15 (3), et quatre jours plus tard : « ma santé n'y peut plus subsister » (4).

Il ne put assister à la procession (5), mais il prononça le discours d'ouverture ; plus court que de coutume, celui-ci reflète une tristesse sereine, qui ressemble à un adieu (6). « Voici les derniers États que je tiendrai de ma vie, écrivait-il à Roquette le 14 décembre » (7), et

(1) Le prince de Conti à l'abbé de Roquette. Semur, 14 juin 1665. Arch. de Chantilly. O. VI, f° 817.

(2) Le prince de Conti à l'abbé de Roquette. Béziers, 15 novembre 1665. — Arch. de Chantilly. O. VI, f° 825.

(3) *Id.*

(4) Le prince de Conti à l'abbé de Roquette. Béziers, 19 novembre 1665. — Arch. de Chantilly. O. VI, f° 853.

(5) Le prince de Conti à l'abbé de Roquette. Béziers, 26 novembre 1665. — Arch. de Chantilly. O. VI, f° 854.

(6) Archives de la Haute-Garonne. Procès-verbaux des Etats de Languedoc. Registre C. 2315, f° 1 et suiv.

(7) 4 décembre : « Je suis accablé de mon mal depuis vingt-quatre heures ». — 7 décembre : « J'ai été si mal ces jours-ci.... si mes douleurs continuent je deviendrai incapable de travailler à rien, la moindre application m'échauffant et aigrissant mon mal à tel point qu'on ne peut être plus mal que je ne l'ai été depuis deux jours ». — 11 décembre : « Je suis toujours fort incommodé ». — 14 décembre : « Après la cruelle épreuve que je viens de faire, je ne puis plus me charger d'aucun travail.... tous ceux qui étaient contre moi sont bien changés, me voyant souffrir

ses lettres à ce fidèle correspondant ne sont plus qu'un long cri de souffrance. Le 19, il adressa à Colbert cette suprême supplication pour sa province bien-aimée : « La Province est accablée, il n'y a point d'argent, et il est étonnant que la septième année de la paix, et lorsque on est prêt à avoir une nouvelle guerre, dans laquelle on la pressera davantage, on ne la veuille pas soulager » (1).

A la fin de décembre, le mal avait vaincu l'héroïque gouverneur ; il dut quitter Béziers et rentrer à la Grange. Quelques jours plus tard, une députation des États s'y rendait « pour prendre des nouvelles du prince, dont la maladie, dit le procès-verbal, continue » (2). Pendant tout le mois de janvier, l'état fut des plus alarmants. Le 1er février, un peu de mieux se manifesta : Armand trouva la force d'écrire un billet à l'abbé de Roquette, pour lui annoncer l'arrivée d'un courrier portant à la Cour « les compliments sur la mort de la reine-mère » (3) et une lettre pour le grand Condé (4). Le 8, et c'est sa dernière dépêche à Roquette, il lui faisait savoir que le roi lui avait écrit « de songer à sa santé et de ne se mêler plus d'aucune affaire ». « J'ai eu de très grandes douleurs depuis trois jours », ajoutait le prince, mais entre les lignes perce le souci passionné de ce qui se passe aux

comme je fais ». — 19 décembre : « Quant à moi, mon mal augmente, je n'en puis plus, et absolument je ne puis plus agir sans me tuer ». — A l'abbé de Roquette. Arch. de Chantilly.

(1) Cette lettre était adressée à l'abbé de Roquette pour être communiquée à Colbert. — Arch. de Chantilly. O. VI, f° 859 v°.

(2) Archives de la Haute-Garonne. Procès-verbaux des Etats de Languedoc. Registre C. 2315.

(3) Anne d'Autriche était morte le 20 janvier.

(4) Le prince de Conti à l'abbé de Roquette. De la Grange des Prés, 1er février 1666. — Arch. de Chantilly. O. VI, f° 860.

États (1). Le 12, pour la dernière fois, il prit la plume ; ce fut pour féliciter son frère de la naissance de sa petite fille, la future duchesse de La Roche-sur-Yon : « Je désire, disait-il en finissant, pouvoir vous faire, dans un an, un compliment sur la naissance d'un fils » (2).

La veille de ce jour, M. d'Alet était arrivé à la Grange. Averti dès le commencement de l'année de l'état du prince, il lui avait écrit, le 11 janvier, une longue lettre : « Puisque la condition des temps ne permet pas, disait-il, que j'aille rendre à Son Altesse les très humbles respects que je vous dois et les témoignages, en personne, que je prends à son affliction présente, vous agréerez que je supplée ce manquement par cette lettre et que je vous assure que depuis avoir appris les douleurs violentes que vous souffrez, je n'ai point célébré de sacrifice que je ne vous y aie offert à Dieu en union à celles de son fils » ; et il finissait, en disant : « Je désire que votre affliction présente soit le couronnement de l'édification que votre vie et votre conversion, depuis quelques années, a donné à tous ceux qui ont l'honneur de votre connaissance » (3).

Lorsque cette lettre arriva à la Grange des Prés, le prince, alors dans une crise aiguë, ne put y répondre ; la princesse s'en chargea : « Monsieur mon mari, écrivait-elle le 21 janvier, n'étant pas en état de vous faire

(1) Le prince de Conti à l'abbé de Roquette. De la Grange des Prés, 8 février 1666. O. VI, f° 860 v°.

(2) Le prince de Conti au prince de Condé. La Grange des Prés, 12 février 1666. (Arch. de Chantilly, P. XXXIV, f° 66). — Il s'agissait de Marie-Thérèse de Bourbon, future belle-fille du prince de Conti, puisqu'elle épousa, en 1688, son deuxième fils, Louis-François, prince de La Roche-sur-Yon.

(3) Nicolas Pavillon au prince de Conti. D'Alet, le 11 février 1666. (*Vie ms. de M. d'Alet*. T. II, ch. XVIII).

réponse, j'ai cru devoir vous assurer que votre lettre lui a donné beaucoup de consolation. J'ai connu, même par ses discours, qu'il en aurait eu une bien plus grande d'une de vos visites » (1).

Cette lettre décida l'évêque. Malgré la rigueur de la saison, il se mit en route, et arriva, le 11 février, à la Grange des Prés, accompagné par M. Ragot. Le prince, à ce moment « en apparence parfaitement bon état, aussi gai et aussi libre que s'il eût été en parfaite santé », reçut le prélat dans son lit et lui témoigna son amitié habituelle et sa reconnaissance. L'amélioration se maintint jusqu'au lundi suivant ; ces journées de répit furent employées en pieux entretiens, dans lesquels Armand reprit avec une nouvelle insistance le projet de résigner son gouvernement, « cette charge lui paraissant contraire, — dans son état de faiblesse, — au repos de sa conscience » (2). Il lui fit cette demande avec tant de vivacité, que le refus du prélat lui causa « de la mauvaise humeur et quelques mouvements d'impatience », aussitôt réprimés (3). Il fut enfin arrêté que les médecins de Paris

(1) La princesse de Conti à Pavillon. De la Grange des Prés, le 21 janvier 1666. (*Vie ms. de M. d'Alet.* T. II, ch. XVIII).

(2) *Vie ms. de M. d'Alet.*

(3) Ces discussions animées firent supposer à quelques personnes de l'entourage du prince qu'un dissentiment s'était élevé sur des questions théologiques entre ce dernier et M. d'Alet, et que Conti, irrité, lui aurait enjoint de se retirer. — D'après le PÈRE RAPIN (*Mémoires*, T. III, p. 366), le médecin Nicolas Morin et le chirurgien Jean Mongelet auraient soutenu cette opinion. La question fut relevée plus tard dans le *Projet de « Lettre de M. de La Trappe à M. de Tillemont »*. (Cf. SAINTE-BEUVE. *Port-Royal.* T. IV, p. 86 et suiv.). — Le récit de la mort de Conti inséré dans cette lettre a été réfuté par plusieurs écrits : 1° par le *Témoignage de la Princesse de Condé, à Madame sa Tante, abbesse de Maubuisson, en faveur de M. l'évêque d'Alet, contre la lettre de M. de la*

récemment arrivés à la Grange (1), décideraient en dernier ressort sur ce cas si grave, et ceux-ci, ayant déclaré que « le danger n'était ni présent ni pressant », et trouvant l'état meilleur, ils ordonnèrent au prince de se rendre, dès que ses forces le permettraient, aux eaux de Sainte-Reine, et de là à Paris. C'est alors que, d'après Morin, son médecin, Conti, enfin persuadé par Pavillon, aurait eu ce mot sublime : « Ma santé n'est point mon affaire en comparaison de mon devoir, qui m'oblige, comme je le crois, à demeurer dans mon gouvernement (2) ».

M. d'Alet, rassuré, quitta la Grange le 17 février. En retournant dans ses montagnes, il rencontra M. de Ciron, qui se rendait auprès du prince « sur le bruit de sa maladie ». Il n'arrivait que pour l'aider à mourir. Le mieux qui avait pu faire espérer aux médecins un voyage à Sainte-Reine ne se soutint pas. Quelques jours après le départ de Pavillon, le prince fut pris d'une fièvre

Trappe ; 2° par une *Réponse de M. de Roquetaillade, choisi et nommé par M. le prince de Conti père pour gouverneur de M*[rs] *ses fils, les princes de Conti, à un ami qui lui demandait la vérité de ce qui est dit par un projet de lettre attribué à feu M. l'abbé de la Trappe touchant feu M. le prince de Conti et Mgr d'Alet;* 3° par une *Lettre de M. Ragot, archidiacre d'Alet, exilé à Concarneau, en Basse-Bretagne, à M. l'abbé Ferret, sur le projet de réponse de feu M. l'abbé de la Trappe à M. de Tillemont.*

(1) Le médecin était Nicolas Morin, né à Châtillon-sur-Indre, docteur régent en la Faculté de Médecine de Paris, médecin ordinaire des princes de Condé et de Conti. Il mourut en sa maison, quai de Conti, le 18 juillet 1699. Le chirurgien Jean Mongelet, et non Mongelis comme l'ont écrit plusieurs biographes du prince de Conti, s'était consacré au service des malades de l'hôpital de la Charité des Frères de Saint-Jean de Dieu, au faubourg Saint-Germain. Il mourut en 1677.

(2) Lettre de Madame la princesse de Condé à Madame l'abbesse de Maubuisson, sa tante. *Op. cit.*

violente, et « il se fit en lui une telle révolution d'humeur avec une oppression si grande, que son médecin lui fit ouvrir les veines des bras et des pieds » (1). M. de Ciron reçut sa confession dernière et lui administra les sacrements, après quoi, le mourant, raconte la princesse de Condé, « eut la dévotion de faire une profession de foi, en disant qu'il mourait comme il avait vécu, dans le sein de l'Église catholique, apostolique et romaine » (2). Puis il expira entre les bras de M. de Ciron (3) ; c'était le 21 février, entre huit et neuf heures du soir (4).

La funèbre nouvelle fut aussitôt portée aux États : il y fut décidé qu'un service solennel serait célébré pour le prince, puis une députation se rendit à la Grange des Prés pour « témoigner à Madame la princesse et à Messeigneurs les princes, la part que l'Assemblée prend à leur affliction qui est commune à toute la province » (5), et les prélats présents s'y rendirent en corps, pour donner l'eau bénite à la dépouille du gouverneur. Les Bourbons s'associèrent à ce deuil : le grand Condé écrivait quelques jours plus tard à la reine de Pologne : « Mon frère avait

(1) Lettre de M. Ragot à M. l'abbé Ferret sur le projet de réponse de feu M. l'abbé de la Trappe à M. de Tillemont. *Op. cit.*

(2) Témoignage de Madame la princesse de Condé à Madame l'abbesse de Maubuisson, sa tante. *Op. cit.*

(3) *Hist. générale de Languedoc.* T. XIII, p. 446.

(4) Extrait du registre des Actes des décès de l'état civil de Pézenas au XVIIe siècle, conservé à la mairie de Pézenas : « L'an mil six cent soixante-six et le vingt et unième février, Monseigneur le prince de Conti est décédé à son château, la Grange des Prés, vers les huit et neuf heures du soir. A été porté et déposé à l'Observance par le Chapitre, accompagné des capucins observantins et des pauvres de la Charité avec leur croix. Et le dit Chapitre est allé le lendemain faire son service, c'est-à-dire célébrer une grande messe et faire une absoute sur le corps ».

(5) Arch. de la Haute-Garonne. Procès-verbaux des Etats de Languedoc. Série C. 2315.

bien de l'esprit, sa mort m'est un coup bien sensible (1) », et Mme de Longueville mandait au même moment à Mme de Sablé : « Cette douleur est, par elle et par ses circonstances, si pénétrante pour moi, que j'en suis tout à fait renversée » (2).

Tous les prêtres et religieux des paroisses et des couvents de Pézenas se rendirent à la Grange des Prés, et se relevèrent d'heure en heure pour prier autour de la dépouille du prince. Le 22, quatre chirurgiens, dont Poncet nous a transmis les noms (3), procédèrent à l'embaumement, puis, à sept heures du soir, les Cordeliers et les pauvres de l'hôpital vinrent prendre le corps, qui fut placé sur un carrosse fermé drapé de noir et conduit par des chevaux caparaçonnés de drap noir et de crêpes. Tous les officiers de la Grange, vêtus de deuil et un flambeau allumé au poing, suivaient le char funèbre. Arrivé à l'église des Cordeliers, le corps fut descendu et déposé dans une chapelle ardente, où « tous les corps réguliers et séculiers » firent célébrer des messes. Le cœur, enfermé dans une boîte d'argent, fut remis à la princesse, les entrailles furent ensevelies dans le caveau des Cordeliers (4).

Une hésitation s'éleva au sujet du lieu de la sépulture : avant de mourir, Conti avait demandé d'être inhumé dans la chartreuse la plus voisine de Pézenas. L'on hésita entre Valbonne, au diocèse de Nîmes, et Villeneuve-

(1) M. le Prince à la reine de Pologne. 5 mars 1666. — Arch. de Chantilly.

(2) Cité par Barthélemy : *La Princesse de Conti*, p. 167.

(3) Les quatre chirurgiens étaient : MM. Brigaud père et fils, Bocher et Milhau.

(4) Tous les détails qui précèdent sont empruntés au manuscrit de Poncet : *Hist. de Pézenas.*

lès-Avignon, cette dernière l'emporta (1). Le 24 mars, un long cortège quitta le couvent de l'Observance (2), et se déroula sur la route royale vers Montpellier ; le Chapitre, les confréries des Pénitents, les pauvres de l'hôpital et « la population entière » composaient au char funèbre une escorte nombreuse et recueillie. Le corps du prince passa sous les murs de cette Grange des Prés, témoin de sa folle et brillante jeunesse, de sa pénitence et de ses vertus. A l'extrémité du pont de Montagnac, après une dernière absoute, une partie du cortège rentra à Pézenas, l'autre se dirigea vers Avignon, où la dépouille du prince de Conti allait reposer, pendant cent vingt-sept ans, sous l'épitaphe gravée par Nicole, à l'ombre des voûtes de l'église du Val de Bénédiction (3).

(1) Les marques de cette hésitation sont visibles sur le registre des décès de la ville de Pézenas au XVIIe siècle. Après la date et le nom du prince, précédés d'une petite croix, on lit : à l'Observance. Les mots Chartreuse d'Avignon ont été ajoutés ultérieurement avec une encre différente.

(2) « Le 24 (mars) sommes allés à l'Observance pour enlever le corps de Mgr le prince de Conti, qui a été porté à la Chartreuse d'Avignon. L'ayant accompagné au delà du pont de Montagnac, comme quand nous portons les morts à la fosse, après lui avoir fait le divin service dans ladite Observance, comme il y avait été déposé dans la présente église ». — Petit registre couvert en parchemin. Mairie de Pézenas.

(3) Le tombeau du prince de Conti fut édifié dans l'église de la Chartreuse, au milieu du chœur des Pères. Il se composait d'une grande base attique en parallélogramme de marbre noir et de marbre blanc veiné pour les moulures, à laquelle on n'avait donné que seize pouces d'épaisseur, « pour ne pas couper la vue du maître-autel ». A la prière de la princesse de Conti, Nicole avait composé l'épitaphe. (Elle a été publiée dans *Le Guide du Voyageur à Villeneuve-lès-Avignon et Notes historiques*, par l'ABBÉ L. VALLA). Pendant la Révolution, la Chartreuse ayant été vendue, le tombeau fut démoli et violé, les restes du prince furent abandonnés sous leur épitaphe brisée. Ils y restèrent, dans l'église convertie en écu-

L'on sait comment le tombeau du prince fut, pendant la Révolution, violé et démoli, et l'on connaît la funèbre odyssée de ces cendres illustres, qui viennent enfin de trouver un asile dans le cimetière restauré de Port-Royal des Champs.

rie, jusqu'en 1883, où M. Fuzet, mort en 1916, archevêque de Rouen, fut nommé curé de Villeneuve. Epris d'archéologie, il s'avisa de rechercher les restes du prince de Conti, dont une description écrite par un chanoine de Villeneuve et publiée par le *Mercure de France*, en 1743, permettait de repérer exactement la tombe. On pratiqua des fouilles, qui mirent à jour des ossements, qu'un médecin d'Avignon n'hésita pas à attribuer « à un bossu ». Cette constatation, ainsi que le dit M. André Hallays, auquel nous empruntons tous ces détails, levait toute incertitude. M. Fuzet ayant été nommé peu après évêque à La Réunion, le projet de réédification du tombeau fut abandonné; l'épitaphe fut restaurée dans l'église paroissiale de Villeneuve, et les ossements confiés à une personne pieuse. Lorsque Mgr Fuzet fut appelé au siège de Beauvais, il se fit envoyer ce colis funèbre, qui le suivit à Rouen, puis à Chusclan dans le Gard. C'est là que, en 1907, les Augustiniens du vingtième siècle sont venus les prendre pour les déposer dans le cimetière de Port-Royal des Champs.

CHAPITRE NEUVIÈME

Après les Gouverneurs

Le lendemain de la mort du prince de Conti, le grand Condé avait couru à Saint-Germain pour demander à Louis XIV la succession du gouvernement de Languedoc pour l'aîné de ses neveux. Refusée au jeune prince ainsi qu'au duc d'Orléans (1), cette charge fut donnée au duc de Verneuil (2) ; mais le petit Louis-Armand héritait du comté de Pézenas en qualité d'engagiste comme son père, et devenait propriétaire de la Grange des Prés.

Désormais celle-ci appartiendra encore aux Conti, mais ils n'y habiteront plus : il ne nous reste qu'à jeter un

(1) « Je l'ay demandé au roy pour son fils (le prince de Conti), mais Monsieur l'avait demandée pour luy mesme ». (M. le Prince à la reine de Pologne, 5 mars 1666. Arch. de Chantilly). — « Monsieur a voulu bouder, conseillé, dit-on, par M. de Luxembourg, qui s'est fait chasser ». (M. le Duc à la reine de Pologne, 26 mars 1666. Arch. de Chantilly). — DUC D'AUMALE. *Hist. des Princes de Condé.* T. VII, p. 233).

(2) Henri de Bourbon, duc de Verneuil, fils adultérin de Henri IV et d'Henriette de Balzac d'Entragues, marquise de Verneuil (1601-1682). Etait abbé commendataire des abbayes de Bonport, de Tiron et de Vaux-Cernay, auxquelles il ajouta plus tard celle de Saint-Germain des Prés. En 1612, alors âgé de dix ans, il fut mis en possession de l'évêché de Metz. Il ne reçut jamais que la tonsure. En 1659, il quitta l'état ecclésiastique et épousa, à l'âge de soixante-sept ans, la duchesse de Sully, fille du chancelier Séguier.

coup d'œil rapide sur ces princes, dont le nom sera attaché, pendant soixante-dix ans encore, au vieux domaine des Montmorency.

Après que son mari eut rendu le dernier soupir, la princesse de Conti s'était retirée chez les carmélites de Narbonne (1), mais elle rentra bientôt à la Grange, où restait à régler un grand nombre d'affaires, avant le départ qu'elle jugeait définitif. Au moment de quitter le Languedoc, elle voulut une fois de plus consulter Mgr Pavillon « sur tout ce qu'elle aurait à faire dans son nouvel état », et lui dépêcha M. Jasse pour lui soumettre plusieurs difficultés, en particulier celle du choix des précepteurs de ses fils (2). A la fin d'avril, elle se prépara à quitter la Grange (3) ; avant le départ, par une pensée féminine et charmante, elle fit, dit Poncet, placer ses deux enfants dans un carrosse qui parcourut au pas les rues de Pézenas (4). La population, à laquelle les deux petits princes envoyaient des baisers, put ainsi contempler une dernière fois les fils de ses seigneurs et dire adieu à ceux dont la présence avait été pour le pays une gloire et un bienfait.

En rentrant à la Cour, Anne put se rendre compte de la haute situation qui l'y attendait. Mais, fidèle à son règlement de vie, elle porta toutes ses pensées sur l'éducation de ses fils, les ayant sans cesse auprès d'elle, ne souffrant qu'ils fussent d'aucun divertissement profane, les conduisant elle-même aux offices

(1) *Vie ms. de M. d'Alet.*

(2) Pavillon conseilla M. de La Péjean, seigneur de Roquetaillade, un ecclésiastique, M. du Trouillas, et Claude Lancelot, qui avait déjà fait l'éducation du duc de Chevreuse.

(3) *Vie ms. de M. d'Alet.*

(4) PONCET. *Hist. ms. de Pézenas.*

de la paroisse, enfin retranchant sur les dépenses fastueuses et inutiles (1), pour continuer les restitutions que le prince prescrivait dans son testament (2). Sujet d'admiration et d'estime, bien vue à la Cour, où elle fut choisie par Louis XIV pour être marraine du Dauphin, et où sa beauté et ses vertus charmèrent le duc d'Orléans, — qui lui aurait offert, disent quelques auteurs, de remplacer Henriette d'Angleterre (3), — elle ne se désintéressa d'aucune des questions qui agitèrent son temps. On la voit aux fameux sermons de Bourdaloue (4), pendant le carême de 1671, on la rencontre chez Boileau aux côtés de Mme de Longueville, écoutant « une pièce contre les romans, où la *Clélie* n'était pas épargnée » (5), enfin,

(1) La princesse avait demandé à M. d'Alet s'il convenait de faire célébrer à Paris un service solennel, par conséquent fort coûteux, pour son mari. Le prélat répondit qu'il fallait se contenter de celui que Madame de Longueville avait fait faire aux Grandes-Carmélites, et de donner aux pauvres une somme équivalente au prix qu'aurait coûté cette cérémonie. (*Vie ms. de M. d'Alet*).

(2) Non seulement Anne continua les restitutions prescrites par son mari, mais encore, poursuivie par la pensée de la douteuse origine des biens de Mazarin, elle restitua en cinq années 800.000 livres, sans compter ses innombrables aumônes.

(3) *Supplément au Nécrologe de l'Abbaye de N.-D. de Port-Royal des Champs.*

(4) Lettre de Madame de Sévigné à Madame de Grignan. 13 mars 1671.

(5) On lit dans la lettre de M. Arnauld à M. Perrault, au sujet de la *Dixième satire* de BOILEAU : « Feu Madame la princesse de Conti et Madame de Longueville ayant sceu que M. Despréaux avait fait une pièce en prose contre les romans.... elles lui firent dire qu'elles seraient bien aise de la voir. Il la leur récita, et elles en furent tellement satisfaites, qu'elles témoignèrent souhaiter beaucoup qu'elle fût imprimée. Mais il s'en excusa pour ne pas s'attirer sur les bras de nouveaux ennemis ». (*Œuvres de* M. BOILEAU-DESPRÉAUX. A Paris. MDCCXLVII. T. I, p. 469).

on la trouve protégeant d'une façon toujours mesurée et discrète, mais souvent efficace, ses amis de Port-Royal, et prenant, en 1668, une part active à la mise en liberté de M. de Sacy.

Déjà atteinte à cette époque, sa santé s'altéra gravement en 1671 ; le 1er février suivant, une crise plus violente fit prévoir une fin prochaine. Pendant quatre jours, la princesse souffrit un martyre dont Mme de Sévigné, dans une lettre à sa fille, a tracé le tableau saisissant (1) ; le 3, elle tomba en apoplexie, et, le 4, entre sept et huit heures du matin, elle rendit son âme à Dieu sans avoir repris connaissance : elle avait trente-cinq ans.

Un service solennel eut lieu le 26 avril, dans l'église de Saint-André-des-Arcs ; c'est au cours de cette cérémonie que Gabriel de Roquette prononça l'oraison funèbre dont, le 20 novembre suivant, Bossuet rendait ce témoignage : « L'oraison funèbre de Mme la princesse de Conti est en effet une pièce pleine de piété et d'éloquence, elle a été très estimée » (2).

Par son testament, qui, entre autres aumônes, léguait 4.000 livres « à la Maison de Mme de Mondonville pour entretenir des maîtresses d'écoles à Pézenas » (3), Anne confiait ses fils à sa belle-sœur. « La princesse, écrivait malicieusement Mme de Sévigné à sa fille, laisse, par son

(1) Lettre de Madame de Sévigné à Madame de Grignan, 5 février 1672. — Le corps de la princesse fut inhumé dans l'église de Saint-André-des-Arcs, le cœur aux Carmélites de la rue Saint-Jacques, et les entrailles portées à Port-Royal des Champs.

(2) Bossuet à François Diroys. A Versailles, 20 novembre 1672. (*Corresp. de* Bossuet. T. I, p. 268. Collect. des Grands Ecrivains).

(3) La Maison de l'Enfance, fondée à Pézenas en 1665, et à laquelle la princesse léguait 4000 livres, fut supprimée par arrêts du Conseil d'Etat du 12 mai 1668 et du 3 octobre 1687. — Arch. mun. de Pézenas, Layète 8, liasse 2, charte 14.

testament, l'éducation de ses enfants à Mme de Longueville. Je disais qu'il n'y avait que le diable qui gagnait à cette mort et qui allait reprendre de l'autorité dans l'esprit de ces deux petits princes, mais enfin qu'en nul lieu on ne s'en réjouisse, les voilà retombés en mains sûres et chrétiennes » (1). Louis XIV pensa-t-il, comme la spirituelle marquise, « qu'il n'y avait que le diable qui gagnait à cette mort ? » Sa Majesté changea « tout cela », fit maison neuve, et M. le Prince dut suppléer sa sœur. « Ce fut un des soucis de sa vie » (2).

L'on sait avec quels soins les deux petits princes avaient été élevés par leurs parents. « Jamais, dit Fontaine, on n'avait vu de père ni de mère plus occupés de cet emploi si important », et il cite ce trait délicieux : « Lorsqu'ils étaient tout enfants, dit-il, M. de Conti lisait toujours avec eux les figures de la Bible, et, ce qui est assez plaisant, c'est que, lorsque ces petits princes venaient à l'endroit du sacrifice d'Abraham, ils le passaient toujours. Quelqu'un qui s'en aperçut leur en demanda la raison : « Mon père est si bon, dirent-ils, que si Dieu le lui demandait, il ferait de nous la même chose qu'Abraham. Nous lui cachons cela » (3).

Lancelot, dans une lettre à M. de Sacy (4), a retracé le curieux programme de l'éducation de ses illustres élèves, programme qui n'était que l'abrégé d'un long

(1) Lettre de Madame de Sévigné à Madame de Grignan, de Paris, le 5 février 1672.

(2) DUC D'AUMALE. *Hist. des Princes de Condé.* T. VII, p. 233.

(3) FONTAINE. *Mémoires pour servir à l'histoire de Port-Royal.* 4 vol. Cologne, M.DCC.LIII, t. III, p. 378. — Ce trait ne peut se rapporter qu'à l'aîné des deux petits princes, car le prince de La Roche-sur-Yon n'avait que vingt-deux mois à la mort de son père.

(4) FONTAINE. *Mémoires pour servir à l'histoire de Port-Royal.* T. IV, p. 278.

mémoire, écrit à la demande du prince Armand, par M. d'Alet (1).

A la mort de leur mère, où ils firent éclater la plus vive douleur (2), les deux enfants furent, suivant la volonté de Louis XIV, confiés à Condé et élevés par Fleury leur précepteur (3), mais presque tout leur temps se passait à la Cour, où ils partageaient les jeux particulièrement bruyants du Dauphin (4).

Ils étaient admirablement doués : chez tous les deux « la vaillance était égale et superbe ». L'aîné, beau cavalier, ami du plaisir, avait l'esprit vif, la réplique hardie, ses bons mots étaient célèbres, Mme de Sévigné le reconnaissait « sage naturellement » (5), et le roi le jugea digne

(1) *Vie ms. de M. d'Alet.* — Tout le chapitre XVII du Tome II de la *Vie ms. de M. d'Alet* est consacré aux avis pour l'éducation de ces princes.

(2) Un autre trait familier, rapporté par Fontaine, prouve combien Anne méritait la tendresse et les regrets de ses enfants. La veille de sa mort, les petits princes firent une visite à leur mère, puis reprirent les jeux bruyants de leur âge ; comme on cherchait à les faire taire : « Laissez, laissez, dit la princesse, c'est l'heure de leur divertissement, il est juste que ces pauvres enfants jouent ». (FONTAINE. *Mémoires pour servir à l'histoire de Port-Royal.* T. IV, p. 272).

(3) Claude Fleury (1640-1723). D'abord avocat, embrassa l'état ecclésiastique, fut chargé de l'éducation des princes de Conti, puis de celle du comte de Vermandois et, en 1689, fut nommé sous-précepteur du duc de Bourgogne. Il était aussi remarquable par les belles qualités de son caractère que par son érudition.

(4) C'est pendant une de ces récréations que l'un des princes de Conti, en jouant avec trop de pétulance, cassa le nez au grand dauphin, qui en garda les marques toute sa vie. (*Fragments des Mémoires du valet de chambre Dubois.* Cités par SAINTE-BEUVE. *Port-Royal.* T. III, p. 562).

(5) Lettre de Madame de Sévigné et de Corbinelli au président de Moulceau. De Paris, 24 novembre 1685.

de celle qu'il « aimait plus que toutes ses filles naturelles » (1), Mlle de Blois. On ne peut mieux faire que de renvoyer à Mme de Sévigné pour les détails charmants sur ce mariage digne des contes de fées. Avec quelle complaisance elle s'étend sur la petite mariée « romanesquement belle et parée et contente », sur la joie et les libéralités du royal beau-père, et sur la toilette du grand Condé, qui, « les pattes croisées comme un vieux lion », se laisse friser, poudrer et revêtir du justaucorps aux boutonnières de diamants en l'honneur de son pupille (2). L'enthousiasme est universel, et la marquise trouve au marié « des bontés de Henri IV, des procédés de Bayard, et des justices de Sully » (3). Ces beaux débuts eurent de tristes lendemains : la petite princesse ne tarda pas à exécrer son mari ; puis, le roi ayant refusé au prince le gouvernement de Languedoc, vacant par la mort du duc de Verneuil, Conti manifesta hautement son dépit, abandonna toute pratique de religion, fréquenta les débauchés, se mit en tête d'aller guerroyer contre les Turcs, et partit furtivement accompagné de son frère. Après une véritable odyssée à travers la Hollande et la Prusse, il sollicita de Louis XIV la permission de se rendre en Pologne, mais, poursuivant son premier projet, il se dirigea vers la Hongrie, et y rejoignit l'armée impériale. Ces incidents avaient allumé la colère du roi ; cette nouvelle aventure porta ce courroux

(1) *Fragments de lettres originales de* Madame Charlotte-Elisabeth de Bavière, *veuve de Monsieur, frère unique du Roi.* — Hambourg. 1788. T. II, p. 215.

(2) Le mariage eut lieu le 16 février 1680. (Lettre de Madame de Sévigné à Madame de Grignan. De Paris, 17 janvier 1660).

(3) Lettre de Madame de Sévigné à Madame de Grignan. De Paris, le 24 janvier 1680.

à son comble. Mais la valeur déployée par les deux princes (1) finit par le toucher. Le 14 septembre 1685, Louvois apprenait à la princesse de Conti que son mari allait rentrer en France, Louis XIV pardonnait, bien que du bout des lèvres : « Mes neveux sont traités fort honnêtement, mais fort froidement, écrivait, le 19 septembre, M. le Prince à Bossuet, il faudra que leur bonne conduite achève de réparer leurs fautes » (2).

Un mois plus tard, alors que la chasse retenait la Cour à Fontainebleau, la princesse de Conti fut atteinte de la petite vérole ; son mari s'enferma aussitôt avec elle pour la soigner, mais atteint lui-même par la contagion, il mourut presque subitement le 8 novembre (3).

Pendant que ces événements se passaient à la Cour, la Grange des Prés, livrée à des fermiers et à des régisseurs, offrait tous les jours davantage l'aspect de l'abandon. Il ne paraît pas que le prince Louis-Armand se soit en aucune façon occupé de son lointain domaine. En plus de l'arrêt de la Cour des Aydes de Montpellier au sujet de la notabilité de l'enclos et de ses dépendances (4), on ne trouve à son nom, aux archives de Pézenas, qu'une reconnaissance que lui avaient consentie les consuls, en 1674, en la personne du prince de Condé, son tuteur, des biens et droits patrimoniaux de la communauté (5).

(1) Les deux princes se distinguèrent particulièrement, et avec un véritable éclat, à la bataille de Gran et au siège de Neuhausen, août 1685.

(2) Le prince de Condé à Bossuet. Chantilly, 19 septembre 1685. (*Correspondance de* Bossuet. T. III, p. 123).

(3) Les obsèques eurent lieu à Valery. — La princesse, restée veuve, sans enfants, vécut jusqu'en 1739, richement rentée par Louis XIV.

(4) Cartulaire B, f° 364 v°. Arch. mun. de Pézenas.

(5) Acte reçu par André Gras, notaire royal de Pézenas. Layète 8, liasse 2, charte 6. Arch. mun. de Pézenas.

François-Louis succédait à son frère à la Grange des Prés et au comté de Pézenas (1).

Supérieur à son aîné par l'intelligence, le mérite et le caractère, doué de qualités aussi solides que brillantes, sur lesquelles la liberté des mœurs jette malheureusement une ombre, le prince possédait, en outre, une remarquable instruction militaire, l'instinct de la guerre, une bravoure à toute épreuve. Saint-Simon l'appelle « l'idole des soldats, le héros des officiers, les délices de l'armée » (2). Condé, « à qui il ressemblait par l'esprit et le courage », l'aimait comme son fils ; il semble avoir charmé tous ses contemporains. Fâcheusement impliqué dans une de ces parties de débauche, si fréquentes à la fin du règne de Louis XIV, il fut exilé de la Cour et se réfugia à Chantilly. Trois mois plus tard, le roi lui accordait son pardon, lui permettait de prendre part à la prochaine campagne, et lui donnait le cordon bleu à la promotion de la Pentecôte 1687.

Le 29 juin de l'année suivante, François-Louis resserra les liens qui l'unissaient aux Condé en épousant Marie-Thérèse de Bourbon, sa cousine (3). Le comté de Pézenas voulut s'associer à ce joyeux événement : le 18 juillet 1688, disent les archives, le conseil politique de la ville, sur la motion de M. d'Arnoye, premier consul, décida

(1) Louis-François fut d'abord titré comte de La Marche, puis de Clermont, enfin prince de La Roche-sur-Yon, titre qui lui fut cédé par Mademoiselle de Montpensier. Le prince de Conti n'ayant pas eu de nom à lui donner, avait demandé à la princesse de lui laisser porter celui-là, qui avait été porté par un cadet de sa maison.

(2) Voir dans les *Mémoires de* SAINT-SIMON les pages que le grand mémorialiste a consacrées au prince de La Roche-sur-Yon.

(3) Fille du prince Henri-Jules, fils du grand Condé.

de célébrer cette bonne nouvelle par des réjouissances (1). Il en fut de même le 18 mai 1689 et le 12 décembre 1694, où les consuls firent chanter un *Te Deum* pour la naissance de deux des fils de Conti (2).

Aussitôt après son mariage, François-Louis partit pour rejoindre l'armée, alors engagée dans la guerre de la Ligue d'Augsbourg. Il y fut le meilleur lieutenant du maréchal de Luxembourg, et ses exploits lui valurent une immense popularité, dans un temps où l'on était cependant blasé sur l'héroïsme militaire. Au matin de Steinkerque, alors que l'armée française semblait être débordée par les forces de Guillaume d'Orange, le prince, « à peine habillé, sa cravate de dentelle mal nouée », bondit hors de sa tente, rallie les soldats et fait jusqu'au soir des prodiges qui font dire à ses hommes « que l'âme de Condé est passée dans son corps ». A Nerwinde, c'est à lui que Luxembourg confie l'honneur d'attaquer de front à la tête des gardes françaises et du régiment de Champagne ; sous un déluge de balles et quoique blessé, il assure au dernier moment la victoire définitive. Son retour à Paris est un triomphe, et il assiste, aux côtés de Luxembourg, au *Te Deum* de la victoire, après avoir prononcé le mot fameux : « Place au tapissier de Notre-Dame ! »

En 1696, une circonstance imprévue sembla appeler le jeune héros sur un trône : l'on sait comment, le roi de Pologne Frédéric-Auguste de Saxe étant mort, Louis XIV eut la pensée d'élever le prince de Conti à sa place : la popularité de ce dernier à l'armée commençait, dit-on, à lui porter ombrage ! Cinq autres candidats briguaient les suffrages des diètes. François-Louis sembla réunir

(1) Arch. mun. de Pézenas.

(2) *Id.*

toutes les chances de succès. Il vendit pour 600.000 livres de terres et envoya cette somme à l'ambassadeur (1); mais, pour plusieurs raisons, le prince appréhendait le succès (2). L'élection eut lieu le 27 juin 1697, et le chef du parti français fit aussitôt ratifier la proclamation de Conti. La nouvelle arriva le 11 juillet à Marly. « Je vous amène un roi, dit Louis XIV aux courtisans » (3), mais de prodigieuses difficultés empêchèrent le prince, parti sur la flotte de Jean Bart, de mettre le pied sur son royaume. Il rentra à Versailles le 13 décembre, et alla saluer le roi, qui le reçut à merveille. « Les Polonais ne méritaient pas un tel roi », écrivait l'abbé Bossuet à son oncle (4). Cependant, dit Saint-Simon, il ne put jamais se réconcilier complètement avec Louis XIV. Après quelques années où il fut tenu à l'écart, il fut nommé au commandement en chef de l'armée de Flandre, mais la maladie vint interrompre ce retour de fortune. De violentes attaques de goutte, auxquelles succéda l'hydropisie, le conduisirent rapidement au tombeau. Il mourut le 21 février 1709, à l'âge de 45 ans. Massillon prononça son éloge funèbre, un des plus brillants morceaux du grand orateur (5).

François-Louis de Bourbon avait eu avec le comté de Pézenas plus de rapports que son frère aîné. Quant à la

(1) Peut-être est-ce pour augmenter cette somme que le prince emprunta sur les biens de la Grange des Prés et du comté de Pézenas, le 28 mai 1693.

(2) L'on sait que le prince était passionnément amoureux de Mademoiselle de Nantes, fille de Louis XIV et de Madame de Montespan, mariée à Louis de Bourbon en 1685.

(3) *Journal de* DANJEAU. T. VI, p. 150.

(4) L'abbé Bossuet à Bossuet. Rome, 10 décembre 1697. (*Correspondance de* BOSSUET. T. IX, p. 61).

(5) Cette *Oraison funèbre* est un des rares écrits que Massillon ait fait imprimer. Elle parut en 1709, chez Maizières, à Paris.

Grange des Prés, on la trouve mentionnée dans un emprunt de 20.000 livres consenti au prince par les consuls de Pézenas, le 28 mai 1693, et pour le paiement duquel celui-ci assurait à la ville une rente annuelle de 1.000 livres sur les revenus du comté et en particulier sur ceux de la Grange des Prés (1). Le 12 novembre de la même année, le conseil offrait au prince une indemnité annuelle de 600 livres, payée par les fermiers de la boucherie, si Son Altesse consentait « à se départir du droit qu'elle avait de tenir un troupeau à la Grange (2) ». Cette transaction ayant été consentie, et le conseil de Pézenas ayant reçu l'autorisation de vendre les bêtes à laine de ce domaine, des mesures furent prises à cet effet, le 31 décembre 1693 (3).

Disons aussi que, sous le prince François-Louis, les

(1) Arch. mun. de Pézenas.

(2) *Id.* Layète 9, liasse 6, charte 22.

(3) Arch. mun. de Pézenas. — On trouve en outre, aux Archives de Pézenas, au nom de François-Louis, une reconnaissance consentie au prince en 1686. — Le 17 avril 1689, M. Chassaing, trésorier du prince de Conti, notifie au conseil général de la ville de Pézenas que Son Altesse nomme premier consul le Sr Jacques Elix. (Arch. mun. de Pézenas). — Le 24 janvier 1692, le Sr Milon, intendant du prince de Conti, ayant demandé au conseil de la ville de défendre aux meuniers établis hors du territoire de Pézenas d'envoyer quérir le blé de leurs clients aux aires de la ville, ce qui nuit aux affaires du moulin des Prés; le conseil repousse cette demande. (Arch. mun. de Pézenas). — Le 16 juillet 1691, Conti et Louis Fouquet, évêque d'Agde, interviennent dans l'instance de Thomas de Thésan contre le contrôleur du domaine et le procureur du roi en la confection du papier terrier du domaine du Languedoc. (Arch. du château de Léran. Liasse 82, N° 19). — 6 novembre 1692 et 11 juillet 1697: Requête et arrêt de la Cour des Aydes de Montpellier pour Antoine Bellon, bourgeois de Pézenas, contre les héritiers du baron d'Olargues, les fermiers du comté de Pézenas et le prince de Conti, à raison de la justice et directe du lieu de Conas. (Arch. du château de Léran. Liasse 145, N° 8).

États de Languedoc furent convoqués, pour la dernière fois, à Pézenas (1). Des sommes énormes y furent demandées, mais désormais, sur le terrain économique et financier, l'Assemblée ne combat que pour la forme, elle obéit toujours pour le fond ; la mort d'Armand de Conti avait ouvert une nouvelle phase dans l'administration de la Province, à l'avenir toutes les questions relèvent des secrétaires d'État et des intendants, et le gouverneur, réduit au rôle de dispensateur de grâces individuelles, n'a plus qu'une attribution : obéir au nom des États.

Au moment où le prince revenait de son inutile expédition en Pologne, un changement important inaugurait à la Grange des Prés l'ère des bouleversements qui devaient amener, à la fin du dix-huitième siècle, la ruine de ces murailles consacrées par tant de souvenirs : en 1697, Colbert installait une fabrique de draps dans les pièces historiques où avait palpité, à certaines heures, l'âme du Languedoc (2).

L'industrie des draps avait été, dès le douzième siècle, florissante dans la province (3). Philippe le Bel, Philippe le Long, plus tard Louis XIV, avaient donné des Ordonnances pour la favoriser. La concurrence des Anglais et des Hollandais avait fait peu à peu passer entre leurs mains cette branche de notre commerce ; cependant, vers le milieu du dix-septième siècle, l'industrie des draps avait refleuri à Sapte, près de Carcas-

(1) Du 20 novembre 1692 au 17 janvier 1693.

(2) « Pour l'établir, on bouleversa tout ». (PONCET. *Hist. ms. de Pézenas*).

(3) On lit dans une pièce de vers de Raymond de Miraval, troubadour du Carcassonnais, mort à la fin du treizième siècle : « Tu iras chez Olivier, qui te donnera des robes de beau et fin drap de Carcassonne ».

sonne, et à Villeneuve, près de Clermont-l'Hérault (1). Cet essai incita Colbert à l'encourager : en 1695, quatre entreprises particulières de draps fins pour le Levant furent protégées par les États, mais ces nouvelles manufactures faisant concurrence aux établissements plus anciens; Barthe, le directeur de Villeneuve, « déclara n'être plus en état de continuer, son terme expiré » (2). Pontchartrain donna sa succession à un nommé Pélatan, Barthe reçut une indemnité pour les améliorations introduites par lui à Villeneuve et obtint un prêt conditionnel de 30,000 livres pour fonder à la Grange des Prés, « dans les bâtiments du vieux château » (3), une nouvelle manufacture royale qui devait avoir « cinquante métiers battants ». Mais Barthe ne réussit pas mieux à la Grange qu'à Villeneuve; il ne put aller au delà de trente métiers, ni fournir un travail en rapport avec le capital engagé. Les procès-verbaux des États de 1700 nous apprennent que cette assemblée dut ratifier la cession de la manufacture de la Grange des Prés à M. Raymond de Budin, de Carcassonne, « aux mêmes clauses et conditions que Barthe l'avait de Monseigneur le prince de Conti et de la Province, pourvu toutefois que le sieur Budin fasse fabriquer tous les ans 300 pièces de draps

(1) Cf. *Mémoires pour servir à l'histoire du Languedoc, par feu M. de Basville, intendant de cette province.* A Amsterdam. Chez Pierre Boyer. M.DCC.XXXIV. — BARON TROUVÉ. *Essai historique sur les Etats généraux de Languedoc.* 2 vol. Paris, Firmin Didot, 1818. — *Essai sur l'Histoire administrative du Languedoc pendant l'Intendance de M. de Basville,* 1685-1719, par H. MONIN. Paris. Hachette. 1884.

(2) H. MONIN. *Essai sur l'Histoire administrative du Languedoc.* Op. cit., p. 317.

(3) PONCET. *Hist. ms. de Pézenas.*

fins pour le Levant de 28 à 30 aunes chacune » (1).

Le nouveau directeur ne semble pas avoir eu plus de succès; lorsque, en 1705, les États distribuèrent près de 32,000 livres de primes aux neuf manufactures récemment fondées, celle de la Grange ne reçut que 1,000 livres, « et par une grâce spéciale, car elle n'avait pas rempli le nombre réglementaire de pièces », et elle ne tarde pas à disparaître sur la liste des manufactures royales de Languedoc (2). Dès lors, les bâtiments du vieux château, complètement abandonnés, sont condamnés à la ruine. Le temps y fait son œuvre, ils s'effondrent peu à peu; à la fin du dix-huitième siècle il n'en restera que quelques pans de murs démantelés.

La fabrique de la Grange des Prés, condamnée à une durée si éphémère, avait eu une heure de gloire; nous voulons parler de la visite qu'elle reçut des fils de Louis XIV, au retour de leur voyage à Saint-Jean-de-Luz.

En novembre 1700, pendant la tenue des États, l'archevêque de Toulouse avait annoncé que « l'on avait avis que Mgr le duc de Bourgogne et Mgr le duc de Berry prendraient la route de Languedoc dans le mois de janvier suivant, à leur retour de Saint-Jean-de-Luz, où ils allaient accompagner le roi d'Espagne, leur frère, et qu'il croyait que l'Assemblée se porterait à faire mettre incessamment les chemins en état, de manière qu'on y puisse passer sans incommodité » (3). Le nouveau roi catholique était parti de Versailles le 4 décembre 1700,

(1) Arch. de la Haute-Garonne. Procès-verbaux des Etats de Languedoc. Série C. Registre 2345.

(2) H. Monin. *Essai sur l'Histoire administrative du Languedoc*, p. 321.

(3) Archives de la Haute-Garonne. Procès-verbaux des Etats de Languedoc. Série C.

et s'était dirigé vers la frontière. Arrivé à Saint-Jean-de-Luz, il avait dit adieu à ses deux frères, qui revinrent par Bayonne, Mont-de-Marsan, Carcassonne, Montpellier, Aix et Marseille : l'occasion était bonne pour montrer aux populations les héritiers du trône, et pour raviver le dévouement des provinces méridionales au moment où la guerre allait se rallumer. Dans les derniers jours de mars (1), après avoir dîné à Valros, les deux princes entrèrent dans Pézenas, où ils furent harangués au pont de l'Observance et accompagnés jusqu'à l'abbaye de Valmagne par quatre compagnies de la milice de la ville. Aux approches de la Grange des Prés, raconte Poncet, les ouvriers de la manufacture royale, c'est-à-dire « plus de quatre cents hollandais, suédois et français », prirent les armes, et le directeur, M. de Budin, présenta aux princes une carte garnie de plus de 400 échantillons de beaux draps de différentes couleurs qu'on y fabriquait (2). L'inspecteur, M. Fabre de Cœuret, eut ensuite l'honneur de haranguer Mgr le duc de Bourgogne : « Si les villes ont témoigné, dit-il, tant d'empressement à vous rendre les hommages, agréez que les châteaux fassent à leur tour retentir des chants d'allégresse ; les ouvriers sont prêts à quitter leurs familles pour vous défendre » (3).

(1) Nous n'avons pu déterminer la date exacte du passage des princes. Nous guidant sur celle de leur passage à Carcassonne, qui eut lieu le 21 mars, on peut le placer en toute vraisemblance dans les derniers jours de ce mois.

(2) « Les deux princes avaient également honoré de leur visite la fabrique de drap de Carcassonne « située au delà du pont ». Ils virent teindre deux pièces de drap de 60 aunes chacune en moins d'une demi-heure, l'une en écarlate et l'autre en couleur de rose ». (*Mercure galant,* mars 1701).

(3) Poncet. *Hist. ms. de Pézenas.*

Quelques mois plus tard passait sous les murs de la Grange des Prés une autre voyageuse illustre. Marie-Louise-Gabrielle de Savoie, sœur cadette de la duchesse de Bourgogne et fiancée à Philippe V, se dirigeait vers son nouveau royaume, où l'attendait une si triste destinée (1). Mariée par procuration à Turin, dans la chapelle du Saint-Suaire, le 11 septembre, elle était partie par mer, avec une suite nombreuse et escortée de la fameuse princesse des Ursins (2). A Nice, elle abandonna les galères de Naples, infestées de vermine, en dépit de leurs somptueux ornements, et obtint de Louis XIV de gagner l'Espagne par terre. En Provence, elle reçut une hospitalité fastueuse au château de Grignan (3), à Nîmes, l'aimable Fléchier l'accueillit dans son palais épiscopal, enfin, à Pézenas, l'attendait une réception magnifique. La future Majesté catholique fut ravie, dit

(1) Née le 22 septembre 1688, Marie-Louise-Gabrielle, mariée à douze ans à Philippe V, mourut le 14 février 1714, usée par les tribulations de cette Cour livrée aux troubles d'un changement de dynastie. Ses mérites et ses vertus étaient admirables. « Elle n'avait cessé de s'attacher les Espagnols, dit Saint-Simon, par le solide et par le charme de ses manières, qui l'avaient pour ainsi dire fait adorer ». — Cf. L. PEREY. *Une reine de douze ans: Marie-Louise de Savoie, reine d'Espagne*. 1 vol. Paris. Calmann-Lévy.

(2) Anne-Marie de La Trémouille, fille du duc de Noirmoutier, veuve du prince de Chalais, avait épousé Flavio Orsini, duc de Bracciano, grand d'Espagne. Devenue veuve pour la deuxième fois, en 1698, elle fut nommée camerera mayor de la jeune reine d'Espagne, et prit le nom de princesse des Ursins. Sa présence à la cour d'Espagne se manifesta par d'innombrables intrigues; elle mourut en 1722. — Dangeau rapporte que la future reine d'Espagne rencontra à Pézenas le comte d'Ursé, qui revenait de Barcelone où il avait laissé Philippe V. (*Journal de* DANJEAU. T. VIII, p. 230).

(3) Cf. F. MASSON. *Le Marquis de Grignan*. Paris, Plon, 1887, p. 264.

Poncet, de l'hospitalité de M. de La Valette, agent du prince de Conti (1), et de l'enthousiasme que sa présence suscita dans la ville. Mme des Ursins s'informa à qui appartenait cette jolie cité, et ayant appris qu'elle était l'apanage du prince de La Roche-sur-Yon, elle prit l'engagement de lui écrire pour lui exprimer la satisfaction de la petite reine (2).

Le prince de La Roche-sur-Yon étant mort le 21 février 1709, la Grange des Prés passa à son fils Louis-Armand II. Ce prince était né à Paris, le 10 novembre 1695, et avait été tenu sur les fonts, dans la chapelle de Versailles, par Louis XIV et par Marie-Eléonore d'Este-Modène, reine douairière de la Grande-Bretagne, sa tante. D'un esprit extrêmement bizarre, et si distrait, qu'au dire de la Palatine, « il tombait sur sa propre canne alors qu'il y pensait le moins », et que cet accident était en quelque sorte proverbial à Versailles (3), il avait été gâté par Marie-Thérèse de Bourbon, sa mère, jusqu'à l'extravagance, et ses démêlés avec elle égayèrent les contemporains (4). Fait chevalier du Saint-

(1) M. de La Valette, né au Mans, envoyé en qualité de procureur du roi pour travailler à des découvertes sur les fiefs du Languedoc, s'occupa beaucoup du comté de Pézenas. Nommé par Conti intendant de ses biens, il fut maire de Pézenas et exerça cette charge, alternativement avec M. de Brétigny, jusqu'en 1702. (PONCET. *Hist. ms. de Pézenas*).

(2) PONCET. *Hist. ms. de Pézenas.*

(3) *Fragments de lettres originales de Madame Charlotte-Elisabeth de Bavière, veuve de Monsieur, frère unique de Louis XIV*, p. 221.

(4) « Madame sa mère, a écrit la Palatine, fait bâtir une maison bien loin de la sienne. Quand ils sont mieux ensemble, on renvoie les ouvriers; quand la bonne intelligence cesse entre eux, on double les ouvriers, on les fait travailler de force. De sorte qu'on peut juger, au plus ou moins d'activité des travaux de la bâtisse,

Esprit le 1er janvier 1711, il fit sa première campagne dans l'armée du Rhin, sous Villars, servit au siège de Landau, prit part à l'attaque du camp retranché des Impériaux, près de Fribourg, et à la prise de cette dernière ville le 1er novembre. Il avait épousé, le 9 juillet 1713, dans la chapelle de Versailles, Louise-Élisabeth de Bourbon, fille de Louis de Bourbon et de Louise de Bourbon, légitimée de France, princesse belle et aimable, « possédant, dit Saint-Simon, le don de se faire aimer de tous » (1). Elle n'aima jamais son mari, qui lui avait voué une vive tendresse. Le 4 avril 1717, Louis-Armand prit place au conseil de régence, et fut, la même année, nommé gouverneur du Poitou. Puis, ayant reçu le titre de lieutenant général des armées du roi, il partit, le 10 mai 1719, pour la campagne de Roussillon contre l'Espagne, et prit part aux sièges de Fontarabie et de Saint-Sébastien en juin et juillet. Rentré à la Cour, il assista, le 25 octobre 1722, au sacre de Louis XV, et représenta le comte de Champagne à cette cérémonie. Il avait tiré, dit Saint-Simon, dans un jugement très sévère pour ce prince, des sommes énormes des spéculations de Law, jusqu'à encourir le mécontentement du régent (2). Il mourut le 4 mai 1727, dans son hôtel, à Paris, d'une fluxion de poitrine, après quelques jours de maladie, à l'âge de trente et un ans.

Aucun document ne relie ce prince à la Grange des Prés. Il donna seulement à la ville de Pézenas un règlement nouveau pour les consuls (3), et consentit à la communauté

comment cette princesse est avec son fils ». (Lettre du 24 septembre 1717).

(1) Lettres de Madame Charlotte-Elisabeth de Bavière. *Op. cit.*

(2) SAINT-SIMON. *Mémoires.*

(3) Arch. mun. de Pézenas. Layète 1, liasse 6, charte 30.

la location de ses « fours banniers » et de « deux maisons » proche l'Oratoire, moyennant une rente annuelle (1).

A la mort de son mari, la princesse Élisabeth de Bourbon prit, par procuration, possession du comté de Pézenas au nom de ses deux enfants, le prince Louis-François et Mademoiselle de Bourbon-Conti. En 1730, elle le visita avec eux, et y fut accueillie, disent les archives, par de grandes réjouissances (2). Le jeune comte de Pézenas était né le 13 août 1717 (3), il avait eu, après son père, le gouvernement du Poitou, et avait épousé, en 1732, Mlle de Chartres, Louise-Diane d'Orléans, fille cadette du régent. L'année suivante, il reçut de Louis XV un régiment de cavalerie et déploya une grande bravoure pendant la guerre de Bavière, entreprise contre l'Autriche, en faveur du roi d'Espagne Charles VII. En 1744, il fut envoyé en Italie; descendant en Piémont par le col de l'Argentière et le val de Stura, il assiégea Coni, et défit le roi de Sardaigne, accouru au secours de la place : pendant l'action, il avait eu deux chevaux tués sous lui, et deux coups de mousquets avaient percé sa cuirasse. L'année suivante, nous le trouvons en Flandre, prenant part à la prise de Mons.

Pendant que ce prince se distinguait à la guerre, sa mère et ses tuteurs signaient une transaction qui faisait sortir de ses mains le lointain domaine auquel le nom de Conti était si étroitement lié.

(1) Arch. mun. de Pézenas. Layète 10, liasse 3, charte 25.

(2) Arch. mun. de Pézenas. — D'après PONCET, la relation de ces fêtes faisait partie d'un manuscrit de M. BERTRAND DE BARRÈS, dont la trace est perdue.

(3) Il avait été baptisé dans la chapelle des Tuileries, par Mgr de Coislin, et avait eu pour parrain Louis XV, et pour marraine la duchesse douairière d'Orléans.

Pendant la séance des États de Languedoc du 1er février 1731, il avait été lu un rapport touchant les modifications à apporter à la ligne d'étapes des troupes, entre Mèze et Béziers, « la journée de marche entre ces deux villes étant jugée trop forte, surtout en hiver, où le passage sur le pont de l'Hérault, à Saint-Thibéry, était quelquefois impraticable, ce qui retardait le service du roi ». Les commissaires (1) développèrent une proposition qui leur avait été faite par les commissaires royaux, d'établir une étape pour l'infanterie seulement, dans les bâtiments de la Grange des Prés. Les syndics généraux furent chargés d'examiner le projet et d'établir les dépenses qu'il devait entraîner.

L'affaire revint aux États l'année suivante : il y fut déclaré « qu'il y avait à la Grange des Prés des bâtiments suffisants pour établir des casernes, même en laissant au fermier de Mgr le prince de Conti les logements nécessaires pour l'exploitation de leurs terres, et que la somme pour les mettre en état devait s'élever à la somme de 1,441 livres; 25,989 livres étaient en outre nécessaires pour les meubler ». Dans la séance du 22 février, les commissaires furent chargés d'examiner ce nouveau projet, de concert avec l'intendant et le marquis de La Fare. Mais la guerre de la succession de Pologne vint interrompre les négociations, les frais qu'elle entraînait empêchant de nouvelles dépenses. L'affaire ne fut reprise qu'en 1737. A ce moment, les agents du prince de Conti offrirent aux États « les bâtiments de la Grange nécessaires aux casernes » pour la somme de

(1) C'étaient le baron de Ganges, le grand vicaire de Viviers, l'envoyé de Florensac, les députés du Puy, d'Alet, d'Alais et de Limoux.

30,000 livres : l'on transigea à 27,500 livres (1). Le prince se réservait la partie du vieux château faisant face à l'ouest et le logement du jardinier; ni les parterres ni le parc n'étaient compris dans la vente (2).

L'acte par lequel la Grange des Prés passait des mains des princes de Conti à la province de Languedoc, fut signé le 27 juin 1738, à Montpellier, dans l'hôtel de Mgr Charles de Bannes Davejan, évêque d'Alais, conseiller du roi, en présence de M. d'Astanières, avocat au parlement, agent général et procureur fondé du prince, et de M. Jacques Bompas, avocat au parlement, intendant de feu la princesse de Conti, trésorier de sa succession et tuteur honoraire de Mademoiselle de Bourbon-Conti. Les États étaient représentés par Mgr l'évêque d'Alais, messire Jacques de Vichot, chevalier, président trésorier général de France en la Généralité de Montpellier, lieutenant de maire perpétuel en cette ville, Alexandre Gigoux, avocat, député de Nîmes, et noble Gaspard de Joubert, syndic général de la Province. Le comte de Lordat, baron des États, absent, ne put se joindre aux autres commissaires. L'acte fut reçu par Me Bellonnet, notaire de Montpellier, nous l'avons retrouvé dans les minutes de Me Poutingon, son successeur (3).

(1) Extrait du *Registre des délibérations prises par les gens des Trois Etats du pays de Languedoc, assemblés par mandement du Roy en la ville de Montpellier, au mois de novembre mil sept cent trente-sept, du mardi vingt-sixième du dit mois de novembre.* — Cette délibération est insérée à la suite de l'acte de vente.

(2) La chapelle et le puits étaient compris dans la vente, mais M. d'Astanières, procureur du prince, s'en réserva l'usage, et en permit plus tard l'accès aux Oratoriens.

(3) Une procuration avait été envoyée de Paris pour la conclusion de cet acte. Elle était signée par le prince Louis-François de

De nombreuses modifications furent apportées par la Province dans les bâtiments qu'elle venait d'acquérir. Des murs furent élevés pour clore les parties réservées aux troupes, on posa des barreaux aux deux cent quarante fenêtres, on dressa de gros piliers pour soutenir les voûtes, on démolit trois cent vingt-quatre toises carrées de cloisons pour obtenir des pièces plus vastes, on multiplia les escaliers, et l'on installa vingt-sept cheminées nouvelles (1). Enfin, l'on fit élever la grande porte monumentale à fronton qui existe encore : sur le linteau fut gravée l'inscription « *Cazernes du roy* » ; les mots « du roy » furent mutilés à coups de marteau pendant la période révolutionnaire, ainsi que les armoiries fleurdelisées sculptées au centre du fronton.

Pendant que le passage des troupes rendait un peu de vie à la Grange abandonnée, les Pères de l'Oratoire proposèrent au prince de Conti d'acquérir le parc et la partie du château qui n'avait pas été comprise dans l'acte de vente au Languedoc.

Le collége de Pézenas, fondé sous Henri IV, et dirigé d'abord par les Pères de la Doctrine chrétienne, et, à partir de 1616, par les Oratoriens, jetait, à cette époque,

Bourbon, par la princesse Louise-Elisabeth de Bourbon, sa mère, et par M. Jacques Bompas, tuteur de Mademoiselle de Bourbon-Conti, et reçue, le 14 décembre 1737, par MM. Roger et Boué, notaires à Paris.

(1) Rapport de M. François de La Blottière, maréchal des camps et armées du roi, directeur des fortifications et ouvrages publics de Languedoc, et de M. Antoine Darles de Chamberlin, chevalier de l'ordre militaire de Saint-Louis, ingénieur en chef du Languedoc, requis par Mgr l'évêque d'Alais pour constater l'état présent des bâtiments de la Grange des Prés (30 mai 1738). — Ce rapport est inséré à la suite de l'acte de vente de la Grange des Prés, Minutes de Me Paul Poutingon, notaire de Montpellier.

le plus brillant éclat. Nous trouvons, dans une intéressante monographie (1), la nomenclature des professeurs qui s'y succédèrent, et parmi lesquels figurent le Père Thomassin, le Père Cabassut, Massillon, Mascaron, François de Plantade, Barrême, l'abbé Raynal. La liste des élèves est riche en noms illustres ; ce n'est pas sans surprise qu'on y lit ceux du maréchal de Belle-Isle, du chevalier de Belle-Isle, son frère, du cardinal de Fleury, du cardinal de Rochechouart. Cette prospérité incita les supérieurs à rechercher pour leurs élèves un but de promenade et un champ de récréation. Leur choix tomba sur la Grange des Prés, les négociations aboutirent, et, le 11 septembre 1741, par acte passé devant Me Fabre, notaire à Pézenas (2), ce dernier lambeau du domaine de nos gouverneurs sortait des mains des Conti. M. de Montullé pour le prince, M. Bompas pour la jeune princesse, cédèrent, à titre d'inféodation, au Père Jérôme de Murard, procureur général de l'Oratoire, domicilié à Paris, rue Saint-Honoré, l'enclos de la Grange et la partie restante du vieux château, moyennant la somme de 2,250 livres, et une albergue annuelle de 150 livres. Dans la cession étaient compris le calice et les ornements de la chapelle, ce qui fait supposer que les Pères furent autorisés à célébrer les offices dans celle-ci, bien qu'elle fût

(1) On y lit, en outre, le nom de Jacques Vanière, de Félix de Juvenel de Carlencas, de l'astronome de Plantade, de Gabriel-François Venel, qui fut doyen de la Faculté de médecine de Montpellier, le Père de Barrès, qui tomba victime de son dévouement pendant la peste de Marseille, le chimiste Henri Reboul, le général Causse, et le lieutenant Cambefort, qui se distingua à la bataille de Lodi et à celle des Pyramides.— Cf. *Le Collège de Pézenas*, par M. Moulinas. Imp. Pioch. Pézenas. 1901.

(2) L'acte original de cette vente fait partie des archives de la Grange des Prés.

déjà vendue au Languedoc. Le prince se réservait les démolitions d'un petit bâtiment en ruines, pour reconstruire la bergerie, et un magnifique bois de pins « situé vis-à-vis le puits à roue, pour être coupé et vendu » (1). Il était aussi stipulé que, dans le cas où les Oratoriens cesseraient d'avoir un établissement à Pézenas, les biens ainsi inféodés rentreraient en la propriété du prince de Conti ou de ses héritiers (2).

Après la vente de la Grange, le prince, qui se reposait de sa belle conduite à la guerre en cultivant les lettres et les arts, eut à soutenir à Pézenas plusieurs procès qui n'entrent pas dans notre cadre (3). Ami de Jean-Jacques, qu'il visitait souvent dans sa retraite de Montmorency, il mourut en 1676, laissant une fille unique en qui devait s'éteindre le nom de Conti.

(1) Les Oratoriens respectèrent heureusement tous les arbres de haute futaie et les platanes qui font encore l'ornement du parc.

(2) Par acte du 10 février 1779, les Pères de l'Oratoire, désirant amortir la rente de 150 livres, s'engagèrent à payer au prince Louis-François de Conti le capital de 4000 livres. (Acte reçu par Aurias, notaire de Pézenas). — L'acte original, revêtu de la signature du prince, fait partie des archives de la Grange des Prés.

(3) On trouve, en 1756, un mémoire du prince Louis-François de Conti au sujet de la demande des droits de lods et vente à percevoir sur la donation faite en 1741 au marquis de Thésan des terres de Conas, de Murles et d'Aumes. (Arch. du château de Léran. Liasse 82, n° 28). — Le 29 juin 1756 : Requête du prince de Conti à la maîtrise des eaux et forêts de Saint-Pons contre les héritiers du marquis de Thésan à l'effet d'enlever un passelis élevé à côté de son moulin. (Arch. du château de Léran. Liasse 82, n° 26 *bis*). — Au 19 septembre 1756 : Consultation donnée par Ricard et Laviguerie au sujet du moulin de Murles. (Arch. du château de Léran. Liasse 82, n° 27). — En 1765 : Projet d'échange entre le prince de Conti et le marquis de Saint-Geniès pour terminer le différend qui les divise au sujet des moulins. (Arch. du château de Léran. Liasse 82, n° 31).

Ce n'est que pour mémoire que nous mentionnons le dernier prince de Conti. Nous savons que, brave comme tous les siens, il se distingua pendant la guerre de sept ans, et que, très attaché au roi, il fut le seul prince du sang qui assista au lit de justice où furent enregistrés les malheureux édits de Maupeou. L'acte qui nous intéresse est la vente qu'il consentit, en 1783, à Louis XVI, de tous ses domaines, y compris le comté de Pézenas, avec réserve de l'usufruit en faveur de Monsieur, frère du roi (1). En vertu de cet acte, le comte de Provence était, en 1791, désigné à la rubrique des compois de Pézenas comme propriétaire « du fief dit de la Grange des Prés », et imposé au rôle de la contribution foncière de cette même année « pour la terre de la Grange des Prés et ses dépendances » (2). Mais en 1793 une loi vint annuler la réserve de l'usufruit en faveur du prince, et décida qu'elle aurait son exécution vis-à-vis de la République.

La nation utilisa aussitôt cette nouvelle acquisition, et, le 18 prairial, an II, le conseil général de la ville de Pézenas décidait de transformer les bâtiments de la Grange des Prés en hôpital militaire (3). Le 4 ventôse de la même année, il était arrêté, par le représentant en mission Boisset :

1° Que le bureau provisoire de santé de Montpellier est autorisé à faire établir, dans le plus court délai, un hôpital militaire dans l'édifice de la Grange des Prés.

2° Que les différents effets déposés dans ce local, tels

(1) En 1747 le prince avait déjà cédé au roi ses terres d'Ivry et de la Garenne. — Arch. de Léran. Liasse 82, n° 26.

(2) Arch. mun. de Pézenas.

(3) *Id.*

que 400 paires de draps, les 400 couvertes, les paillasses et les autres effets qui y ont été trouvés serviront provisoirement au service du susdit hôpital (1).

Le 8 ventôse, Boisset chargeait le citoyen Mouchon, commissaire du comité de santé de Montpellier, de « requérir tous les ouvriers qu'il jugera nécessaire pour mettre le nouvel hôpital ambulant en état de recevoir des malades militaires » (2).

Pendant la tourmente, le prince Louis-François avait émigré dès 1789, mais rentré presqu'aussitôt en France, il avait prêté le serment civique. Bien qu'absolument inoffensif, il n'en fut pas moins arrêté et conduit à Marseille avec les princes d'Orléans, dont il égaya la captivité par ses inquiétudes et ses singularités. Déporté, en fructidor, avec la duchesse d'Orléans, il mourut à Barcelone, en 1814, à l'âge de quatre-vingts ans, au moment de rentrer en France (3).

Nous ignorons jusqu'à quelle date l'hôpital militaire de la Grange des Prés ouvrit ses portes aux malades et aux blessés des armées de la République, mais l'on sait qu'aux dernières années du siècle, le domaine, rendu à la solitude, offrait l'aspect du plus complet abandon. Les bâtiments encore debout étaient absolument négligés, le château tombait en ruines; à certaines places, disent les traditions orales, les murs écroulés n'avaient pas plus de cinq à six mètres de hauteur. Dans les parcs, il ne

(1) Arch. mun. de Pézenas.

(2) *Id.*

(3) Les archives du château de Léran renferment plusieurs reconnaissances consenties au roi et au prince de Conti par les seigneurs de Conas en 1725, et par Messire François de Fleyres de Bozouls, pour les biens qu'il possédait également sur le territoire de Conas en 1728. (Liasse 155, n° 22).

restait nulle trace de ces grottes, de ces fontaines, gracieux monuments qui en faisaient la gloire, le bois de pins, mentionné par Cosnac dans ses *Mémoires*, était tombé sous la hache des bûcherons, des cultures maraîchères humiliaient les parterres.

Pour ce domaine presque inutilisable pour lui, l'État chercha un acquéreur. Par une vente consentie le neuf pluviôse, an XIII, « la Grange de la Bienheureuse Vierge Marie des Prés », successivement transformée, dans le cours de trois siècles, en métairie, pèlerinage vénéré, résidence princière, manufacture, caserne, hôpital, redevint une résidence privée.

Dès lors, elle n'a plus d'histoire; mais la religion des souvenirs devait y survivre aux splendeurs évanouies du « *Versailles du Languedoc* ».

APPENDICES

I

Extraits de l'« Histoire manuscrite de Pézenas » par Pierre Poncet.

(*Se rapporte à la page 35*).

CHATEAU DE LA GRANGE DES PRÉS, LE PARC, ETC.

« Une chapelle, Notre-Dame des Neiges, existait seule avant la construction du château et appartenait à l'évêque de Lodève et à M. de la Marche.

1588. Noble Pierre de Montagut de Pézenas fit ratifier la vente de ce domaine au duc de Montmorency. La Grange des Prés relevait du fief des rois, depuis Philippe IV, dit le Bel.

Le Connétable fit bâtir un beau château, magnifiques appartements, grandes cours, jardin, parterres, grottes, orangeries, palissades de grenadiers, de lauriers, cyprès, pins et arbres rares, qui rendaient ce château très agréable.

Il y avait aussi des viviers, le barralet de marbre, des fontaines, des puits, et une robine où s'arrêtait le poisson amené par les inondations de l'Hérault.

A cette Grange des Prés le duc d'Angoulème épousa une fille du Connétable. L'an 1608, M. le duc de Ventadour l'autre. Après la mort de Henri, à Toulouse, M. le prince de Condé, son beau-frère, en eut le confis. Il fit réparer la chapelle en

1633. Au-dessus du tableau de l'autel est une niche de la Sainte Vierge, avec cette inscription :

CAUSA NOSTRÆ LÆTITIÆ.

La fête solennelle a lieu le 5 août. Ce jour-là le Saint-Sacrement y est exposé.

Du temps du Connétable et du prince de Conti, toute la ville y allait; l'usage s'en est perdu.

1661-1663. — Deux princes de Conti sont nés à ce château. Armand de Bourbon y mourut le 22 février 1666.

Il augmenta d'un tiers les bâtiments. Sur la porte d'entrée du château et sur celle du jardin on voit les armoiries du Connétable; dans la seconde cour, celles de Conti. La chapelle est située dans la troisième cour, où les armoiries des Condé sont peintes sur un cadran solaire. Pour y établir une manufacture royale on bouleversa tout. Il ne reste que des vestiges de la splendeur passée. Les Oratoriens vont y passer le jeudi pour se délasser de leurs pénibles études.

L'an 15... M. le Connétable acheta plusieurs terres à des gens de Caux ; il les fit clore de hautes murailles, et remplit ce parc de toute sorte de gibier et de bêtes fauves. Au milieu, il fit construire un petit château et planta partout du bois taillis : ce fut son rendez-vous de chasse. Le chemin de Pézenas à Caux traverse ce parc, de même que Rieutor; il y a deux arceaux pour lui livrer passage et deux portes. Le circuit a plus d'une lieue de pays et est orné de tours... »

II

Lettre
du duc de Ventadour à Henri I de Montmorency.

(Se rapporte à la page 50).

« Monsieur,

Oultre que j'ay sceu vostre intention avoir tousiours esté de continuer en l'arrantement de vostre Grange des Pretz le

Sr Ricon, marchant de cette ville, j'ay bien voulu vous rendre ce tesmoignage qu'il s'en acquitte sy dignement, soit à l'entretenement des bastimens qu'à la culture des terres, qu'à la vérité vous ne sçauriez faire une meilleure eslection, et croy que si quelque autre l'avoit qu'il y paroistroit du maulvais mesnaige. Néantmoings, parceque j'ay esté adverty que le sire Grauton est en quelque volonté d'en tirer ledit Ricon contre vostre volonté, j'ay bien voulu vous en dire ce que dessus, et qu'il me semble que pour le bien de ladite grange vous le y debvés maintenir, à condition toutesfois qu'il baillera bonnes et suffisantes cautions de payer, aux termes accoustumés, le prix dudit arrentement comme il a offert faire; je vous en supplye très humblement, et de faire entendre, s'il vous plaist, audit Grauton que c'est vostre intention. Sur ce, n'estant cesteuy à autre fin, je supplieray le Créateur qu'il vous doint.

Monsieur,
En parfaite santé très longue et très heureuse vye.
De Pesenas, ce dernier may 1597.
[Autog.] Votre très humble et très obéissant fils et serviteur,
Ventadour. »

(Bibl. Nationale. Ms français 6641, f° 62).

Fin d'une lettre du duc de Ventadour à Henri I de Montmorency

(Se rapporte à la page 50).

« ... Au surplus, Monsieur, je suis de retour icy despuis deux jours, et hier je feuz visiter vostre belle grange et jardin, que je trouvay en bon estat. Grauton a desjà faict faire la tour et poser la roue pour mener l'eau de la rivière d'Hérault dans vostredit jardin, et diligente tant qu'il peult à bastir la muraille dans laquelle les borneaux seront enchassez; sy vous voulliez despendre mil escus de plus, il m'a dit qu'il bastiroit des arcaddes depuis ladite rivière jusques audit jardin, et, par ce moyen, l'eau se porteroit plus facillement partout où vous désireriez, et l'œuvre en seroit plus belle et beaucoup plus durable et asseurée. Vous y penserez s'il vous plaist, pour en donner vostre commendement... »

(19 7bre 1611).

(Bibl. Nationale. Ms. français 6641, f° 169).

III

Au sujet du séjour de Richelieu à la Grange des Prés, en juillet 1629.

(Se rapporte à la page 81).

EXTRAIT DES MÉMOIRES DE BASSOMPIERRE.

« Le mercredi 25 (Richelieu étant à Montpellier), on apporta le refus que les États avaient fait de vérifier l'édit des Élus. M. le Cardinal envoya rompre les États, et leur fit défendre de se plus assembler à l'avenir.

Le jeudi 26, la place de devant la maison de ville fut résolue. M. le Cardinal partit, et alla coucher à Frontignan. Je demeurai pour dire adieu à l'évêque et à mes amis.

Le vendredi 27, je vins dîner à Loupian et coucher à la Grange des Prés, chez M. de Montmorency, qui nous fit de grands festins. M. le Cardinal tomba malade.

Le samedi 28, les députés de Montauban arrivèrent, qui firent refus d'accepter la paix, sinon en conservant leurs fortifications. On les renvoya, et Guron avec eux pour les conduire ; et, en même temps, M. le Cardinal étant malade, dit que c'était à moi à faire obéir ceux de Montauban ou les assiéger.

Je partis le dimanche, passai à Pézenas, dis adieu à Messieurs de Montmorency et sa femme, Marillac, Schomberg et d'Effiat, et vins coucher à Béziers, ayant fait avancer l'armée. »

EXTRAIT DES MÉMOIRES DE RICHELIEU.

« Cependant le cardinal alla à Montpellier, où il ne fut pas plus tôt arrivé qu'il estima devoir profiter du temps et de l'occasion. Il y avoit longtemps que le roi désiroit établir les Élus dans cette province, pour empêcher les désordres qui provenoient de la licence que les États et chaque diocèse prenoient d'imposer tous les ans tout ce que bon leur sembloit sur le pays. Ce désordre étoit venu jusques à ce point que cette province, qui étoit en apparence exempte de tailles, avoit payé depuis quatre ans trois et quatre millions de livres chaque année. L'autorité du roi y étoit peu connue, les levées se faisoient au nom des États, le nom de gouverneur de la Province y avoit quasi plus de poids que celui de Sa Majesté; il obligeoit et désobligeoit par cette compagnie tous ceux du Languedoc qui vivoient bien ou mal avec lui. Le feu roi, connoissant ces inconvénients, avoit désiré cet établissement, et ne l'avoit osé entreprendre ; M. le prince avoit promis au roi l'année de devant d'en faire vérifier l'édit, moyennant cent mille livres, dont Sa Majesté, en cette considération, lui faisoit don sur les deniers qui proviendroient de cet établissement; mais quand ce fut au fait et au prendre, il prévit tant d'oppositions, qu'il se déporta de son entreprise ; ensuite de quoi les États lui donnèrent vingt mille écus. Il falloit faire vérifier l'édit à la Chambre des comptes et à la Cour des aides tout ensemble. Étant séparées comme elles étoient, deux vérifications étoient requises; on les pouvoit obtenir avec conduite, mais avec moins de facilité que si ces deux corps n'eussent été qu'un ; la chambre des comptes étoit presque toute huguenote elle désiroit passionnément l'union de la Cour des aides pour être délivrée de l'appréhension qu'elle avoit tous les jours qu'on réunît cette compagnie au Parlement, qui la demandoit. On estima pour cette raison qu'il étoit bon de prendre le temps d'unir ces deux corps, vu que, par ce moyen, ils s'obligeroient tous deux ensemble à la vérification de l'édit desiré, et que les huguenots, qui étoient auparavant en beaucoup plus grand nombre en la Chambre des comptes, n'y feroient plus que la quatrième partie tout au plus, tant à cause des catholiques de la Cour des aides que de quelques officiers qu'on créeroit de nouveau en cette compagnie, et pour en avoir de l'argent au denier trente, qui étoit un bon ménage au temps où l'on étoit, et pour rendre en effet les catholiques les plus forts. Ce conseil ne fut pas plus tôt pris qu'exécuté, et l'édit des élus vérifié le lendemain, au grand déplaisir de beaucoup de gens qui faisoient semblant d'en être contens. Les États qui étoient sur pieds à Pézenas furent étonnés de cette prompte exécution, témoignant cependant vouloir avoir leur part à l'honneur de servir le roi Le cardinal s'y avança et y arriva avec une fièvre qui l'y retint huit jours. La plupart promirent d'agréer cette vérification en pleins États et en donner acte; cependant deux jours après, étant assemblés à cette fin, il se trouva que le plus grand nombre fut d'opinion contraire, et que beaucoup de ceux qui avoient donné les meilleures paroles avoient rendu de mauvais effets. Le lendemain, le cardinal leur envoya un commandement de la part du roi de se séparer, avec défense de se rassembler jamais, soit en corps d'États, soit en assemblée particulière de diocèses, s'ils n'en avoient une expresse permission du roi..... Jamais gens ne furent plus étonnés quand ils entendirent la signification qui leur fut faite du contenu ci-dessus. Ils eussent bien voulu avoir permission de demeurer assemblés, pour réparer leur faute et donner le contentement qu'on désiroit, mais il n'étoit plus temps. M. le prince, qui avoit pris la peine de venir le voir de Rabasteins, où il étoit avec l'armée avec laquelle il avoit fait le dégât de Montauban, dit des merveilles de cette action qu'il témoignoit hautement estimer autant pour le roi que le secours qu'il avoit donné à Casal. Il demeura deux jours à Pézenas, et lui fit l'honneur de lui confirmer ce qu'il avoit déjà mandé au roi lorsqu'il étoit à Uzès par le comte de Charlus, qu'il lui céderoit à l'armée, et lui feroit l'honneur de prendre l'ordre de lui. Il passa plus outre, non seulement de paroles, mais en effet, ayant voulu le remettre en possession, à ce voyage, de la préséance que les cardinaux avoient toujours eue sur les princes du sang, fors depuis cinquante ans, que, pour abaisser le cardinal de Lorraine, on avoit fait passer les princes du sang devant lui. Le cardinal penseroit être coupable du crime d'ingratitude s'il omettoit à dire en passant, sur le sujet de sa maladie, le sentiment et le déplaisir que Sa Majesté en témoigna, beaucoup plus grand qu'il ne méritoit, et tel qu'en lui faisant l'honneur de lui écrire qu'il n'auroit point de patience qu'il ne sut sa guérison, l'excès de sa bonté le porta à lui mander que s'il pensoit que sa présence la pùt produire, il prendroit la poste à l'heure même pour lui rendre la santé.

Pendant sa fièvre, ceux de Montauban envoyèrent au cardinal six députés, pour lui témoigner qu'ils vouloient rentrer dans leur devoir, et demander tout ensemble quelques conditions particulières touchant leurs fortifications, plus favorables que celles que le roi avoit accordées à tous ses sujets de la religion prétendue réformée du Languedoc. Il leur fit connoître en un mot qu'ils ne devoient point avoir cette espérance, et, qu'étant les derniers qui se remettoient en l'obéissance de Sa Majesté, s'il y avoit quelque changement en la grâce qu'avoient reçue leurs confrères, ce seroit en la diminuant, la raison ne permettant pas que ceux qui avoient le plus longtemps persévéré en leur faute reçussent plus de faveurs ; au reste, que comme ce n'étoit pas le service du roi qu'ils conservassent aucune partie de leurs fortifications. En effet ce n'étoit pas le leur même, vu que tant qu'on connaîtroit qu'ils voudroient avoir autre assurance que celle de la bienveillance du roi, on seroit en soupçon d'eux et obligé d'envoyer des gens de guerre en leur voisinage, qui les observeroient de si près qu'il seroit impossible qu'ils n'en reçussent beaucoup d'incommodités ; au lieu que se confiant absolument en la bonté du roi, Sa Majesté seroit obligée, par toutes sortes de raisons, de les traiter comme tous ses autres sujets. Trois jours après qu'ils furent retournés, il partit de Pézenas pour s'en aller à Alby, où il arriva le 9 août. »

IV

Trois lettres du prince Henri II de Condé.

(Archives de Chantilly).

LE PRINCE DE CONDÉ A MONSIEUR DES NOYERS.

(*Se rapporte à la page 114*).

Pézenas, 23 août 1639.

« Je vous supplie d'advertir M. le Cardinal sérieusement et secrètement que Mr de St Aunez se conduit très mal.

En premier lieu, son régiment n'a personnes que des milices que Mr de Halluin luy a données, et néantmoins celuy de Languedoc et celluy la ont cousté par an à la Province plus de quatre cens mille livres.

Il est si glorieux qu'il na en nulle occasion voulu venir à l'armée, disant ne vouloir obéir aux mareschaux de camp et qu'il debvroit l'estre.

Il a un perpétuel commerce avec les ennemis, avec lesquels il a gaigné force argent.

Il tient mesme en publicq de très mauvais discours.

Il a une rage desmesurée de la prise de Salces.

Il n'est nullement serviteur de Mr le Cardinal.

Il fait des menaces pour sa place comme s'il faisoit dangereux de les fascher.

Il me donne de perpétuelles mesfiances par le moien, les ordinaires et secrètes intelligences qu'il a publicquement avec les ennemys, bref c'est le plus dangereux et glorieux jeune homme que je cognoisse en France, hardy et capable de tout; il m'a à moymesme, parlant de Casal, dict de très pernicieux conseils qu'il donnoit à feu Mr le maréchal de Toiras. Je ne vous en escris point par hayne, car il me recherche assés, et est ennemy à cette heure de M. le maréchal de Schomberg et sont divisés despuis peu pour partages de butins à Canet. Mais je ne me soucis que du service du Roy. Il fault dissimuler et y pourvoir. Je vous supplie monstrer celle cy tout du long à

M. le Cardinal, mesmes au Roy si M. le Cardinal le juge à propos.

Je vous prie de me croire.

De Pézenas, ce XXIIIe aoust 1639. »

LE PRINCE DE CONDÉ A MONSIEUR DE CHAVIGNY.

(*Se rapporte à la page 115*).

Pézenas, 23 août 1639.

« Monsieur. Je ne vous sçaurois assés remercier de l'honneur que vous me faites de vouloir prendre la peine de donner vos avis à mon fils, pour sa conduite durant le séjour du Roy en Bourgogne. C'est une des grandes obligations que je vous puisse avoir que vous adjoustés à mille autres que je vous ay desjà ; aussi devés vous estre assuré qu'avec une absolue franchise vous me connoistrés, et pour touste ma vie,

Monsieur,

Vostre très affectionné à vous servir.

Henry de Bourbon. »

LE PRINCE DE CONDÉ A MONSIEUR DE CHAVIGNY.

(*Se rapporte à la page 117*).

Pézenas, 18 juin 1640.

« Monsieur,

Je ne pouvois pas recevoir de plus agréable nouvelle que celle qu'il vous a pleu m'escrire, que le Roy et M[r] le Cardinal, estoient contens de la conduite de mon fils à l'armée. Dieu luy face la grace de continuer et d'agréer à M[r] le Cardinal, qui est le plus grand contentement que je sçaurois avoir ; vos bontés continuelles envers moy et envers luy m'obligent à une éternelle reconnoissance, et vous connoistrés que je ne suis point ingrat et que je ne passionne rien tant qu'estre creu de vous,

Monsieur,

Vostre très affectionné à vous servir.

Henry de Bourbon. »

V

La Fronde de Bordeaux.

POUVOIR DONNÉ PAR LE PRINCE DE CONDÉ AU PRINCE DE CONTI.

(Archives de Chantilly).

(*Se rapporte à la page 136*).

Bordeaux, 11 novembre 1651.

« Nous avons prié Mr le Pce de Conty notre frère de prendre soin en notre absence de nos plus importantes affaires. Pour cet effet, nous lui donnons par ces présentes plain pouvoir de nous représenter en tous lieux, d'agir, donner parole, emprunter, et nous obliger pour telle somme qu'il advisera, traiter de tous affaires avec toutes personnes généralement quelconques, promettant d'avoir pour agréable tout ce qu'il fera et accordera en suite des présentes, et de l'entretenir, garder, et observer avec la même fidélité et sincérité comme si par nous mesme il avait esté conclu et arresté.

Fait à Bordeaux, le 11 novembre 1651.

Louis de Bourbon. »

LE PRINCE DE CONTI AU PRINCE DE CONDÉ.

(Archives de Chantilly).

(*Se rapporte à la page 136*).

Bordeaux, 13 juin 1652.

« M. Lenet vous rendra compte du destail de toutes choses. Je me contenteray de vous dire que les choses vont fort bien. Nous avons esté ce matin à l'hostel de ville, où des séditieux ont voulu faire prendre les armes au peuple, mais enfin cela s'est terminé par une nouvelle union qu'on a jurée à tous vos intérêts et au Parlement, et par un arresté que les contables rendroient conte de leur administration ; j'espère qu'au premier jour je vous manderay que le calme est entièrement restabli dans la ville, et il ne reste plus qu'à faire justice de quelques gens qui en ont tué de ceux de l'armée; après quoy la tranquilitée sera parfaite. Je suis absolument à vous.

Armand de Bourbon. »

LE PRINCE DE CONTI AU PRINCE DE CONDÉ.

(Archives de Chantilly).

(*Se rapporte à la page 137*).

Bordeaux, 1er juillet 1652.

« J'ay veu, en arrivant icy de l'armée, une lettre que vous avez escrite à ma sœur, qui est pour elle et pour moy, et vous ne devez pas douter que ce n'ait esté avec beaucoup de joie que j'y ay veu les sentiments d'amitié que vous nous tesmoignez; je vous conjure de croire qu'il n'y en a point de plus véritables que ceux que j'ay pour vous et qu'il n'y a rien qui me puisse donner plus de satisfaction que de vous en voir persuadé. Vous voulez bien que je vous rende grâces de l'achévement de l'affaire de Provence, et que je vous supplie, si la paix se conclue, de demander pour moy la nomination au cardinalat. Je ne vous mande rien des désordres nouveaux de cette ville, parce que j'estois à l'armée quand ils ont recommencé, et que Mr Lesnet n'aura pas manqué de vous en informer. Vous croyez bien que je n'oublieray rien pour les appaiser. »

LE PRINCE DE CONTI AU PRINCE DE CONDÉ.

(Archives de Chantilly).

(*Se rapporte à la page 137*).

Bordeaux, 11 juillet 1652.

« C'est avec une extrême joie que j'ay appris le combat du faubourg St Antoine, et que vous vous portez bien après une affaire aussy gaillarde que celle-là. Je vous supplie très humblement, mon cher frère, d'estre persuadé que je ne puis estre plus sensiblement touché que des choses qui vous regardent et que je ne souhaite rien tant au monde que de pouvoir mériter la continuation de vostre amitié, et que vous croyez que la mienne ne peut jamais diminuer.

Armand de Bourbon.

Vous apprendrez par les lettres de Mr Lenet l'estat des affaires de ce païs et l'espérance que nous avons d'avoir un secours d'Espagne d'hommes et d'argent. »

LE PRINCE DE CONTI ET LA DUCHESSE DE LONGUEVILLE AU PRINCE DE CONDÉ.

(Archives de Chantilly).

(*Se rapporte à la page 141*).

Bordeaux, 15 mai 1653.

« Comme vous n'avez esté informé de l'estat de choses jusques à cette heure que par des gens qui n'ont garde de s'attribuer le désordre qui y est, et que vos volontés ne nous estant cognues que par leur ministère ne sont venues ordinairement jusques à nous que très falsifiées, vous trouverez bon que nous vous instruisions à l'avenir plus régulièrement que nous n'avons fait de tout ce qui se passe, afin que vous sachiez les choses au vray et que, nous aprenant vos intentions par vous mesme, nous puissions régler notre conduite là dessus. La ville est toujours dans un fort bon estat, et la bonne disposition de la plus grande partie des bourgeois intimide si fort ceux qui ne sont pas dans les mesmes sentiments, qu'ils paraissent tous uniformes et dans le dessein d'estre dans vos intérêts jusques au bout; il y a bien toujours quelque petite division que la jalousie qu'on a contre ceux qui vous servent le mieux ici a fait naître, et que la politique un peu trop grossière de Mr Lenet a fomentée jusques à cette heure ; et quoique cette cabale soit très aisée à dissiper, elle peut estre pourtant très préjudiciable, parce qu'elle s'oppose généralement à tout ce qui peut avancer le service et qu'elle choque directement les seules personnes que nous avons intérêt d'autoriser ; l'envie démesurée que Mr Lenet a toujours eu d'agir avec indépendance lui a fait soutenir ces gens là, jusques à cette heure, et le désespoir qu'il a eu d'estre contraint à rabaisser l'esclat et la majesté de son ministère, jusques à suivre les ordres de ma sœur et les miens, l'a obligé à faire publier dans la ville par cette sorte de canaille dont je viens de vous parler que vos intérêts et les nôtres estoient fort différents, et qu'ainsi il ne falloit pas faire les choses que nous ordonnions, mais qu'il s'en falloit raporter à lui ; nous vous advouons franchement que vostre seul respect nous a obligés de souffrir une insolence de cette nature, et tout ce qui va à vous nous est si sensible que nous ne sommes pas capables de garder aucune mesure quand de ces sortes de gens, par leurs intérêts particuliers, s'ingèrent d'attaquer l'attachement que nous avons aux vostres. Nous vous supplions très humblement d'y mettre ordre et d'ordonner que ceux que nous donnerons soient suivis, parce que Mr Lenet a assez peu d'affection pour ce qui nous regarde pour traverser toutes nos résolutions afin que l'inexécution des choses et le désordre des affaires nous oblige de recourir à luy comme au seul restaurateur de la république. Ce n'est pas qu'il fonde les remédes qu'il y veut apporter sur l'amitié des peuples, car en vérité il est icy en exécration ; et nous avons autant de peine à le soutenir qu'à quelque autre chose que nous fassions de toutes celles qui peuvent nous donner de la peine.

Nous attendons l'armée d'Espagne avec impatience; nous avons mandé à Mr de Vatteville de venir attendré les escadres de Cadix et de Dunkerque à La Palice, et je puis dire que sans la querelle que Mr Lenet fit mal à propos et sans le concours de personne les ennemis ne seroient jamais entrés en rivière, puisque on pouvait aussi bien radouber les vaisseaux de l'armée navale à Bourg qu'à St Sébastien, et que Mr de Vatteville ne se résolut d'emmener l'armée en Espagne que sur le besoin qu'il crut avoir de s'aller justifier à Madrid; et ne voulant pas tesmoigner au public qu'il estoit mal à la Cour, et qu'il ne s'en alloit que pour cela, il prit le prétexte d'aller faire remettre l'armée navale en bon estat. Nous vous supplions très humblement d'envoyer des ordres si précis à tous ceux qui sont icy sous nous, de faire toutes les choses que nous leur ordonnerons et de ne les pas traverser par des caballes continuelles, que nous n'ayons plus sujet de nous en plaindre et qu'il ne paroisse pas aux esprits faibles, par la conduite que ces gens-là tiennent avec nous, que vous n'avez pas autant de confiance en la nostre, que vous en devez avoir, puisque nous sommes plus à vous qu'à personne du monde.

Anne de Bourbon. — Armand de Bourbon.

Je vous supplie de nous mander aussi si vous avez affecté les cavaliers que vous nous envoyez à des régiments et à des colonels particuliers, ou si nous les donnerons à qui nous jugerons à propos. »

LE PRINCE DE CONTI AU PRINCE DE CONDÉ.

(Archives de Chantilly).

(*Se rapporte à la page 141*).

Bordeaux, 30 juillet 1653.

« Quoiqu'il se soit passé beaucoup de choses qui m'eussent pu faire douter que vous eussiez pour moy toute la considération que vous m'aviez promise, Mr d'Hauterive et tous ceux qui vous verront vous témoigneront pourtant que ce n'est que la pure nécessité qui me fait consentir, conjointement avec Me la princesse ma sœur, Mr de Marchin et Mr Lenet, à la paix de Bordeaux ; nous avons soutenu l'affaire depuis vostre despart de la Guienne dans des séditions continuelles, dans de perpétuelles conjurations et avec un peuple qui n'a esté pour nous qu'autant que nous avons fait tout ce qu'il a voulu ; enfin, la haine que les violences que j'ay été obligé de faire nous ont acquise la trahison des Espagnols, la famine au dedans et le ravage des campagnes au dehors, et par là l'envie démesurée que toute la ville a eue de la paix, jointe aux caballes particulières de Mr de Candalle et de Mr de Vendosme, nous oblige de la faire. Vous croirez aisément que ce qui a esté fait en cette occasion a esté de concert avec tout ce qui est icy de notre parti, et ceux mesmes qui ont le moins esté mes amis en seront les tesmoins. Je pense qu'ayant ainsi esté jusques au bout de cette affaire et vous estant d'ailleurs très inutile en Espagne ou en Flandre, vous trouverez bon que j'aille vivre en repos dans une de mes maisons, vous protestant que j'auray toute ma vie pour vous toute l'amitié, toute la tendresse et tous les sentiments que je dois.

Armand de Bourbon. »

VI

Extraits des Mémoires de Madame de Mondonville.

M. DE CIRON AU PRINCE DE CONTI.

(*Se rapporte à la page 211*).

« Pendant ce temps-là, M. de Ciron reçut une lettre d'un évêque de ses amis, qui lui marquait que Son Altesse Sérénissime de Conti voulant se donner à Dieu, et ayant consulté des personnes capables de lui donner conseil, on lui avait conseillé de le prendre pour son directeur. Cette lettre lui fut rendue par un gentilhomme de la part de M. le prince de Conti. Je ne me souviens pas de ce qu'il dit à ce gentilhomme; mais je sçais qu'il fut se prosterner à terre et se prit à pleurer ; ce qui m'a esté dit par un prêtre qui l'estant venu voir l'avait trouvé en cette posture, et qu'il luy avait dit : Qu'est ce que cecy ! Est ce que vous este fou ? Car estant son ami il luy parlait avec cette liberté. M. de Ciron luy répondit : mes amis me veulent perdre en me contraignant d'accepter la conduite de M. le prince de Conti, moy qui ne suis propre qu'à conduire les pauvres. Et j'ay sceu par M. l'évêque de Chalons, de la Maison de la Housseye, qui me fit l'honneur de me l'écrire après la mort de M. de Ciron, que cet abbé, c'est ainsi qu'on l'appelait, ne fit que pleurer, jusqu'à ce qu'il eût oüy la confession générale de ce prince, qu'il luy vint faire dans sa chambre. Mais M. de Ciron ne s'engagea pas à la conduite de ce grand prince, qu'après luy avoir fait accepter plusieurs conditions, dont je n'en dirai quelqu'une.

La première fut qu'il se déclarerait vouloir embrasser la piété, parce qu'il avait fait quelques pas auparavant et avait reculé. La seconde, qu'il retrancherait les dépenses inutiles de sa maison et restituerait les dommages que certaines troupes avaient faits. Qu'il remettrait entre les mains du roy les cinquante mille écus des pensions qu'il avait sur des abbayes, et luy protesta que s'il pensait à luy faire donner quelque autre bénéfice que le sien, il quitterait sa conduite. Il ne voulut pas même remettre les brevets à M. le cardinal, crainte que cela luy attirât quelque gratification qu'il avait refusée de recevoir, et il voulait éviter l'honneur. Il régla la conduite de ce prince d'une manière admirable, en sorte que cela influa sur toute sa maison. M. de Ciron allait tous les soirs chez ce prince et n'y soupait pas, mais mangeait un peu de fruit dans sa chambre et y revenait coucher. »

LA CONVERSION DE LA PRINCESSE DE CONTI.

(*Se rapporte à la page 216*).

« Je reçus une lettre de M. de Ciron qui m'ordonnait de beaucoup prier pour Madame la princesse de Conti, et de luy écrire ce que je pensais de cette princesse, qu'il me dépeignit dans un état de tiédeur pour tout ce qui regardait Dieu ; quoique d'ailleurs elle eût des qualitez qui la rendaient très digne du rang où elle estait élevée, mais elle m'a eu dit elle-même qu'estant sur une machine à un bal ou autre divertissement de la cour vêtue en ange, et cette machine estant fort élevée, et pensant que si elle venait à tomber elle serait brisée, elle faisait cette réflexion qu'elle verrait alors, si ce qu'on enseignait de la religion estait vrai. Cette princesse s'entretenait de cela avec Madame de Gamaches, qui avait esté placée en même temps sur une autre machine, qui raconta aussi ce qu'elle pensait qui estait plus pieux.

Je priay beaucoup pour obéir à M. de Ciron, et, après m'estre donnée à Dieu.... j'écrivis avec une entière simplicité à M. de Ciron, et luy dis entre autres choses que j'avais une entière certitude que cette princesse serait parfaitement à Dieu. Je ne sceus pas alors l'effet de ma lettre.... mais dix ans après, étant à Paris, en 1661, Madame la princesse de Conti me le dit elle-même à peu près en ces termes, et ajouta : Si je suis sauvée et si Dieu me fait miséricorde, c'est à vous que je devrai cette grâce. « Ces paroles me surprirent, et luy ayant demandé ce qu'elle voulait dire, elle me répondit: « M. de Ciron vous ayant écrit de prier Dieu sur mon estat, qui était une disposition de tristesse, parceque voyant les obligations des chrétiens au dessus de mes forces, je m'estée figurée qu'il me serait impossible de les remplir et que je serais damnée, et en demeurais là, faisant mon compte là dessus, et ayant même du chagrin de ce que Monsieur mon mari se mettait dans la dévotion. Estant, continua-t-elle, dans cette disposition, M. de Ciron reçut votre lettre et dit à M. le prince de Conti ce que vous lui aviez écrit sur mon sujet. Ayant sceu cette réponse, il vint me voir et me dit, en s'approchant de moy, que Madame de Mondonville avait écrit à M. de Ciron après avoir beaucoup prié sur vostre estat que vous seriez toute à Dieu. Dès qu'il m'eut dit cela, ajouta cette princesse, je fis réflexion : « Puisque cela est ainsi, il faut travailler à me donner à Dieu tout de bon, et je sentis en moi la même assurance que cela serait, comme l'on en reçoit lorsque un courrier arrive, qui vous porte de bonnes nouvelles et bien certaines ».

VII

Fragments des « Escrits de la princesse de Conti ».

(Archives de la Grange des Prés).

ESCRITS DE MADAME LA PRINCESSE DE CONTY.

(*Se rapporte à la page 235*).

Les dispositions que je dois demander à Dieu et dans lesquelles je dois avec la grâce m'affermir pendant le tems de ma solitude, sont: Premierement de ne désirer rien, de n'avoir nulle volonté de vivre dans une dépendance unique de l'ordre de Dieu me liant incessament à tous les ordres de la Providence, de gemir incessament aux pieds de mon libérateur d'être comme une mendiante qui manque de tout, mais comme une enfant remplie de confiance et demeurant en paix au milieu de toutes mes misères atendant avec patience quand il plaira à monseigneur de m'en délivrer regardant comme le plus grand des pièges et des maux de manquer de confiance et de ne vouloir pas retourner à Dieu quand je fais des fautes me décourageant et croyant que je ne feray jamais rien et que c'est toujours à recommencer, je dois regarder la paix comme mon unique azille et croire que je ne retourne à Dieu que après l'avoir trouvée, et c'est pourquoy ce doit être le but auquel je dois toujours tendre, et pour trouver cette paix je n'en voy point d'autre moyën de renoncer à mon jugement de n'avoir point de tête et d'obéir en enfant à celuy qui me conduit, me regardant comme une créature à qui il n'est pas permis de donner son avis sur rien que quand on le veut, ny de juger de rien.

Résolutions de ce que je promets à Dieu de faire pour tascher de m'acquitter de mes devoirs envers sa divine Majesté.

Premièrement. D'être exacte et fidelle dans toutes sortes de temps et en quelque lieu que ce soit, à faire tous mes petits exercisses spirituels.

Secondement. De recourir plus souvent à la prière que je me sentiray plus portée qu'à l'ordinaire au chagrin, à la tristesse et à l'esloignement de Dieu.

Troisièmement. Que je ne feray plus aucun cas ny ne m'arêteray à considérer ny à parler de tous les differens mouvemens que mon Esprit naturel me donne et ne laisseray pas d'agir avec l'aide de Dieu en toutes les actions de la journée par la raison éclairée par la foy, et jamais plus par les sentiments de ma nature.

Envers mes enfans :

Je continueray tous les jours de ma vie à prier Dieu pour eux, et offrir une communion toutes les sémènes afin qu'il les comble des grâces qui leur seront nécessaires pour se conserver dans leur innocence baptismale, et qu'il les ôte plutôt de ce monde que de permettre qu'ils en sortent jamais ;

Secondement. Je demanderay aussy à Dieu et auray soin de la faire demander par les bonnes âmes de ma connaissance, qu'il leur donne ce qui leur sera le plus propre pour les élever en sa crainte et en son amour ;

Troisièmement. Je ne me laisseray jamais s'il plaît à Dieu de les examiner moy même et de leur apprendre ce que je sçauray de mieux pour l'instruction de leurs âmes me regardant comme celle que Dieu m'en a particulièrement chargée, et sachant que je seray exactement examinée sur cette obligation au jour de mon jugement ;

Envers mes domestiques :

Premierement. Je feray assembler toutes les sémaines les esclésiastiques qui sont avec moi et quelques autres des laïques de piété pour examiner ce qui se passe dans ma maison touchant les meurs pour y apporter les remèdes convenables.

Secondement. J'auray toujours l'intention de me défaire de tous ceux qui ne se corrigeront point de leurs défauts notables, ou qui ne feront résolution d'entrer dans une vie plus chrestienne que celle du commun du monde.

Troisièmement. Je n'accorderay ni ne refuseray plus à aucuns de mes gens choses qu'ils me demanderont par humeur, mais je me donneray un peu de temps pour y penser afin de ne rien faire sur cela que par raison.

A l'égard de mes terres :

Premièrement. J'établiray le meilleur ordre que je pouray dans chacune de mes terres et dans celles de mes enfants, afin que tout le monde y vive en paix, qu'on y rende bonne justice, qu'on y punisse les crimes, qu'on empesche les scandales et que les lois de Dieu et de l'Esglise y soient observées.

Secondement. Pour l'exécution de ces choses j'en feray dresser une lettre circulaire pour envoyer partout aux officiers et aux curés des lieux lesquels je chargeray de rendre compte tous les mois à mon secretaire de l'exécution ou inexécution des susdites choses, et outre cela j'en donneray la commission à quelque homme de bien s'il y en a de propre à cela, pour en être encore mieux avertie en secret.

Je liray toutes les sémaines cet écrit pour voir sy je suis fidèle à son exécution.

MES FAUTES

N'apporter pas le respect que je dois dans mes prières, délaisser facilement mes prières pour de légères incommodités ou choses semblables. Dès que je tombe dans quelques fautes, je m'éloigne de Dieu et en fais beaucoup d'autres ne retournant pas à Notre Seigneur avec assez de confiance.

Par faiblesse et crainte de fascher, de ne pas avertir mes domestiques de ce qui leur est nécessaire pour leur salut.

De me trop dissiper dans les conversations avec les personnes qui me plaisent.

De n'avoir pas assé d'attention sur mon prochain ne regardant pas Jésus Christ en luy.

De ne pas veiller sur la garde de mes sens ;

De me plaindre facilement de mes petites incommodités, cela vient du peu d'amour que j'ai pour la Croix, et de n'être pas assez persuadée du besoin que j'ay de faire pénitence, et combien devrois trouver petites celles que Dieu m'envoye ;

De ne pas obéir en enfant, me voulant élever comme une grande personne ;

De répondre quelquefois rudement quand on me dit des choses qui ne plaisent pas ;

D'aymer trop à parler de moy ;

De témoigner de la peine à faire les choses qui me sont ordonnées par la Providence par l'amour-propre ;

De comter encore pour quelque chose dans mon esprit les choses du monde, ce qui fait que j'en parle au lieu de les oublier.

MOTIFS DE MA RETRAITE

Quand je suis allée en retraite j'y ay esté ce me semble dans le désir de demander à Dieu un cœur nouveau et de ne pas chercher les consolations dans la solitude, mais de désirer seulement tout ce qui me rendra plus agréable à Dieu et qu'il accomplisse en moy sa sainte Volonté ; il me semble que j'en reviens fortifiée et affermie dans le désir d'être uniquement à Notre Seigneur, plus persuadée qu'il ne faut tenir qu'à Dieu seul et ne rien aymer au monde que de faire sa volonté en toutes choses et d'être petite et obéissante jusqu'à la mort et dans le désir de penser avec un grand attachement à m'acquitter de mes obligations ; il me semble que j'aime un peu plus les souffrances que je ne faisais, je désire par la grâce de Dieu que je luy demande de tout mon cœur par les merittes de Jésus Christ, qui n'a pas fait sa volonté mais celle de son Père, d'être non seulement soumise à sa sainte Volonté, qui me paroistra tant par les choses qu'il nous a commandées et enseignées que par celles qui arriveront par sa sainte Providence, puisqu'il ne tombe pas un cheveu de notre teste sans son ordre, ou par celles qui me seront ordonnées, mais de vouloir toutes ces choses avec joye, ayant un sy grand amour pour faire la volonté de Dieu dans les grandes et petites choses, que cet amour mâte tout ce qui peut m'être agréable dans la vie, ou, pour mieux dire, que rien dans la suitte du tems ne me soit cher et précieux que cette divine Volonté.

Je prendray tous les mois un jour de retraite pour penser aux fautes que j'auray faites sur ce sujet, et un jour toutes les semeinnes, et y penseray tous les jours à mon coucher.

Je désire de tout mon cœur de devenir enfant et d'obéir sans vouloir savoir les raisons, et je regarderay que mon obeissance ne consiste pas seulement aux choses extérieures mais aux intérieures.

C'est pourquoy je ne douteray pas de n'être plus à Notre Seigneur, mais croiray être toujours entre ses bras, jusqu'à ce qu'on me dise le contraire, et quand je feray des fautes, j'yray avec plus d'empressement luy demander pardon et iray à Notre Seigneur pour toutes choses, le regardant comme mon tout, mon trésor, mon amour, mon médecin et celuy qui guérit toutes mes langueurs, et cela par la foy, ne contant se sentiment pour rien. Je feray le mesme dans mes occupations, le faisant toujours par la foy et dans la veüe de plaire à Dieu, et ne comtant pour rien ces sentiments ny mes inclinations, mais que la raison gouverne et guide par la foy, ne m'etonnant pas des divers changements dans lesquels je me trouveray. Je vivray dans l'espoir de pénitence et recevray avec action de grâce les petites ou grandes incommodités qu'il plaira à Dieu de m'envoyer.

J'auray un soin tout nouveau sur mes domestiques, et auray toujours devant les yeux que je répondrai au jugement de Dieu de tous les maux qu'ils auront fait ou du bien qu'ils auront omis que j'auray pû empescher par mon exemple ou par mes paroles.

ENVERS LE PROCHAIN

Quand j'auray quelque doute de ce que dois faire envers le prochain, je feray toujours plus que moins ;

Je prieray tous les jours Dieu pour mon prochain et je m'adresseray à son bon ange et au mien, afin qu'il m'obtienne la grâce de faire mon devoir.

Je donneray beaucoup à Dieu, comme il m'a été ordonné, avant de traiter avec mon prochain, afin de réparer les fautes que j'y feray et de ne differer pas à donner les ordres nécessaires que je dois à ce même prochain.

Je m'examineray avec la grâce de Dieu souvent sur ce sujet, et tascheray à observer les règles qui m'ont été prescrites.

VIII

Le prince de Conti aux États de Languedoc.

(Archives de Chantilly).

LE PRINCE DE CONTI A L'ABBÉ DE ROQUETTE.

[*Se rapporte à la page 238*].

Pezenas, 22 décembre 1663.

« Les Estats viennent de délibérer pour la première fois; il a passé à douze cent mille livres ; mais ce qui ne s'était jamais fait, c'est que c'a été tout d'une voix, *nemine contradicente,* ny pas une voix caduque, et même avec joie. Samedi prochain nous rentrerons aux Estats, et l'affaire se fera d'aussi bonne grâce la seconde fois que la première; sans Noël l'affaire serait terminée dans la semaine, mais les fêtes nous reculent de cinq ou six jours. Vous direz à M. Colbert que je ne lui écris point, me remettant à vous de lui rendre compte de tout. Dès que la délibération des quatorze cent mille livres sera prise, nous travaillerons aux paiements par mois et aux autres articles de nostre instruction avec le dernier soin. Les Estats sont dans une disposition la plus honnête que j'aye encore vue; et je puis dire que j'y ai quelque petite part, sans blesser la vérité.

Les consuls d'Alet ont très bien fait, et ils en auront eu ordre de leur prélat. »

LE PRINCE DE CONTI A L'ABBÉ DE ROQUETTE.

(*Se rapporte à la page 243*).

Pezenas, 1663.

« Mon cher abbé, comme voici la tenue des Estats qui approche, je pense qu'il est temps que je vous écrive mes pensées sur l'état de la Province et sur la possibilité des peuples, afin que vous puissiez représenter de ma part au Roi la nécessité qu'ils ont de commencer à goûter les fruits de la paix, que nous leur faisons espérer depuis si longtemps par les ordres exprès que nous en avons eus par vos instructions. Or il est certain qu'ils n'ont encore vu aucun effet de cette espérance, puisqu'encore l'année dernière le don gratuit a été aussi fort que pendant les années communes de la guerre, et que présentement une grande partie des oliviers du bas Languedoc sont perdus pour 4 ou 5 ans; que la grêle a ruiné la récolte des blés en plusieurs lieux, et que dans ceux qui n'ont pas été attaqués par ce fléau la récolte ne sera partout que de moitié moindre que les années communes; si vous ajoutez à cela que les Estats se verront obligés de contribuer peut-être dans les années suivantes à des ouvrages publics dont la foule sera pressente et la commodité à venir, vous jugerez aisément que jamais la Province n'a eu tant de besoin d'un soulagement effectif pour cette année.

Au nom de Dieu, expliquez bien tout cela au Roi avec un profond respect. Sa Majesté a tant d'amour pour ses peuples, et elle est si informée que Dieu les lui a donnés pour soulager leurs nécessités par une bonté et une justice paternelles et qu'ils ne peuvent recourir qu'à lui dans leurs besoins, qu'elle sera indubitablement sensible à ces raisons; elle sait assez mon attachement à sa personne et à son service pour être assurée que je dis la pure vérité, et, m'ayant confié le gouvernement de cette province, je manquerais à la sincérité et à la fidélité que je lui dois si je ne lui représentais toutes ces choses. Que si vous ne pouvez rien obtenir, voici un secret pour vous seul, que je vous conjure pourtant de dire à Sa Majesté avec tout le respect et la soumission qui lui est due : c'est que, connaissant aussi évidemment que je fais la possibilité de la Province, et voyant que de mettre le don gratuit cette année sur le pied de l'année dernière, c'est ruiner deux mille familles, je supplie très humblement le Roi de me permettre de ne pas tenir les Estats, ne pouvant me résoudre de surmonter en ce point les reproches de ma conscience, que je ne pourrais jamais étouffer. Je ne vous dis pas une exagération quand je vous dis que j'ai pour la personne du Roi toute la vénération et tout l'attachement qu'on peut s'imaginer, et s'il n'étoit point mon maître et mon souverain, j'userais d'un terme plus familier pour exprimer le lien qui m'attache à lui, puisqu'il est certain que j'exposerai toujours ma vie pour lui plaire avec une fidélité à toute épreuve, à quoi m'obligent encore davantage les obligations que j'ai toujours reçues de sa bonté, de sorte que je n'ai de bornes sur cette matière que Dieu et ma conscience, et ce que je voudrais avoir fait à l'heure de la mort lorsque je serai prêt à rendre à Dieu compte de toute ma vie; mais, enfin, j'ai ces bornes, et le Roi veut bien que Dieu aille le premier et que je ne serve pas contre ma connaissance manifeste et évidente à la ruine d'une infinité de personnes. Je ne dis pas cela pour m'opposer aux volontés du Roi, j'aimerais mieux mourir; je suis sans concert et sans cabale, comme vous savez; je sais trop le respect que je dois au Roi, mais, enfin, je suis prêt de me retirer pour tout autant de temps qu'il plaira au Roi au lieu qu'il m'ordonnera plustôt que de tenir les États à ce prix-là. Je vous conjure de ménager la connaissance que je vous donne de mes dispositions, en sorte que le Roi connaisse qu'il n'y a au monde que ma conscience qui l'emporte sur ses désirs, et que, même, je me fais la dernière violence en cette occasion pour ne suivre pas avec abandon la pente naturelle que j'ai à lui vouloir plaire en toutes choses.

Armand de Bourbon. »

LE PRINCE DE CONTI A L'ABBÉ DE ROQUETTE.

(*Se rapporte à la page 245*).

Pézenas, 11 janvier 1664.

M. le marquis de Grignan étant arrivé à Pézenas, les valets des consuls et le tapissier des Estats mirent ses armes suivant la coutume ordinaire, à la droite de celles de M. l'archevêque de Toulouse, lequel, ayant eu avis de ce changement, ordonna incontinent qu'elles fussent ôtées, et mises à la gauche des siennes. Comme cet ordre fut précisément exécuté dans le temps et à l'heure que les Estats s'assemblaient, M. le comte de Grignan en fut incontinent averti, et il se rendit chez S. A. S., pour se plaindre de ce procédé et pour la supplier de trouver bon qu'il réparât sur-le-champ une injure qu'il prétendait avoir reçue, et qui lui paraissait très sensible par toutes ses circonstances.

Mgr le prince de Conti prit toutes les précautions nécessaires pour aller au devant des désordres qui eussent pu apporter quelque difficulté à l'entière exécution des volontés de S. M. contenues dans son instruction, et s'étant rendu maître des intérêts et même du ressentiment de M. de Grignan, S. A. S. témoigna qu'elle désirait que cette affaire fût terminée dans son commencement, et qu'elle ne fût pas traitée dans l'Assemblée, qui eût pu s'en servir comme d'un prétexte pour prolonger la tenue des Estats, dont les principaux titulaires chargèrent M. de Gramont d'aller chez S.A.S. pour apprendre d'elle plus particulièrement son intention, suivant laquelle M. l'Archevêque, M[rs] les Évêques, M[rs] les Barons, le premier des vicaires généraux, le premier des envoyez et le capitoul de Toulouse se rendirent incontinent dans la maison de S. A. S., laquelle, étant assistée de M. de Grignan, de M. de Bezons et des deux autres commissaires du Roi, représenta à l'Assemblée qu'il était très important pour le service de S. M. de traiter l'affaire dont il s'agissait sans aucune aigreur; que les prétentions mutuelles de M. l'Archevêque et de M. de Grignan ne pouvaient être terminées que par S. M., vers laquelle l'une et l'autre pouvaient se pourvoir pour la décision du fond, et qu'il fallait s'informer de l'usage qui avait été observé par le passé pour régler cependant ce qui devait être pratiqué dans l'occasion présente. Toute l'Assemblée ayant unanimement été d'accord de cet expédient, M. l'Archevêque interpella juridiquement la foi des syndics et des greffiers de la Province, qui, après avoir conféré quelque temps ensemble, rendirent témoignage que de tout temps ils avaient vu que les armes du lieutenant du roi de la Province étant de tour aux Estats avaient été mises sans aucune sorte de contestation à la droite de celles du président des Estats.

Ce témoignage authentique étant une décision prise par les sentiments communs de tous ceux de l'Assemblée, S. A. S. en sortit pour les laisser conférer des propositions qui lui seraient faites pour le détail de l'accommodement de M. de Grignan et de M. l'Archevêque.

Peu de temps après, M. l'évêque de Mende et M. de Gramont furent envoyés diverses fois vers S. A. S., et, après quelques conférences, il fut conclu que M. de Grignan dirait à M. l'Archevêque qu'il le priait de trouver bon qu'il eût le même avantage dont avaient toujours joui ceux qui occupaient la place qu'il avait l'honneur de tenir, et que, conformément à l'usage et à la pratique ordinaire, dont il était suffisamment éclairci, il fit mettre ses armes à la droite des siennes.

Les choses étant ainsi réglées, S. A. S. rentra dans l'Assemblée accompagné de M[rs] les commissaires du Roi, et M. de

Grignan dit très civilement ce dont on était convenu à M. l'archevêque, qui de son côté répondit de même manière.

L'Assemblée se sépara incontinent avec satisfaction, et l'on entra l'après dinée aux Estats en la manière ordinaire, où il fut délibéré que M. de Grignan, agent de la Province, ferait instance auprès de S. M. de la part des Estats de la province de Languedoc pour régler qu'à l'avenir les armes du président de l'Assemblée seraient mises à la droite de celles du lieutenant du roi.

Ce qui suit est de la main de S. A. :

Depuis ce temps les parties ont résolu d'envoier des courriers à la Cour pour la décision de leur affaire, et ce beau démêlé, outre un grand mal de tête qu'il m'a procuré, m'a empêché d'oser proposer l'affaire de Leucate, comme je le devais faire aujourd'hui ; ce sera pour demain, si les esprits sont un peu calmés ; cependant, le tiers-état ne demande pas mieux que d'allonger les Estats, et M. de Toulouse a besoin d'être pressé sur ce chapitre. »

Les trois dernières lettres du prince de Conti.

(Se rapportent à la page 253).

LE PRINCE DE CONTI A L'ABBÉ DE ROQUETTE.

La Grange, 1er février 1666.

« Je ne vous écris que ce mot, étant encore fort faible, pour vous dire que je me porte mieux. J'envoie Villars faire les compliments sur la mort de la reine mère. Voilà une lettre pour M. mon frère. Faites mes compliments à ma sœur et remerciez-la de toutes les inquiétudes qu'elle a témoigné avoir de ma maladie.

A. de Bourbon. »

LE PRINCE DE CONTI A L'ABBÉ DE ROQUETTE.

La Grange, 8 février 1666.

« Il est nécessaire que vous sachiez que, quoiqu'il ait plu au Roi de m'écrire de songer à ma santé et de ne me mêler plus d'aucunes affaires, l'Intendant, après avoir tenté vingt fois de me voir, a écrit aujourd'hui à Guilleragues qu'il fallait que j'écrivisse aux États et que je l'envoyasse à Béziers solliciter pour l'affaire des États. Guilleragues lui a répondu que ma santé n'étant pas encore rétablie, et le Roi m'ayant déchargé de toutes sortes d'affaires, il n'oserait m'en faire la proposition. Il est ridicule que les derniers ordres ni le courrier ne s'adressant point à moi, que l'Intendant, de son chef, me fasse de ces tours là, et je sais de bonne part qu'on publie à Beziers que je me porte fort bien, ce qui est très faux, ayant encore eu de très grandes douleurs depuis trois jours, qui augmenteraient si je rentrais dans les affaires et dans le chagrin. Outre que (ceci soit pour vous seul) j'aimerais mieux avoir les bras rompus que de m'en mêler ni en blanc ni en noir en l'état qu'elles sont. Bonsoir, mon cher abbé.

Si l'Intendant écrit quelque chose mal à propos, vous serez au moins averti.

A. de B. »

LE PRINCE DE CONTI AU PRINCE DE CONDÉ.

La Grange, 12 février 1666.

« Encore que votre joie n'ait pas esté complète, il ne faut pas laisser de se resjouir, mon cher frère, de ce que l'accouchement de M[e] la duchesse a esté heureux; j'entre dans tous vos sentiments là-dessus, et sur la santé de la mère et sur ce que vous n'avez pas en ce que vous souhaitiez. Je désire vous pouvoir faire dans un an un compliment sur la naissance d'un fils, et je suis absolument à vous.

Agréez que, ma santé n'estant pas encore absolument restablie, je n'escrive sur ce sujet qu'une lettre pour vous et pour M[r] le duc. »

IX

Extraits de la Vie manuscrite de M. d'Alet.

(Archives Gazier).

LE PRINCE DE CONTI A NICOLAS PAVILLON.

(*Se rapporte à la page 246*).

La veille de Pâques 1664.

« Il me semble que je devrais être corrigé de vous écrire sur le sujet sur lequel je le vas faire, puisque non seulement vous avez jugé, jusqu'à cette heure, que c'était une tentation que le désir que j'ai de quitter; mais même vous n'avez presque plus fait état sur la fin des raisons que je vous ai souvent dites. Cependant il est de l'ordre qu'il plaît à Dieu de tenir sur moi, que je vous en parle encore, et que je vous dise tout simplement que non seulement je suis rentré dans de grands doutes que Dieu me voulût dans l'emploi où je suis de gouverner une grande province, mais même que plus je me mets devant Dieu par la prière, ce que j'ai fait souvent pendant cette sainte semaine, mes doutes se changent presque en conviction, qui est fondée sur les raisons suivantes: 1° sur les occasions évidentes de se perdre dans l'exécution des ordres que l'on reçoit, soit aux États, soit dans les autres occasions n'ayant pas la force nécessaire pour faire en cela ce que Dieu demande. Et quoiqu'on soit plein de confiance en sa bonté et miséricorde, toutefois on doit juger raisonnablement de l'avenir par le passé. Or il est certain qu'il n'est point encore arrivé qu'on se soit conduit par les lumières de l'obéissance dans les cas extraordinaires, mais toutes les fois qu'on a demandé conseil, et qu'on l'a trouvé trop dur, on ne l'a point suivi, trouvant toujours que celui qui flattait la nature était le meilleur, eu égard aux circonstances. Et quoiqu'après les choses faites, on vous les ait rapportées de manière que vous en avez paru content. Il est constant néanmoins que l'on voyait bien qu'on n'avait pas suivi ni vos lumières particulières, ni vos principes généraux. Et on ne prévoit pas qu'on puisse faire autrement à l'avenir, en sorte qu'on ne croit pas qu'on soit dans le cas de la connaissance de sa misère et de la confiance en Dieu sur laquelle on perd son âme pour la retrouver après en Dieu, mais bien dans le cas de l'occasion prochaine, où il faut quitter ce qui nous est un piège moralement inévitable et qui nous l'a toujours été jusqu'aujourd'hui. La 2de raison est l'incapacité positive prise de la condition naturelle de l'esprit irrésolu, faible et précipité, d'où s'en suivent des fautes très considérables. Ce qui est si vrai que si on voyait le fond, on prendrait peu garde aux biens qui se font dans la province sur lesquels on conseille d'y demeurer; mais aux maux véritables et non imaginés ni prétextés, dans lesquels on s'embarrassera de plus en plus, si on demeure dans l'emploi. Je supplie Notre-Seigneur qu'il vous donne sa lumière pour me la communiquer, et que je ne puisse pas dire de vous: *Circum ædificavit adversum me ut non egrediar, aggravavit compedem meum: Sed et cum clama, vero et rogavero, exclusit orationem meam. Conclusit vias meas lapidibus quadris, semitas meas subvertit.* Car, hélas! je crains bien de recevoir de vous une réponse que je ne puisse porter: *Circumdederunt me dolores mortis et pericula inferni invenerunt me.* Je pourrais vous dire mille autres choses plus en détail, mais ceci servira, ou ce que je dirais de plus ne servirait de rien. Je vous demande votre bénédiction et le secours de vos prières. »

Voici en substance ce que M. d'Alet répondit à cette lettre de S. A.:

1° Que l'angoisse et la perplexité présente semblait être plutôt un effet de tentation et de subtile illusion de l'amour-propre ou du malin esprit, que de la grâce et de son auteur qui est le Saint-Esprit, qui n'agit jamais par voie de trouble dans les âmes qu'il conduit et qu'il possède, et beaucoup moins de découragement; mais qui mêle au contraire la force de ses inspirations d'une grande suavité et paix d'esprit; qu'il ne s'étonnait pas que S. A., dans le fort de ses dévotions de la semaine sainte, eût souffert de si rudes agitations sur la matière de sa vocation, puisqu'en ce même temps M. S. a été si puissamment tenté, que lui-même a avoué que le temps où cette tentation l'a secoué si rudement, était l'heure et la puissance des ténèbres. Qu'il ne s'étonnait pas que ces doutes eussent été si violents dans l'imagination de S. A. plutôt qu'en la partie supérieure à son esprit et de ce qu'ils se sont presque changés en conviction, puisque les fausses lumières convainquent plus fortement les sens intérieurs et extérieurs que les raisons les plus solides et les mieux fondées.

Pour répondre aux raisons plausibles et apparentes qu'alléguait S. A. de la faiblesse de son naturel pour ne pouvoir suivre les avis qu'on lui donne, quand ils lui paraissent trop durs, le saint prélat demeurait d'accord que S. A. y avait beaucoup failli ; mais il soutenait qu'il ne s'en suivait pas de là qu'elle dût s'en décourager ni se dégoûter de sa vocation, mais seulement s'en humilier devant Dieu sans s'en plaindre d'une manière chagrine, qui ne peut venir que d'orgueil et d'amour-propre, au lieu que la marque assurée de la grâce qui produit en nous une confusion salutaire de nos défauts est de nous donner une filiale et cordiale confiance en la bonté de Dieu, qui nous fera la miséricorde de nous corriger de nos défauts quelque peu d'espérance que notre expérience du passé nous en donne. Que c'est dans ces occasions qu'il faut espérer contre l'espérance, comme parle St Paul; et sur cela s'encourager plus que jamais à mieux faire ses fonctions parmi la foule des obstacles qui nous paraissent humainement invincibles. Et quoiqu'après cela on ne laisse pas de retomber dans les mêmes défauts importants même dans leur substance, pourvu que dans son cœur on soit bien résolu quoiqu'insensiblement de se donner à Dieu et de s'abandonner à la puissance de sa Grâce pour se faire les violences nécessaires, quoiqu'on n'en reconnaisse pas si promptement l'amendement et le fruit; qu'un vrai chrétien ne doit pas s'étonner, encore moins se troubler, mais qu'il doit plutôt se familiariser dans la pratique du mépris de soi-même, en renonçant à l'appui de sa suffisance propre, et dire dans son cœur avec David: *Quoniam non cognovi litteraturam, introibo potentias Domini, et memorabor justitiæ tuæ solius.*

Pour l'autre raison de S. A. que l'on ne connaissait pas jusqu'au fond, son défaut de vigueur et son peu de fermeté, ni sa faiblesse qui la faisait succomber aux résistances des puissances supérieures, que l'on apportait des bonnes intentions qui lui étaient comme une occasion prochaine, dont elle devait se retirer; M. d'Alet répondait à S. A. que si sans se flatter elle n'avait pas assez de connaissance du désir sincère qu'elle avait de servir Dieu dans sa condition, et de rompre, avec son aide, tous les empêchements qui s'y opposaient, si elle ne condamnait pas en elle de temps en temps et ne voulait pas travailler à détruire par sa disposition intérieure tout ce qui peut combattre les desseins de Dieu en elle, mais qu'elle favorisât elle-même les avantages de son ennemi, de propos délibéré, ou que même, ayant fait quelque chute notable, elle y voulût demeurer pendant un temps avec quelque plaisir intérieur et volontaire, il y aurait en ce cas quelque sujet d'examiner si on devait lui conseiller de quitter sa condition, et arracher l'œil de sa tête pour éviter le scandale qu'il lui causerait; mais que si les fautes qu'elle commettait dans la rencontre de ces occasions, qu'il lui était impossible d'éviter, sont précédées de ferventes résolutions, au contraire, et suivies d'humiliations et confusion d'esprit et de cœur, elles sont quelquefois réparées avec beaucoup plus d'avantages par ces saintes pratiques qu'elles ne portent de préjudice et de dommage à celui qui les commet.

Et quant à l'application du passage de Jérémie, le saint prélat s'en servit pour faire voir au contraire à S. A. que ce prophète n'a pas laissé de servir Dieu dans son état jusqu'à sa mort et d'y persévérer même aux dépens de vie jusqu'à son martyre. Et que comme ce prophète n'était en cela que la figure de J.-C., il prouvait par son exemple que, nonobstant sa tristesse profonde et tous les tourments de sa passion, il n'avait pas laissé de persévérer aussi jusqu'à sa mort sur la Croix pour parvenir au triomphe de sa résurrection, pour obéir aux obligations de sa vocation.

Qu'au surplus, ce prince devait se souvenir que dans le conseil qu'il lui donna d'accepter cette charge, il lui fit connaître ce qu'il lui avait renouvelé de temps en temps; qu'il se devait considérer dans cet emploi plutôt comme étendu sur une croix que dans un poste qui lui dût être avantageux, selon les règles et les maximes chrétiennes sinon en tant qu'elle y pratiquerait une continuelle pénitence et mortification de cœur, et que Dieu l'élevant à cette charge lui disait, comme à St Paul: *Ostendam illi quanta oportet eum pro nomine meo pati.*

M. d'Alet finissait sa lettre en disant à S. A. qu'il s'attendait qu'il la trouverait forte, mais qu'aussi il n'avait pas tant recherché de lui complaire que de lui profiter non seulement pour son salut et pour sa sanctification particulière, mais encore pour l'avantage et pour l'édification publique, qu'il ne prétendait pas néanmoins dominer sur la foi de personne, mais lui représenter avec tout le respect possible les faibles assistances qu'elle avait exigées de lui en les accompagnant de prières vers Dieu, les plus humbles et les plus affectueuses dont il était capable. Il offrait au cas que les difficultés continuassent une conférence de vive voix si S. A. le souhaitait. »

LE PRINCE DE CONTI A NICOLAS PAVILLON.

(*Se rapporte à la page 247*).

10 août 1664.

« J'ai été depuis ma sonde dans les remèdes et dans une parfaite obéissance aux médecins; et, comme mes douleurs ont entièrement cessé, et que le temps des États approche, j'ai parlé à mon médecin; et, après lui avoir bien représenté l'obligation qu'il avait de se mettre devant Dieu pour me donner son avis en sa conscience, parce que tous les biens qui ne se feront pas et tous les maux qui se feront rouleront sur lui, il m'a donné la consultation que je vous envoie. Il est certain que si je ne vas pas aux États, il s'y fera mille choses que j'empêcherais apparemment, et, par-dessus cela, je ne suis pas à ma résidence, où je ferais les choses ordinaires de ma charge; d'autre côté, si j'y vas, outre le danger qu'il dit que je me mets, c'est qu'en interrompant le cours de ma guérison, qui consiste autant en repos qu'en régime, je me rends inutile pour le reste de ma vie. Tout considéré, je me suis mis devant Dieu, et je n'ai pas trouvé autre chose à faire qu'à me mettre entre vos mains pour faire ce que vous me conseillerez. Si vous me dites de m'en aller, j'espère que N. S. me fera la miséricorde de surmonter les répugnances de la nature. Ainsi, je suis dans la disposition sincère de partir, à moins que la Cour ne me demande des choses pour ces États qui soient contre ma conscience. Je prie N. S. qu'il me tienne dans cet état d'abnégation, et qu'il n'y ait point de repli dans mon cœur qui soit caché, en sorte que j'aie effectivement une autre disposition que celle que je crois avoir. Que si vous me dites de demeurer, je le ferai ; et cela me délivrera des scrupules d'avoir agi de ma tête par l'amour de ma santé et du soulagement des embarras de ma charge pendant les États. Je n'ai point voulu consulter de docteurs, car j'ai éprouvé depuis longtemps que, quelque dur que vous soyez, N. S. ne me donne le repos que par votre moyen. Je vous demande votre bénédiction.

Armand de BOURBON. »

Et voici aussi le précis de la réponse de M. d'Alet, datée du 1er septembre 1664, à S. A :

« 1° Qu'il était difficile qu'il pût rien déterminer sur ce sujet ; que, d'un côté, la santé de ce prince était chère et précieuse ; que, de l'autre, les obligations de sa charge étaient pressantes et demandaient sa présence, parce que les mal intentionnés dans les États y feront beaucoup de préjudice en son absence, et que les bien intentionnés y seront accablés ; que, tout bien considéré, S. A. devait faire tout ce qu'elle pourrait pour y venir, qu'elle pourrait venir par eau, et au lieu de trois semaines, qu'elle avait accoutumé de mettre à ce voyage, elle y en pourrait employer six ; que, si néanmoins le danger était évident au jugement des médecins habiles et bons chrétiens, il ne fallait point s'exposer au danger évident de sa vie (*Il manque là quelques mots, peut-être ceux-ci :* si ce n'est) (1) dans les combats, où il va du service du Roi et du public ; néanmoins, il ne voulait point mettre en parallèle sa

(1) Note du Manuscrit.

santé avec le bien que sa présence apporterait aux États, mais que, si le danger n'était que probable, et qu'il n'y eût pas plus de raisons pour craindre que pour espérer qu'il n'arriverait pas avec le secours de Dieu, qui fait paraître assez souvent dans ces occasions sa singulière et spéciale protection en faveur de ceux qui se sacrifient à son service, il croyait S. A. obligée de l'entreprendre pour l'acquit de sa charge. Ce serait alors, ajoutait ce saint prélat, une occasion de témoigner à Dieu votre fidélité et d'entrer dans la pratique, indispensable en telles rencontres, de cette maxime de l'Évangile : *Qui odit animam suam in hoc mundo, in vitam æternam custodit eam,* comme aussi un moyen que Dieu vous offre de satisfaire à sa justice pour les péchés commis par le trop grand amour des plaisirs et aises de la vie. Ces occasions sont rares, et quand Dieu les présente, il faut s'en prévaloir, en y correspondant avec toute la fidélité qui nous est possible, selon la nature de notre grâce.

Je prévois bien que cette réponse vous paraîtra dure; mais j'espère que quelque dure qu'elle paraisse, N. S. vous y fera trouver le repos de votre âme si vous la mettez à exécution. A quoi, vous aidera beaucoup de considérer que Dieu ne vous a donné la connaissance de la vérité que pour la mettre en pratique dans les occasions, et pour faire connaître à tous ceux qui ont des yeux pour le voir que la solide piété ne consiste pas dans la connaissance, ni même dans la persuasion des vérités, mais dans la vérité de la conduite et à sa vie.

Je supplie la divine Miséricorde de vous fortifier en l'exécution de tout ce qui se rencontre opposé à la chair et au sang pour ce regard, et suis plus que jamais... »

LA DERNIÈRE LETTRE DE NICOLAS PAVILLON AU PRINCE DE CONTI

(*Se rapporte à la page 254*)

Des premiers jours de l'année 1666.

« Monseigneur,

Puisque la condition des temps ne permet pas que j'aille rendre à S. A. les très humbles respects que je lui dois, et les témoignages en personne de la part que je prends à son affliction présente, vous agréerez que je supplée ce manquement par cette lettre, et que je vous assure que depuis avoir appris les douleurs violentes que vous souffrez, je n'ai point célébré de sacrifice que je ne vous y aie offert à Dieu en union de celles de son fils. Il m'a semblé, M., de vous voir, en esprit, en la compagnie de ces trois rois qui furent lui rendre leurs souverains hommages à sa naissance, lui offrir avec eux, non seulement de l'or et de l'encens, mais aussi de la myrrhe, qui représente vos souffrances présentes et pressantes. Je suis persuadé, M., de l'usage chrétien que vous en faites, qui est un préjugé de votre avancement dans la solide piété chrétienne, et de la paix d'esprit, à laquelle on parvient par l'exercice de la vertu de patience, qui n'éclate jamais tant que dans les maladies les plus sensibles et douloureuses qui nous arrivent par l'ordre de la divine Providence, sans aucun choix de notre part, et par lesquelles il lui plaît de nous purifier de toutes les souillures que le commerce qu'on est contraint d'avoir avec le monde, par l'obligation de son état, nous a fait contracter. Je ne m'amuserai point à vouloir vous donner des consolations, dans cet état pénible, me contentant de vous dire avec le sage : *Bibe aquam de cisterna tua, et fluem putei tui.* Vous pourriez me répliquer que la science spéculative des vérités chrétiennes n'est pas toujours accompagnée de la pratique, et qu'il faut bien plus de grâce pour l'exécution que pour la conviction de l'esprit. J'en suis bien d'accord ; mais, j'espère que Dieu, qui vous éclaire l'entendement de vos obligations, remplira votre cœur et votre volonté de la vertu de son esprit pour consommer l'ouvrage qu'il a commencé de faire en vous. Vous savez, M., que la plus grande récompense que Dieu fait en ce monde à ses plus fidèles serviteurs pour le soin qu'ils ont pris à le glorifier par leurs vertus et bonnes œuvres, est de le faire par leurs souffrances, où il les met comme à l'épreuve, et achève l'ouvrage de leur sanctification ; ce qui n'empêche pas pourtant que l'on ne sente de grandes répugnances du côté de la chair, qui produit des tristesses et des découragements dans notre portion inférieure ; mais, pourvu que l'on en tire une plus grande défiance de soi-même et de l'expérience de ses faiblesses et impuissances, il en arrive plus de profit que de dommage, et Dieu en est davantage glorifié, qui préfère le sacrifice d'un cœur contrit et humilié à tout autre service qu'on peut lui rendre dans son Église, par des vertus et bonnes œuvres plus éclatantes aux yeux des hommes, et dans lesquelles assez souvent la nature prend part par la satisfaction et complaisance qu'elle y rencontre. Je supplie V. A. S. de pardonner la faute que je commets par trop de liberté que je me donne, puisqu'elle est d'autant plus excusable qu'elle ne procède que du zèle et du désir que j'ai que votre affliction présente soit le couronnement de l'édification que votre vie et votre conversation depuis quelques années a donné à tous ceux qui ont l'honneur de votre connaissance. Il ne me reste qu'à vous renouveler que nous continuerons ici nos sacrifices et nos prières, pour obtenir de la bonté de Dieu une santé meilleure à V. A. S. et une plénitude de grâce et de bénédiction, qui vous conduise au comble de la parfaite sainteté. Je suis en lui, etc... »

X

Vente par LL. AA. SS. le prince et la princesse de Conti aux États du Languedoc.

(*Se rapporte à la page 281*).

« Cejourd'hui, vingt septième du mois de juin mil sept cent trente huit, avant midi, à Montpellier,

Pardevant nous, conseiller du Roi, notaire garde notes de ladite ville, soussigné, en présence des témoins,

FUT PRÉSENT :

Me Jean Pierre Astanières, avocat en parlement, demeurant à Pézenas, agent général.

Et procureur fondé de très haut, très puissant et très excellent prince Monseigneur Louis François de Bourbon, prince de Conty, prince du sang, mineur émancipé par son mariage, procédant sous l'autorité de Messire Jean Baptiste de Montullé, chevalier conseiller du roi, en sa Cour de parlement, et Grand Chambre d'icelle, son curateur aux causes et tuteur de ses actions immobilières, demeurant à Paris en son hôtel, quay de Conty, paroisse de Saint André des Arts. De très haute, très puissante et très excellente princesse Madame Louise Élisabeth de Bourbon, princesse du sang, veuve de très haut, très puissant et très excellent prince Monseigneur Louis Armand de Bourbon prince de Conty, prince du sang, demeurant à Paris en son hôtel, rue Saint Dominique, paroisse Saint Sulpice, au nom et comme tutrice honoraire de S. A. S. Mademoiselle de Bourbon Conty, princesse du sang, non encore nommée, sa fille mineure, et de mondit feu seigneur prince de Conty, et de Me Jacques Bompar, avocat en parlement, intendant de feue S. A. S. Madame la princesse de Conty et trésorier de sa succession, au nom et comme tuteur onéraire de S. A. S. Mademoiselle de Conty, mineure, demeurant à Paris, rue et paroisse Saint André des Arts.

Suivant la procuration du quatorzième décembre mil sept cent trente sept, reçue par Mes Roger et Boué, notaires à Paris, dont l'original paraphé par ledit sieur Astanières a été déposé par devers nous notaire, et inséré ci-après.

Lequel sieur Astanières, en ladite qualité de procureur fondé, a vendu purement et à perpétuité aux États généraux de la province de Languedoc, à la stipulation de Monseigneur l'Illustrissime et Révérendissime Messire Charles de Bannes Danejan, évêque d'Alais, conseiller du roi en tous ses conseils, de Messire Jacques Vichet, chevalier, président trésorier général de France en sa Généralité de Montpellier, lieutenant de Maire perpétuel de ladite ville, Me Alexandre Gignoux, avocat, député de la ville de Nîmes, et de noble René Gaspard de Joubert, syndic général de la Province, commissaires nommés par délibération prise par Nos Seigneurs des États de ladite province de Languedoc, du vingt sixième novembre mil sept cent trente sept, conjointement avec haut et puissant seigneur Messire comte de Lordat, baron des États de ladite Province, absent, lequel n'a pu se rendre en cette ville ; Messieurs les autres Commissaires ici présents et acceptant.

Tous les batiments et cours de la Grange des Prés, à l'exception seulement de la partie du vieux château qui fait face à l'enclos, et qui est coté 20 dans le plan signé par M. de la Blottière, et du logement qui sert actuellement au jardinier et qui est coté 25 dans le même plan, lequel, avec la susdite délibération des États, ont été aussi déposés au pouvoir de nous dit notaire.

Baillant le tout de la même manière que LL. AA. SS. en ont joui ou dû jouir, quitte de toutes charges ordinaires du passé jusqu'à cejourd'hui et pour toujours de tous obits, pensions, fondations et autres charges extraordinaires, pour en prendre possession dès à présent.

Cette vente des susdits bâtiments et cours est faite par ledit sieur Astanières, procureur susdit audit nom, aux États de ladite province de Languedoc moyennant le prix et la somme de vingt sept mille cinq cent livres, laquelle mondit seigneur l'Évêque et les dits sieurs Vichet et Joubert, députés audit nom, s'obligent de faire payer à mondit seigneur le prince et princesse, vendeurs, en leur hôtel en la ville de Paris, lorsqu'ils donneront aux États une décharge valable et jusques auquel temps l'intérêt leur en sera payé sur le pied du denier vingt à compter de cejourd'hui, se réservant ledit sieur Astanières, procureur susdit audit nom, l'usage de la chapelle et du puits ; laquelle chapelle et puits font partie de la présente vente.

Et quoique ladite acquisition soit de droit exempte des lods, attendu qu'elle est faite pour un usage public, il y a été cependant convenu par ledit sieur Astanières, en la dite qualité que LL. AA. SS. se rendent garants envers lesdits États de toute demande en paiement de lods et autres droits seigneuriaux de toute espèce.

Étant aussi convenu que les États se chargent, de faire, à leurs dépens, les fermetures convenables aux batiments pour empêcher que les soldats n'entrent dans le parc et dans la partie réservée desdits bâtiments, sans néanmoins qu'ils soient obligés de les entretenir.

Et ledit sieur Astanières, procureur susdit audit nom s'est démis et dépouillé desdits bâtiments et cours et en a saisi et mis en possession les États de ladite Province, consentant qu'ils en jouissent et disposent ainsi et comme bon leur semblera, et leur donne et remet toute plus-value quand même elle excéderait la moitié du juste prix, promettant ledit sieur Astanières, procureur susdit audit nom, de faire valoir et tenir auxdits États la présente vente et de leur être de toute garantie générale et particulière en jugement et dehors, envers tous ceux qu'il appartiendra.

Et comme il convient qu'il paraisse à l'avenir de l'état présent des choses vendues, les parties ont respectivement prié, avant la passation du présent contrat, Messire François de la Blottière, maréchal des camps et armées du Roi, directeur des fortifications et ouvrages publics de la province de Languedoc, et Antoine Darles de Chamberlin, chevalier de l'ordre militaire de St Louis, ingénieur en chef en Languedoc, de procéder à la vérification desdits batiments et d'en dresser le rapport, ce qu'ils ont fait le vingt quatre du mois de mai dernier.

Lequel rapport et vérification a été aussi présentement déposé au pouvoir de nous notaire, pour être inséré ci après et demeurer en liasse. Et les dites parties qui en ont pris lecture l'approuvent et ratifient, voulant qu'il vaille autant que s'il avait été fait d'autorité de justice, ayant dispensé lesdits sieurs de la Blottière et de Chamberlin de la prestation de serment.

Promettant ledit sieur Astanières, en ladite qualité, de remettre audit sieur de Joubert, syndic général, les titres et papiers concernant la propriété du terrain et bâtiments compris dans la présente vente, et ce, dans le délai de deux mois, dans lequel délai ledit sieur Astanières promet de remettre pareillement audit sieur de Joubert la ratification du présent acte et des clauses y contenues, lesquelles font partie du prix de ladite acquisition.

Et sera la procuration de LL. AA. SS. ici insérée de teneur.

Par devant les conseillers du Roi, notaires à Paris, soussignés.

Furent présents :

Très haut, très puissant et très excellent prince Monseigneur Louis François de Bourbon prince de Conty, prince du sang, mineur émancipé par son mariage, procédant sous l'autorité de Messire Jean Baptiste de Montullé, chevalier, conseiller du Roi en sa Cour de parlement et Grand Chambre d'icelle, son curateur aux causes et tuteur à ses actions immobilières, demeurant à Paris en son hôtel, quai de Conty, paroisse St André des Arts, ledit sieur de Montullé en ladite qualité de tuteur aux actions immobilières de mondit Seigneur prince de Conty, demeurant rue Cherche Midi, paroisse St-Sulpice.

Très haute, très puissante et très excellente princesse Madame Louise Élisabeth de Bourbon, princesse du sang, veuve de très haut, très puissant et très excellent prince Monseigneur Louis Armand de Bourbon prince de Conty, prince du sang, demeurant à Paris en son hôtel, rue St Dominique, paroisse St Sulpice, au nom et comme tutrice honoraire de S. A. S. Mademoiselle de Bourbon Conty, princesse du sang, non encore nommée, sa fille mineure, et de mondit seigneur feu prince de Conty.

Et Me Jacques Bompas, avocat en parlement, intendant de feue son Altesse Sérénissime Madame la princesse de Conty et trésorier de sa succession, au nom et comme tuteur onéraire de S. A. S. madite Demoiselle de Conty, mineure, demeurant à Paris, rue et paroisse St André des Arts.

Lesquels ont fait et constitué leur procureur général et spécial Me Jean Pierre Astanières, avocat en Parlement, demeurant à Pézenas.

Auquel ils donnent pouvoir de, pour eux et dits noms, vendre avec toutes garanties à Messieurs des États généraux de Languedoc pour et au nom des dits États, moyennant les prix et aux charges, clauses et conditions que ledit sieur procureur constitué jugera à propos, le château de la Grange des Prés et bâtiments en dépendant avec les appartenances, circonstances et dépendances d'iceux, situés en Languedoc.

Recevoir le prix de ladite vente et en donner quittance, remettre ou consentir la remise des titres de propriété dudit château et toutes subrogations si elles sont requises, et généralement faire, au sujet ci dessus, tout ce qu'il conviendra promettant obligeant.

Fait et passé à Paris à l'égard de LL. AA. SS., dans leurs hôtels susdits, et des dits sieurs de Montullé et Bompas en leur demeures déclarées, l'an mil sept cent trente sept, le quatorze décembre; et ont signé: Louise Élisabeth de Bourbon, L.-F. de Bourbon, Montullé, Bompas, Boué et Roger, notaires, signés.

Scellé ledit jour et an avec paraphe *ne varietur*. Astanières, signé.

S'ensuit la teneur de la vérification et rapport ci dessus mentionnés;

Nous François de la Blottière, maréchal des camps et armées du Roi, directeur des fortifications et ouvrages publics de Languedoc, et nous Antoine Darles de Chamberlin, chevalier de l'ordre militaire de St Louis, ingénieur en chef en Languedoc,

Ayant été requis par Monseigneur l'Évêque d'Alais, président des ouvrages publics, et par Messieurs les Commissaires de ladite Province de nous transporter à la Grange des Prés près de Pézenas, pour l'examiner et constater l'état présent dudit bâtiment,

Nous avons commencé notre vérification le vingt quatrième du présent mois de mai, et nous avons trouvé que la plus grande partie des bâtiments étaient en très mauvais état et que, pour y pouvoir habiter, il fallait indispensablement y faire toutes les réparations expliquées ci dessous;

Premièrement. Il faudra commencer par fermer toutes les fractions des murs de tous les bâtiments, à l'exception de ceux côtés 20 et 25 sur le plan, qui doivent rester à Monseigneur le prince de Conty.

Il y a deux cent trente huit toises courantes de lézardes ou fractions à remplir avec moellons et mortier de chaux, faisant les arrachements nécessaires, afin de faire liaison, à trois livres la toise : sept cent quatorze livres.

2° Pour quatre vingt deux toises carrées de maçonnerie à faire en divers endroits, à huit livres la toise : six cent soixante livres.

3° Pour neuf toises cubes de maçonnerie revêtue en pierre de taille pour deux contreforts appuyés contre les murs à côté de la pinède, afin de les soutenir, à quarante livres la toise : trois cent soixante livres.

4° Pour quinze cent trente trois toises carrées à crépir,

enduire et blanchir les murs intérieurs des chambres dudit bâtiment, à une livre dix sols la toise : deux mille neuf cent quatre vingt dix neuf livres.

5° Pour huit cent trente sept toises carrées à réparer tous les couverts, à deux livres cinq sols la toise, et sortir les vieilles ruines, qui sont en grande quantité sur les planchers des chambres : dix huit cent quatre vingt trois livres cinq sols.

6° Pour trois cent cinquante neuf toises carrées de pavés de cailloux pour les écuries et autres endroits, à une livre six sols la toise : cinq cent trente huit livres dix sols.

7° Pour cinq cent soixante six toises carrées à réparer les pavés de toutes les chambres en se servant de vieux pavés et fournissant ceux qui manqueront auxd. endroits posés sur une couche de plâtre, à une livre dix sols la toise : huit cent quarante neuf livres.

8° Pour refaire à neuf soixante seize toises de plancher, à huit livres la toise carrée : six cent quatorze livres.

9° Pour refaire à neuf quarante trois fermetures de portes dans plusieurs chambres avec leurs serrures et ferrures, à dix livres chacune pour le bois et cinq livres pour chaque ferrure : six cent quarante cinq livres.

10° Pour raccommoder vingt neuf fermetures de portes de plusieurs chambres avec leurs ferrures et serrures, à trois livres chacune pour le bois et une livre dix sols pour la ferrure reforgée et posée : cent trente trois livres dix sols.

11° Pour raccommoder deux cent quarante volets de fenêtre et chassis avec les ferrures, à deux livres chacune pour le menuisier et à une livre pièce pour le serrurier : sept cent vingt livres.

12° Pour dix cheminées, les manteaux et pieds droits en pierre de taille et les banquettes avec briques, à treize livres chacune pour le maçon et à dix livres pièce pour le plâtrier : deux cent trente livres.

13° Pour vingt quatre grosses poutres pour les planchers ou à supporter les voûtes, à différentes longueurs et grosseurs, à vingt quatre pièces, compris la pose : cinq cent soixante seize livres.

14° Pour quarante couvertes appuis des portes et fenêtres

en pierre de taille à différentes longueurs, à trois livres chacun, compris la pose: cent vingt livres.

15° Pour deux cent cinquante un pieds courant de pierre de taille pour les pieds droits des portes et des fenêtres, à une livre dix sept sols le pied courant y compris la pose : trois cent trente huit livres dix sept sols.

16° Pour dix neuf serrures neuves à deux tours, clefs et gâches, à quatre livres pièce y compris la pose : soixante seize livres.

17° Pour huit quintaux quarante quatre livres de gros fer travaillé pour les barreaux des fenêtres, des bandes et des gonds, à vingt deux livres dix sols le quintal ou quatre sols six deniers la livre : cent quatre vingt neuf livres dix huit sols.

18° Pour reforger quatre cent cinquante livres de vieux gros fer des bandes des portes, par estimation à douze livres le quintal, la pose et les clous : cinquante quatre livres.

19° Pour dix gros pilliers en pierre de taille à porter les poutres sous les voûtes et sous les planchers, à vingt livres chacun : deux cents livres.

20° Pour trois cent vingt quatre toises carrées de démolition des cloisons en plâtre et de cairons qui sont dans les chambres et emporter les ruines, à dix sols la toise carrée : cent soixante deux livres cinq sols.

21° Pour soixante quatorze pierres de feu pour les contre-cœurs et foyers des cheminées, à trois livres chacune l'une dans l'autre, de la carrière d'Adissan : deux cent vingt deux livres.

22° Pour cinq cent cinquante sept pieds carrés de vitres à losange, avec leurs barrettes de fer et aletes en plomb, clous et pose, à quinze sols le pied carré : quatre cent dix sept livres quinze sols.

23° Pour vingt degrés en plâtre faits de neuf, à vingt sols chacun : vingt livres.

24° Pour trente huit toises carrées de maçonnerie en se servant des matériaux de la démolition, à cinq livres la toise : cent quatre vingt livres.

25° Pour vingt cinq soliveaux ou chevrons qui manquent aux couverts et planchers, de différentes longueurs et grosseurs, à cinq livres chacun : cent vingt cinq livres.

26° Pour cinquante six douzaines de petites planches qu'on appelle jasènes en terme du pays, pour mettre sur les chevrons et qui portent les tuiles à canal, à trente sols la douzaine compris la pose : quatre vingt quatre livres.

27° Pour cent cinquante huit toises carrées de blanchir les murs de différentes chambres à trois couches avec lait de chaux et qu'on a trouvées être bien enduites et crépies, à cinq sols la toise : trente neuf livres dix sols.

28° Pour cinq toises carrées de cloisons neuves en plâtre à différents endroits, à quatre livres la toise : vingt livres.

29° Pour cent sept toises carrées de planchers de feuilles avec liteaux sur les joints, à cinq livres la toise : cinq cent trente cinq livres.

30° Pour cent sept toises carrées de planchers de feuilles avec liteaux sur les joints, à cinq livres la toise : cinq cent trente cinq livres.

31° Pour vingt quatre toises trois pieds de pavés à faire de neuf à différents endroits, avec des pavés carrés de terre cuite posés avec plâtre, à trois livres la toise : soixante douze livres.

32° Pour douze contrevents neufs de bois de sapin doublés qu'il y a à mettre à plusieurs fenêtres, sur différentes hauteurs, à six livres chaque bras : soixante six livres.

33° Pour sept toises trois pieds de couverts à neuf fait avec chevron et avec des briques de parafeuil et tuiles à canal par dessus, arrêtées avec mortier de toise en toise d'une file à l'autre, à douze livres la toise carrée : quatre vingt dix livres.

34° Pour douze cent soixante toises carrées de crépissage à tous les murs extérieurs des bâtiments et les murs de la grande cour dans l'intérieur et l'extérieur, à vingt sols la toise carrée : douze cent soixante livres.

35° Pour la fermeture de la grande porte d'entrée, cent livres.

36° Pour la ferrure de ladite fermeture, soixante quinze livres.

37° Pour petites estimations à plusieurs endroits dudit bâtiment qu'on ne peut toiser : montant à trois cent quarante cinq livres.

Le total de toutes les réparations indispensables se monte

ensemble à la somme de *quinze mille quatre cent vingt sept livres.*

Nous avons jugé qu'il pourrait être nécessaire de faire une estimation de la valeur actuelle de tous les batiments, à l'exception de ceux qui doivent rester à Monseigneur le prince de Conty, côtés 20 et 25.

Nous avons fait le toisé qui suit, savoir :

Pour deux mille cent six toises que contient le mur des dits batiments, à quatre livres dix sols la toise : neuf mille quatre cent soixante-dix-sept livres.

Pour deux mille cent six toises que contient le mur desdits batiments, à quatre livres dix sols la toise : neuf mille quatre cent soixante dix sept livres.

Pour deux cent huit toises carrées de voûtes, à cinq livres la toise : mille quarante livres.

Pour quatre cent soixante quatorze toises carrées de bugets ou galendure de quatre pouces d'épaisseur faits en plâtre, à deux livres la toise : neuf cent quarante huit livres.

Pour deux cent dix huit toises carrées de murs d'enclos, à quatre livres la toise, comme étant des moins fractionnées : huit cent soixante douze livres.

Pour mille trente six toises carrées de couvert en très mauvais état, à cinq livres la toise : quatre mille cent cinquante livres.

Pour tous les escaliers en général soit en pierre de taille ou en bois et plâtre : neuf cent vingt livres.

Pour les remises situées dans la grande cour près la porte d'entrée : estimées à huit cent soixante livres.

Pour cinq cents livres pesant de fer qu'on estime qu'il pourra servir après qu'il aura été reforgé, à deux sols six deniers la livre : soixante livres.

Pour les vieilles fermetures des portes et fenêtres : estimées à deux cent quatre vingt seize livres.

Pour les vieilles vitres : estimées à cinquante livres.

Pour les pavés cailloux qui se trouvent sur la place : estimés à cent quatorze livres.

Pour autres petites menuiseries : que nous avons estimées à quatre vingt une livres.

Le total de la valeur de la Grange des Prés, telle qu'elle est aujourd'hui, est estimée valoir au plus la somme à *vingt trois mille cinq cent trente livres,* et cela suivant le prix des matériaux à Pézenas, en observant qu'on ne comprend point dans cette estimation la chapelle ni les puits, qui doivent être en commun.

Cette somme de vingt trois mille cinq cent trente livres étant ajoutée à celle de quinze mille quatre cent vingt sept livres, à quoi se doivent aussi monter les réparations indispensables, ces deux sommes font ensemble celle de *trente huit mille neuf cent cinquante sept livres.*

Et, de plus, il est bon d'observer que l'estimation que nous avons faite des batiments de la Grange des Prés, montant à la somme de vingt trois mille cinq cent trente livres, est extrêmement forte, étant persuadés qu'on ne trouverait personne dans la province du Languedoc qui en voulut donner celle de vingt mille livres, en y comprenant même ce qui reste à Monseigneur le prince de Conty, côté sur le plan 20 et 25.

Fait à Pézenas, ce trentième mai mil sept cent trente huit.

La Blottière, Darles de Chamberlin, signés.

Et pour l'observation de ci dessus ledit sieur Astanières, procureur susdit audit nom, oblige les biens de mondit seigneur le prince de Conty ses constituants, et MM. les Commissaires ceux de la Province, soumis aux rigueurs de toutes Cours requises.

Fait et passé à Montpellier, à l'hôtel de Monseigneur l'Évêque d'Alais,

En présence de sieur Barthélémy Huc et de Jean Boitel, habitants de cette ville, signés avec les partis, et nous Antoine Bellonnet, notaire soussigné.

† Charles, évêque d'Alais. — Astanières. — Vichet, Lt de Maire perpétuel de Montpellier. — Joubert, syndict général. — Gignoux, député de Nîmes. — Huc. — Boitel et Bellonnet notaire signé.

Contrôlé à Montpellier le premier juillet 1738. Reçu quatre vingt une livres douze sols. Insinué ledit jour. Reçu trois cent trente livres.

Delaval, Signé. »

Collationné par nous Paul Poutingon, notaire à la résidence de Montpellier soussigné, successeur médiat de Me Bellonnet, notaire recevant et possesseur de ses minutes.

POUTINGON. »

XI

Vente faite par le prince de Conti aux RR. PP. de l'Oratoire.

(*Se rapporte à la page 284*).

« Par devant les conseillers du Roy, notaires à Paris, soussignez, furent présents très haut, très puissant et très excellent prince Monseigneur Louis François de Bourbon prince de Conty, prince du sang, chevalier des ordres du Roy, duc de Mercœur et d'Étampes, pair de France, comte de Pézenas; émancipé par son mariage, procédant sous l'autorité de Messire Jean Baptiste de Montullé, chevalier conseiller du Roy en sa Cour de Parlement et Grand Chambre d'icelle, son curateur aux causes, demeurant mond. seigneur prince de Conty, quay Malaquay, paroisse St André des Arts.

Mond. sieur de Montullé stipulant en sad. qualité de curateur aux causes de md. seigneur prince de Conty, demeurant en son hostel, rue Cherche Midy, quartier St Germain des Prez, paroisse St Sulpice, et Mc Jacques Bompas, avocat au Parlement, demeurant à Paris, rue Poupée, paroisse St Séverin, au nom et comme tuteur onéraire de Mademoiselle de Conty, non encore nommé.

Lesquelz esd. qualités ont par ces présentes vendu et délaissé à titre d'inféodation, et ont promis garantir de tous troubles, dons, douaires, dettes hypothèques, evictions, substitutions et autres empêchements généralement quelconques, aux RR. PP. de la Congrégation de l'Oratoire de la Maison de Pézenas.

Ce acceptant par R. P. Jérosme de Murard, présire procureur général de la Congrégation de l'Oratoire, agissant comme procureur desd. RR. PP. de l'Oratoire de Pézenas, fondé de leur procuration spécialle à l'effet des présentes passées devant Fabre, notaire royal à Pézenas, en présence de témoins, le premier avril dernier, dont le brevet, duement controllé et légalisé, est demeuré annexé à la minute des présentes après avoir été dud. R. P. de Murard certiffié véritable, signé, parafé, en présence des notaires soussignez.

Led. R. P. de Murard, demeurant à Paris en la Maison de l'Oratoire, scise rue St Honoré, pour ce présent et acceptant acquerreur aud. titre d'inféodation pour les RR. PP. de l'Oratoire de la Maison de Pézenas et leurs successeurs en icelle, les terres de l'Enclos de la Grange des Prez avec leurs bastiments et dépendances scises dans le comté et prés la ville de Pézenas, ainsy que le tout se poursuit et comporte que leurs Altesses Sérénissimes se sont réservées par la vente faitte à la province de Languedoc du château de la Grange des Prez et autres bastiments y mentionnés et suivant le contrat de lad. vente passé devant Bellonet, notaire à Montpellier, en présence de témoins, le vingt sept juin mil sept cent trente huit.

Plus est compris dans le présent délaissement le calice avec tous les ornements qui servent à la chapelle de la Grange des Prez, qui appartiennent à leurs Altesses Sérénissimes.

Il est néanmoins compris que la présente vente et inféodation à leurd. Altesses Sérénissimes et mesd. sieurs Montullé et Bompas esd. qualités se réservent expressément:

1° Les démolitions d'un petit bastiment en ruines pour faire establir une jasse ou bergerie.

Et 2° La superficie du bois de pins et autres arbres qui y sont entremeslés étant sur lesd. terres à prendre depuis le coin du bastiment réservé vis à vis le puits à roue jusques au coin du bastiment des Cazernes, confrontant le grand chemin, lequel bois lad. Altesse Sérénissime et mesd. sieurs Montullé et Bompas esd. noms pourront vendre ou faire couper à leur profit sans aucune diminution du prix ny de la rente cy après. Laquelle vente ou coupe Sad. Altesse Sérénissime et mesd. sieurs de Montullé et Bompas esd. noms seront tenus de faire dans l'espace de trois mois de ce jour, afin qu'à l'expiration lesd. RR. PP. de l'Oratoire puissent jouir et disposer librement du terrain sur lequel est led. bois.

Appartenantes lesd. terres de l'Enclos de la Grange des Prez avec leurs bastiments et dépendances à leurs Altesses Sérénissimes comme seuls et uniques héritiers de Monseigneur Louis Armand prince de Conty leur père. Lesd. terres dépendantes et relevantes du domaine de Pézenas, appartenant à leursd. Altesses Sérénissimes, pourquoy lesd. RR. PP. de l'Oratoire seront et demeureront déchargés ainsi que Sad. Altesse Sérénissime et mesd. sieurs de Montullé et Bompas esd. noms.

Les déchargent par ces présentes de tous droits de lods et ventes censives et autres droits qui pourraient être deux pour raison de la présente vente à leurs Altesses Sérénissimes comme seigneurs du domaine de Pézenas, à l'exception de l'indemnité due par lesd. RR. PP. de l'Oratoire comme gens de mainmorte, laquelle a été fixée à la rente annuelle et perpétuelle et foncière à prendre sur lesd. terres et bastiments seulement.

Comme aussi seront tenus lesd. RR. PP. de l'Oratoire de payer la taille due pour raison desd. terres et bastiments qu'ils feront mettre sur leur compoix à Pézenas à partir d'aujourd'huy.

Pour par lesd. RR. PP. de la Maison de l'Oratoire de la Maison de Pézenas jouir et disposer desd. terres et bastiments de l'Enclos de la Grange des Prez comme de choses à eux appartenant à partir de cejourd'huy. Cette vente et délaissement à titre d'inféodation faitte.

1° A la charge pour lesd. RR. PP. de l'Oratoire d'indemniser les sous fermiers et fermiers généraux de leurs Altesses Sérénissimes s'il y a lieu pour la non jouissance des choses présentement cédées.

2° Moyennant la somme de deux mille deux cent cinquante livres, à savoir : deux mille livres d'introge et deux cent cinquante livres pour indemniser leursd. Altesses Sérénissimes des réparations qu'elles ont fait faire depuis peu auxd. bastiments, laquelle somme de deux mille deux cent cinquante livres leursd. Altesses Sérénissimes et mesd. sieurs Montullé et Bompas reconnaissent avoir été payées entre les mains de Pierre du Bosc, trésorier de Son Altesse Sérénissime Monseigneur le prince de Conty, des deniers desd. RR. PP. de l'Oratoire de Pézenas par les mains dud. R. P. Murard, qui leur a présentement payé lad. somme en espèces sonnantes et ayant cours, comptée et délivrée à la vue des notaires soussignés, et dont quittance.

A la charge de cent cinquante livres de rente foncière seigneurialle et de bail d'héritage non rachetable, outre lad. rente de dix livres pour l'indemnité, laquelle rente de cent cinquante livres le R. P. de Murard aud. nom oblige lesd. RR. PP. de l'Oratoire de la Maison de Pézenas ou au porteur, dont la première année de payement échérra aujourd'huy en un an et ainsy continuer d'année en année. A avoir et prendre lad. rente sur lesd. terres et biens présentement délaissés qui en demeurent chargés, affectés et hypothéqués spéciallement et par privilège expressément réservé pourquoy led. R. P. de Murard aud. nom oblige lesd. RR. PP. de l'Oratoire de la Maison de Pézenas d'entretenir lesd. terres et biens.

Lad. rente puisse y être aisément perçue, à quoy il affecte, oblige hypothèque aud. nom tous les biens présents et avenir de la Maison de Pézenas. En ce faisant, Sad. Altesse Sérénissime et mesd. sieurs de Montullé et Bompas esd. noms se sont devestus et dessaisys de tous droits de propriété que leursd. Altesses Sérénissimes avoient sur lesd. terres et bastiments au profit desd. RR. PP. de l'Oratoire de la Maison de Pézenas consentant qu'ils en soient saisis, nantis, vetus et mis en possession par qui et ainsy qu'il y appartiendra, constituant à cet effet leur procureur, le porteur auquel ils donnent tout pouvoir. En outre, Sad. Altesse Sérénissime et mesd. sieurs de Montullé et Bompas cedent aux RR. PP. de l'Oratoire de lad. Maison de Pézenas tous droits rescidant et rescisoire si aucun ne se trouvent à exercer pour raison desd. terres et bastiments fasse néanmoins aucune garantie pour raison desd. droits rescidant et rescisoire et sauf auxd. RR. PP. de l'Oratoire de les faire valoir à leurs risques, ainsi qu'ils le jugeront à propos.

Est expressement convenu que dans le cas ou lesd. RR. PP.

de l'Oratoire cessassent d'avoir une maison à Pézenas ou qu'ils fussent obligés de l'abandonner, et que par cette raison ils trouvassent à propos d'abandonner les choses inféodées par ces présentes, aud. cas seulement leursd. Altesses Sérénissimes reprendront et rentreront dans la propriété en jouissance desd. terres et bastiments dans l'état où ils seront alors, et néanmoins lesd. réparations sans être tenues de rendre la somme de deux mille deux cent cinquante livres cy dessus payées ny aucune autre somme.

Ces présentes seront ratifiées par leursd. Altesses Sérénissimes aussitôt la majorité de chacune d'elles qui arrivera. Sçavoir celle de Sad. Altesse Sérénissime Monseigneur le prince de Conty dans un an, et celle de Sad. Altesse Sérénissime Mademoiselle la princesse de Conty dans dix ans.

S'oblige Sad. Altesse Sérénissime Monseigneur le prince de Conty et mesd. sieurs de Montullé et Bompas esd. noms d'aider lesd. RR. PP. de l'Oratoire de titres de propriétés desd. terres et bastiments dont ils se trouveront avoir besoin à toute réquisition.

Et pour l'exécution des présentes Sad. Altesse Sérénissime Monseigneur le prince de Conty et mesd. sieurs Montullé et Bompas ont élu leur domicile irrévocable en cette ville, en l'hostel cy dessus désigné de mond. Seigneur prince de Conty. Auquel lieu nonobstant promettent obligeant, renonceant.

Fait et parafé à Paris, en l'hostel de Sad. Altesse Sérénissime Monseigneur prince de Conty, l'an mil sept cent quarante, vu le onzième jour de septembre avant midy, et soussigné la minute des présentes demeurée. D'aoust. Vu des notaires soussignez. Averty que ces présentes sont sujettes.

D'aoust. »

TABLE DES MATIÈRES

Pages

APPENDICES

ERRATA

Page VIII, ligne 18 :	au lieu de	26 février, lisez : *21 février*.
— 59, note 2 :	—	1639, lisez : *1609*.
— 136, ligne 9 :	—	Fin de mars 1642, lisez : *1652*.
— 285, ligne 14 :	—	Laissant une fille unique, lizez : *un fils unique*.
— 287 : ligne 26 :	—	Dans les parcs, lisez : dans le parc.

www.ingramcontent.com/pod-product-compliance
Ingram Content Group UK Ltd.
Pitfield, Milton Keynes, MK11 3LW, UK
UKHW021101220726
13924UKWH00005B/2185